美国教育史研究丛书
张斌贤　主编

《1862年美国赠地学院法案》研究

崔高鹏　著

A STUDY ON *1862 U.S. LAND-GRANT COLLEGE ACT*

河北大学出版社
·保定·

出 版 人：朱文富
选题策划：何　东
责任编辑：李　达
助理编辑：李天雪
装帧设计：赵　谦　王占梅
责任校对：杜启昌
责任印制：常　凯

图书在版编目（CIP）数据

《1862年美国赠地学院法案》研究 / 崔高鹏著. -- 保定 ：河北大学出版社，2022.1
（美国教育史研究丛书 / 张斌贤主编）
ISBN 978-7-5666-1942-6

Ⅰ. ①1… Ⅱ. ①崔… Ⅲ. ①教育法－研究－美国 Ⅳ. ①D971.221

中国版本图书馆 CIP 数据核字（2021）第 239016 号

1862 NIAN MEIGUO ZENGDI XUEYUAN FA'AN YANJIU

出版发行：河北大学出版社
地址：河北省保定市七一东路2666号　邮编：071000
电话：0312-5073003　0312-5073029
网址：www.hbdxcbs.com
邮箱：hbdxcbs818@163.com
印　　刷：保定市正大印刷有限公司
幅面尺寸：170 mm × 240 mm
字　　数：219 千字
印　　张：16.25
版　　次：2022年1月第1版
印　　次：2022年1月第1次印刷
书　　号：ISBN 978-7-5666-1942-6
定　　价：60.00 元

总　序

每当为团队成果草拟总序的时候，总是既兴奋又忐忑。兴奋是因为眼见近几年的耕耘即将迎来收获，忐忑则是由于这些收获的果子还有待学界进行“质检”。

1998 年 12 月至 1999 年 10 月，我曾作为富布赖特研究学者在哈佛大学教育研究生院访学。访学期间，我花了很多时间思考今后的学术工作，并确定以美国教育史作为今后长期稳定的研究方向。转眼之间已历二十余载。

二十多年来，我和我的同事、历届外国教育史专业方向的硕士研究生和博士研究生所组成的外国教育史团队一直致力于美国教育史的学习、研究和教学，其目的既为弥补以往外国教育史学科研究之不足，同时也在于通过这块“试验田”，探索更新外国教育史研究的方法、路径。

这二十多年的学术工作历程大致可以划分为两个阶段。2000 年至 2008 年为第一阶段。“京师高等教育论丛”（8 种，北京师范大学出版社，2008 年）反映了这个阶段的主要工作成果。在这个阶段，因为是初步涉猎美国教育史领域，无论是对美国教育史本身，还是对国内外研究状况，都缺乏足够和充分的了解，因此基本上是沿用过去比较熟悉的“套路”，大多选择国内学界涉及较少、较为宏大的主题开展研究，如李子江的《学术自由在美国的变迁与发展》、和震的《美国大学自治制度的形成与发展》、黄宇红的《知识演化进程中的美国大学》，等等。客观地说，在当时国内美国教育史研究基础还相对薄弱的情况下，这些研究还是很有价值的。2009 年至今为第二阶段。经过数年的积累和反思，我逐渐意识到，要想进一步深化美国教育史研究，要想真正形成一些具有新意的研究成果，必须要改变已有的研究方式，尤其是要自觉地摆脱教育学科沿袭已久对“宏大叙事”的选题偏好和以追求系统性和完整性为目的的“教科书”式的研究路径，变以往“大题小做”或“大题大做”为“小题大做”。这也就意味着要进一步聚焦主题、提炼问题，真正开展针对问题的研究。从 2009 年前后开始，无论是我还是我的学生，都尽量避免触及时间范围较大或边界不易确定的“宏大”选题，而选择更加具体、更为专门的专题开展研究。2015 年前后出版的“美国教育变革研究丛书”（11 种，浙江教育出版社）是这种转变的初步尝试。陈瑶的《美国教育学科构建的开端》、康绍芳的《美国教育学界精英群体的兴起》、李朝阳的《美国城市学校制度的建构》、祝贺的《美国公共学校种族隔离的终结》及马文琴的《美国学校公民教育的转向》等著作，都针对某一个具体和专门的主题，并努力将研究主题聚焦在一个较小的时间范围内，以求对主题进行深度剖析。

在前期工作的基础上，近几年来，我们团队更加注重以下几个方面的工作。第一，进一步“压缩”选题，不断聚焦研究主题。第二，进一步强调文献综述的意义，更为自觉地把即将开展的研究建于前人相关的研究基础之上。第三，进一步注重吸收和借鉴相关学科的理论和方法，在教育与其他社会活动的“交汇”处寻找研究问题。呈现在读者面前的“美国教育史研究丛书”所收录的 10 种著作实际上反映了上述三个方面的工作。崔高鹏的《〈1862 年美国赠地学院法案〉研究》、高玲的《学校变革与美国教师职业演化》、吴婵的《美国公立中学与大学关系的变迁（1870—1918）》、杜光强的《全国教育协会与美国中学课程革新》、李曙光的《教育测量与美国学校变革》、曹春平的《美国传统教育观念的变革》是第一方面的工作成果。陈露茜的《意识形态冲突与美国公共教育》和王凤玉的《研究型大学的崛起与科研体制》是第二方面的工作成果。第三方面的工作成果则是张斌贤的《教育与美国社会改革（1890—1920）》和祝贺的《教育与美国儿童福利改善》。

在未来的岁月里，北京师范大学外国教育史教学科研团队还将继续开展美国教育史研究，更加自觉和系统地借鉴相关学科的理论和方法，不仅在研究主题的选择上求新，而且在研究方法和路径上“求变”。希望通过我们持续不断的努力，促进美国教育史研究乃至外国教育史学科的不断自我革新，同时也希望得到教育学界同人的大力支持。

丛书出版之际，首先要感谢河北大学出版社社长朱文富教授。朱社长从事外国教育史（尤其是日本教育史）教学研究多年，深知基础学科研究对教育学科建设的意义，也更加理解此类图书出版的价值，对丛书出版给予了大力支持。我们还要感谢河北大学出版社的各位编辑，他们的辛勤劳动为本书增色不少。

張斌賢

2021年3月21日

目　　录

导　言

一、研究缘起

19世纪中叶以后，在美国高等教育现代化的发展过程中，出现了两个并行不悖的发展取向，一个是以约翰斯·霍普金斯大学为代表的学术性发展取向，另一个是以康奈尔大学为代表的农工学院的实用性发展取向。而在以实用性为取向的高等教育发展的历程中，《1862年美国赠地学院法案》[①]（*1862 U. S. Land-Grant College Act*）的通过，为“农工”学院的建立奠定了法律基础。爱德华·艾迪（Eddy, Edward D., Jr.）在《为了我们国家和时代创建的学院》（*College for Our Land and Time: The Land Grant Idea in American Education*）一书中，以及随后凯洛林·诺思（North, Caroline P.）在《赠地大学：第一个世纪》（“The Land Grant Universities: The First Centennial”）一文中先后宣称《1862年美国赠地学院法案》的通过引起了美国高等教育的一场革命。“一个世纪以前，随着《莫雷尔法案》或赠地法案的通过，在

---

① 《1862年美国赠地学院法案》在国内通常被称为《莫雷尔法案》（*Morrill Act*），法案的全称是《向联邦各州及领地捐赠公共土地，旨在资助其建立实现农业和机械艺术之利益的学院》（*Donating Public Lands to the Several States and Territories Which May Provide College for the Benefit of Agriculture and the Mechanic Arts*）。

美国高等教育领域掀起了一场革命。”① 丹尼斯·约翰逊（Johnson，Dennis W.）更是在梳理塑造美国历史的 15 部国会立法时，将《1862 年美国赠地学院法案》列为其中一项。众多学者对《1862 年美国赠地学院法案》在美国高等教育发展史上发挥的作用给予如此高的评价，很大程度上说明它受青睐的重要原因，这也正是吸引笔者的原因。在这里，笔者既不是要梳理美国历史上赠地办教育理念的起源、发展与嬗变的历史，固然，赠地学院法案是这一理念在法律层面上的具体化，也不是要追溯赠地学院的原型学院，而是要透过历史的迷雾，探寻《1862 年美国赠地学院法案》的起源、制定、执行及产生的具体影响。

二、研究意义

据杰伊·里奇特（Richter，Jay）1962 年的统计，赠地学院授予当时全美 21.5%的学士学位、25.8%的硕士学位和 38.3%的博士学位；美国培养的健在的 42 位诺贝尔奖得主中，有 25 人在赠地学院获得过学位；美军每年招募的军官和后备军官中有一半以上来自赠地学院。赠地学院发挥如此重要的作用，就有必要在理论上对其进行解释。解释时首先提出的问题便是赠地学院源自何处，而《1862 年美国赠地学院法案》是研究该问题无法绕过的主题。但已有研究主要探讨法案在国会的辩论主题、通过原因及赠地学院创建模式，并且所用一手资料也极为有限。本书将在批判地继承已有研究的基础上，深入研究《1862 年美国赠地学院法案》的起源、法案的制定过程、法案是如何执行的、法案对美国高等教育及美国社会发挥的作用，这对推进《1862 年美国赠地学院法案》研究进一步深入具有一定的学术意义。此外，《1862 年

① Caroline P. North, "The Land Grant Universities: The First Centennial," *Marriage and Family Living*, (May 1962): 187.

美国赠地学院法案》是美国高等教育史上为数不多的联邦高等教育法案，2009 年丹尼斯·约翰逊在其编撰的《塑造美国的 15 部国会立法及其影响》一书中，就将《1862 年美国赠地学院法案》列入其中。系统研究该法案对深化国内美国教育史研究、推进外国教育史学科建设也具有一定的意义。

《1862 年美国赠地学院法案》是美国联邦政府与高等教育之间规范的法律关系建设史上的典范，对两者之间法律关系的建立做出了杰出贡献。新时期，我国将致力于建设现代大学制度，而政府与高校之间规范的法律关系便是其重要基础。因而，研究《1862 年美国赠地学院法案》对建设我国政府与高校之间规范的法律关系具有一定的实践借鉴意义。

三、核心概念

《1862 年美国赠地学院法案》：指 1851 年由乔纳森·鲍德温·特纳（Turner, Jonathan Baldwin）提出的，1857 年和 1859 年先后经由佛蒙特州众议员贾斯汀·莫雷尔（Morrill, Justin S.）在众议院提出、1862 年 7 月 2 日由亚伯拉罕·林肯（Lincoln, Abraham）总统签署通过的，旨在通过向各州捐赠公共土地以建立农工学院的法案。

1862 年赠地学院：在美国现今的数千所高校中，哪些高校可以称得上是赠地学院呢？如果以接受联邦赠地为标准来划分的话，那么无疑有很多都是"赠地学院"，因为从殖民地时代开始，就有很多殖民地学院接受殖民地当局的土地赠予。建国后，一些州立大学也不同程度地接受了联邦赠地。美国州立大学与赠地学院协会（National Association of State Universities and Land-Grant Colleges，NASULGC）将 1862 年、1890 年通过的赠地学院法案所建立的学院与 1994 年获得赠地学院身份的民族学院都看成是赠地学院，一共有 106 所。在这里，笔者所指的

1862 年赠地学院是指在 1862 年国会通过赠地学院法案后，在该法案的支持下建立起来的大学，具体包括奥本大学；塔斯基吉大学；阿拉斯加大学全州系统；亚利桑那大学；阿肯色大学；加利福尼亚大学系统；科罗拉多州立大学；康涅狄格大学；特拉华大学；哥伦比亚特区大学；佛罗里达大学；佐治亚大学；关岛大学；夏威夷大学；爱达荷大学；伊利诺伊大学；珀杜大学；依阿华州立大学；堪萨斯州立大学；肯塔基大学；路易斯安那州立大学系统；缅因大学；马里兰大学科利奇帕克分校；麻省理工学院；马萨诸塞大学；密歇根州立大学；麦克罗尼西亚社区学院；明尼苏达大学；密西西比州立大学；密苏里大学系统；蒙大拿州立大学；内布拉斯加大学系统；内华达大学；新罕布什尔大学；拉特格斯，新泽西州立大学；新墨西哥州立大学；康奈尔大学；北卡罗来纳州立大学；北达科他州立大学；北马里亚纳学院；俄亥俄州立大学；俄克拉荷马州立大学；俄勒冈州立大学；宾夕法尼亚州立大学；波多黎各大学；罗得岛大学；克莱姆森大学；南达科他州立大学；田纳西大学；得克萨斯农工大学；犹他州立大学；佛蒙特大学；维吉恩岛大学；弗吉尼亚多科技术学院暨州立大学；华盛顿州立大学；西弗吉尼亚大学；威斯康星大学；怀俄明大学。①

四、相关学术史梳理

(一)《1862 年美国赠地学院法案》起源的已有研究

在史学界，这一问题表现为特纳和莫雷尔在《1862 年美国赠地学院法案》提出中的贡献问题。对该问题的研究始于 1907 年伊利诺伊大学主办的第 28 届农业科学促进会。会上，伊利诺伊大学校长爱德蒙

---

① 参见李素敏《美国赠地学院发展研究》，河北大学出版社，2004 年，第 172—181 页。

德·詹姆斯（James,Edmund J.）和伊利诺伊大学农学院院长尤金·达文波特（Davenport,Eugene）认为该法案起源于1851年特纳提出的产业大学计划，他们的结论主要是依据特纳的通信集。会后，詹姆斯将辩论的内容整理成书，书名是《1862年赠地法案的起源和对它的作者特纳的某些解释》（*The Origin of the Land Grant Act of 1862 and Some Account of its Author Jonathan B. Turner*）。该观点也得到里奇特、雷·哈伦（Herren,Ray V.）、约翰·希里森（Hillison,John）、阿诺德·阿普尔比（Appleby,Arnold）、唐纳德·朗伯格（Langenberg,Donald N.）、贺国庆、崔高鹏等众多学者的支持。

与此相反，厄尔·罗斯（Ross,Earle D.）通过指出莫雷尔对应用科学的重视及其回忆录驳斥了詹姆斯和达文波特的观点，认为莫雷尔于1857年12月提交国会的赠地学院议案才是该法案的起源。该观点得到考伊·克劳斯（Cross,Coy F.）的支持。

在以上两种观点之间，还有一种折中的看法，认为特纳和莫雷尔对于赠地学院法案的通过同样重要，并且引入其他一些对赠地学院法案的起源有影响的人物。这一派学者包括丹尼尔·朗（Lang,Daniel）、王廷芳、王保星、李素敏和杨光富等人。

(二)《1862年美国赠地学院法案》制定的已有研究

学界就该问题的研究体现在两方面，一方面体现为该法案在国会的辩论主题，另一方面体现为该法案的通过原因。

1.《1862年美国赠地学院法案》在国会的辩论主题

对这一问题的研究始于1968年约翰·弗洛尔（Florer,John H.），在《1862年国会辩论〈莫雷尔法案〉的主要议题》（“Major Issues in the Congressional Debate of the Morrill Act of 1862”）这篇文章中，“努

力考察在这场斗争的早期阶段中争论的实质"①。他指出了国会对《莫雷尔法案》所进行的辩论的主要问题，并将这些问题概括为合宪法性和优先性问题、需要和结果的问题、对新州的经济公平问题、对联邦政府经济影响的问题、关于内战的问题、关于国家的荣誉和外国竞争的问题。弗洛尔分别对这些问题进行了深入的讨论，讨论了这些问题的内在联系，并列出了对这些问题不同派别所持的意见及自己的看法。

1996年，哈伦和希里森重拾该问题，在《农业教育和1862年赠地大学》（"Agricultural Education and the 1862 Land-Grant Institutions: The Rest of the Story"）一文中，两位作者认为国会辩论主要围绕两个问题，一个是一些议员提出的关于土地投机问题，另一个是南方议员提出的州权和合宪法性的问题。而后一个问题又是最重要的，正是由于后一个问题，詹姆斯·布坎南（Buchanan, James）总统否决了1859年的议案，也正是由于南北战争南部议员退出联邦国会，1861年白宫易主，议案才得以通过。

对此，詹姆斯·科利尔（Collier, James）提出异议，2002年他在《对科学偏激批评之记述》（"Scripting the Radical Critique of Science: The Morrill Act and the American Land-Grant University"）中指出，《1862年美国赠地学院法案》从1857年提出到1862年通过，这5年间的国会辩论，主要围绕两个问题展开："首先，并且也是最重要的，是关于土地的价格和捐赠的分割。其次，是法案通过后学院要开设的课程。"②

2004年，约翰·塞林（Thelin, John R.）在他的《美国高等教育史》（*A History of American Higher Education*）一书中指出："国会

① John H. Florer, "Major Issues in the Congressional Debate of the Morrill Act of 1862," *History of Education Quarterly*, (Winter 1968): 459.

② James Collier, "Scripting the Radical Critique of Science: The Morrill Act and the American Land-Grant University," *Futures*, (Mar. 2002): 185.

中的辩论不是关于高等教育的项目，相反，它是关于将未定居的土地到底是向商业组织开放，还是由政府有序分配以促进土地定居开发，同时提高政府的税收。《莫雷尔法案》是后一种方式的一种胜利。”①

2.《1862 年美国赠地学院法案》通过的原因

针对这一问题，目前学术界有四种观点。

第一，教育改革论。弗里德里克·鲁道夫（Rudolph, Frederick）、沃农·卡斯滕森（Carstenson, Vernon R.）、罗斯、续润华、李建强、李素敏、杨克瑞、樊彩萍、刘卷、张兵等人是这种观点的支持者。他们认为当时美国高等教育严重滞后于社会现实，一批教育领袖发现该问题并提出呼吁，联邦政府接受这种呼吁，该法案就是为解决高等教育的滞后性问题而通过的。

第二，多元文化论。沃克·本德勒（Bandele, Walker C.）、梅隆（Mellion, O. D.）是这种观点的支持者。他们认为美国本是移民国家，因而其文化传统自始就是多元的，该传统使美国人在任何方面都不囿于一种模式，在高等教育领域也是如此，该法案就是在这种多元文化传统下通过的。

第三，经济动力论。斯科特·凯伊（Key, Scott）、塞林是这种观点的支持者。他们认为早年联邦政府靠出售公共土地获得财政收入，而赠地学院法案则是通过鼓励移民定居，靠税收获得财政收入，联邦政府收入方式的改变是该法案通过的原因。

第四，偶然事件论。戈登·李（Lee, Gordon C.）、里奇特、哈伦、希里森、王英杰、王廷芳、王保星等人是这种观点的支持者。他们认为林肯当选美国总统、南方议员退出国会或内战爆发是该法案通过的原因。

---

① John R. Thelin, *A History of American Higher Education* (Baltimore and London: The Johns Hopkins University Press, 2004), p. 78.

（三）《1862 年美国赠地学院法案》执行的已有研究

目前为止，学界就该问题的研究主要表现为赠地学院的创建模式，有如下两种观点。

1. 三种模式论

爱德华·艾迪、戈登·李等人认为各州赠地学院的创建模式可概括为三种，一是改造私立或教派学院而来，二是改造已有州立大学而来，三是新建赠地学院。

2. 四种模式论

卡斯滕森和李素敏认为，除以上三种模式外，还有一种，就是将已有农学院改造为赠地学院。

（四）《1862 年美国赠地学院法案》影响的已有研究

针对此问题，部分学者（艾迪、续润华、李建强、李素敏、郭庆霞、张兵、戚文静）认为该法案改变了美国联邦政府与高等教育之间的关系，部分学者（诺思、里奇特、续润华、李建强、李素敏、杨克瑞、杨光富、张兵、郭庆霞）认为该法案推动了内战后美国高等教育的大发展，部分学者（续润华、陈玉祥、杨克瑞）认为该法案对美国工农业生产发挥了重要作用，部分学者（陈玉祥）认为该法案促使美国日后连续通过农业教育法案。

综上所述，国内外学界就本书提出的问题已经开展了一定研究，但仍然存在两方面不足。一方面，已有研究的共同问题是就法案本身研究法案，进而导致在该法案的制定和执行研究上始终停留在表层，研究主要局限于辩论主题、通过原因、赠地学院创建模式上，严重忽视了法案在州政府层面是如何执行的研究；另一方面，由于资料运用的趋同，已有研究大多处于低层次重复水平。

五、研究思路和研究方法

（一）研究思路

本书从政策循环理论出发，研究《1862年美国赠地学院法案》。将政策过程分解为一系列不连续的阶段，由此产生的阶段序列被称为政策循环。政策循环包括如下五个阶段，一是议程设定，是指问题引起政府关注的过程；二是政策制定，是指政策选择在政府内部的形成过程；三是决策，是指政府采用特定行动的过程；四是政策执行，是指政策发生作用的过程；五是政策评估，是指国家和社会行动主体对政策结果进行监控的过程。本书将基于政策循环理论，全方面、全过程地研究《1862年美国赠地学院法案》的起源、制定、执行及影响。

（二）研究方法

1. 文献分析法

主要用于分析该法案的起源、制定、执行及影响时，所涉及的各种相关历史文献。

2. 集体传记法

主要用于分析影响该法案制定过程（包括提案、辩论、表决、通过阶段）中相关人员的情况，主要分析其党派和地区属性。

3. 统计分析法

主要用于分析该法案的执行及影响时，出现的大量量化数据，所用的数据处理软件为Excel。

第一章 《1862年美国赠地学院法案》的议程设定

有时候会出现这样一个人，他的观点和哲学，他的洞察力和领导能力，他的勇气和韧性能改变历史的进程，乔纳森·鲍德温·特纳就是这样一个人。

——约翰·坎贝尔（*Campbell, John R.*）

19世纪中叶之前，美国高等教育还是古典教育的天下，学生主要来自社会上层家庭，广大劳工群众子女既无力接受也无心接受这种古典高等教育。与经济、社会发展严重脱节是当时美国高等教育出现的严重问题，这个问题能否及时解决取决于人们对该问题的认识状况，取决于解决方案的多样性及可行性，更取决于问题解决策略的选择和持续推进，而所有这些则需要具有敏锐洞察力和强大领导力的人来完成。美国很幸运，此时便出现了一个这样的人，他就是乔纳森·鲍德温·特纳。下文中，笔者将分析特纳的产业大学计划的形成过程，社会启蒙过程及其立法实践过程。

第一节 特纳的产业大学计划

《1862年美国赠地学院法案》的通过，在美国高等教育发展史上具有划时代的重要意义。在该法案的基础上，美国公立高等教育得到了巨大的发展，此后发展成为美国高等教育系统中最具美国特色的部分。该法案虽然与莫雷尔的名字紧紧地联系在一起，有些人甚至直接将该法案称为《莫雷尔法案》，但该法案的创始人却是另一个人，他的名字叫乔纳森·鲍德温·特纳，该法案的原型法案则是特纳于 1851 年提出的《产业大学计划》（“Plan for an Industrial University”）。作为美国高等教育史上具有划时代意义的《1862 年美国赠地学院法案》的创始人，特纳的产业大学计划的具体内容是什么？其产业大学计划在思想上从酝酿到提出经历了哪些发展阶段？产业大学计划在美国高等教育发展史上具有什么意义？在回答上述问题之前，我们先简要认识一下特纳。特纳是 19 世纪美国著名的古典学家、植物学家、虔敬的基督徒和社会活动家，他于 1805 年 12 月 7 日生于马萨诸塞州的泰普敦（Templeton，Massachusetts），22 岁时来到纽黑文（New Haven，Connecticut），在当地中学接受了两年升学预备教育后进入耶鲁学院（即现在的耶鲁大学）接受古典教育。1833 年，他来到新建于伊利诺伊州杰克逊维尔（Jacksonville，Illinois）的伊利诺伊学院（Illinois College）任教，教授修辞学、拉丁语、希腊语和几乎所有的人文学科。1848 年，离开伊利诺伊学院，之后他开始领导伊利诺伊州工会请求联邦赠予公共土地以建立适合产业阶级需求的产业大学。1850 年 5 月 13 日，他在伊利诺伊教师学会（Illinois Teachers Institute）做了题为《为了产业阶级的州立大学的计划》（“A Plan of our State University for the Industrial Class”）的演讲。1851 年冬召开的格林维尔（Granville，Illinois）大会上，特纳做了题为《产业大学计划》的演讲，这次演讲的内容就是下文所要研究的产业大学计划。此后，特纳除了向人们呼吁建立产业大学外，还四处奔走希望将之立法。同时，特纳还帮助创建了伊利诺伊大学（1868 年）。晚年，特纳转向支持精神失常人的权利保护问题。1899 年 1 月 10 日，特纳逝世，享年 94 岁。

一、产业大学计划的酝酿

虽然特纳是在1851年才提出产业大学计划，但在1848年他离开伊利诺伊学院之后就开始孕育产业大学思想了。这从诺克斯学院（Knox College）院长乔纳森·布兰查德（Blanchard, Jonathan）于1848年10月19日给特纳的信中就可以看出："亲爱的兄弟：我刚从东部回来，看到您的信甚是喜悦。我没有看见金斯伯里先生，我希望您建议他来我们这与我们相见。我由衷地希望他能为您在这里提供一个农学、园艺学教授职位，或者至少为您设立一个与此相关的讲座。我渴望在这片上帝祝福的绿色土地上有这么一个教职。如果我能得到这笔捐赠，我将向州议会提出动议把它作为州的农业基金，尽管这可能会引起地区间的冲突骚动。"① 从布兰查德的信可以看出，在这个时期，特纳的产业大学计划已经开始酝酿，但与1851年他所提出来的产业大学计划相比还是比较温和的，因为此时特纳还仅仅是希望在现有的高等教育机构中为产业阶级提供高等教育，还希望将他的产业大学计划嫁接在原有高等教育制度之上。

二、产业大学计划的提出

任何思想在付诸实施之前，都必须转化为具体的计划。1850年之前只能说是特纳产业大学计划的酝酿期，而在此之后则是特纳产业大学计划提出的时期。在此期间，特纳从自我的思想中走了出来，通过向伊利诺伊州工人和农民演讲的方式，将自己酝酿已久的思想以产业

---

① Mary C. Turner, *The Life of Jonathan Baldwin Turner* (Urbana, Illinois: University of Illinois Press, 1961), p. 67.

大学计划的形式呈现出来。1850年，特纳在伊利诺伊教师学会年会上的演讲则是他产业大学计划提出的标志。

1850年5月13日，特纳在伊利诺伊教师学会做了题为《为了产业阶级的州立大学的计划》的演讲。在这次演讲中，特纳不仅提出要为伊利诺伊州的产业阶级建立州立大学，而且要为联邦的每一个州建立这样的州立大学。这个计划主要包括了三个目标："一是建立学院，这些学院以最低的消费面向农业、商业和其他技艺中那些需要教育资助的人开放；二是为产业阶级的利益着想，设立一些课程，这些课程包括职业科目的教学；三是向这些学院捐赠联邦政府掌握的公共土地。"① 与1848年相比，1850年的产业大学计划就要更激进一些，它已经摆脱了原有高等教育制度的窠臼，希望在原有高等教育机构之外为产业阶级单独设立高等教育机构。

1848年布兰查德的回信及1850年特纳在伊利诺伊教师学会的演讲共同勾勒出特纳产业大学计划从孕育到提出的历史轨迹，也为1851年特纳系统地提出产业大学计划奠定了思想基础。

三、产业大学计划的系统化

1851年11月18日，特纳教授接受邀请参加冬季在伊利诺伊州北部举行的一次农民大会，这次大会就是著名的格林维尔大会。在这次大会上，特纳发表了题为《产业大学计划》的演讲。在这次演讲中，特纳全面完整地提出了他的产业大学计划。在产业大学计划中，特纳将产业大学的建立奠定在当时美国社会的阶级分化、职业分途，以及产业阶级需要受到什么教育的基础之上。

---

① John R. Campbell, *Reclaiming a Lost Heritage: Land-Grant and Other Higher Education Initiatives for the Twenty-First Century* (Ames, Iowa: Iowa State University Press, 1995), pp. 9-10.

（一）社会的阶级分化和职业分途

从阶级分化的角度来看，特纳认为所有的文明社会必然分为两个阶级，一个是产业阶级，另一个是专业阶级。“所有文明的社会必然分成两个相互合作而非敌对的阶级：一个是人数较少的阶级，他们恰当的事业就是教授纯粹的宗教、法律、医学、科学、艺术和文学的基本原理；一个是人数较多的阶级，他们致力于某些体力劳动的事业，如农业、商业和手艺。为了方便起见，我们将前一个阶级称为专业阶级（professional class），将后一个阶级称为产业阶级（industrial class）；这并不意味着这两个阶级的勤劳程度不同，只是一个在心智方面，一个在产业方面。”①

从职业分途的角度来看，产业阶级主要从事体力劳动的职业，而专业阶级主要从事宗教、法律、科学、艺术等纯理论的职业。特纳认为在社会当中，人们更加需要的是产业阶级，而不是专业阶级。如果社会有 100 个人的话，那么只需要 5 个人是专业阶级，而其余所有人都是产业阶级。

（二）产业阶级的教育状况

从阶级分化和职业分途的角度来看，特纳认为一个社会更需要的是产业阶级，而不是专业阶级，那么产业阶级理应拥有自己的大学。但富于讽刺意味的是，这两个阶级的教育状况与他们的社会重要性并不相符。“专业阶级拥有学校、中学、大学和学院，拥有教授、设备，并且拥有丰富的教学方法，从而为自己的阶级生活的特殊需要提供训练，学习年限从几个月到几年不等；……但是哪里有大学、设备、教授和文学来适应产业阶级的职业呢？换句话说，很久以来社会已经很明智地认识到他们的教师需要教育，但他们还没有明智到知道他们的

① Jonathan B. Turner, “Plan for an Industrial University,” in *Education in the United States: A Documentary History*, Vol. 3, ed. Sol Cohen (New York: Greenwood Press, 1974), p. 1520.

工人也同样需要教育。"①

针对特纳对现存教育制度的批判，反对者认为，我们国家已经建立了公立学校制度，而公立学校制度是适合所有阶级的。对此，特纳认为"虽然公立学校制度同样适合于和应用于所有阶级，但是读、写、算根本就不是教育，就像收集种子不是农业和伐木不是造船业一样。它们仅仅是初步的，它们仅仅是以后教育的工具，或者称为手段，如果这些手段不使用的话，它们对于拥有者来说就像斧子放进仓库里和船烂在岩石上一样无用"②。特纳认为现在的大学教育是不适用于产业阶级的，现在的高等教育是落后于社会现实的，产业阶级也不屑于进入这样的学院接受教育。他比喻道："专业阶级在巨大的专业大船旁拖着一个独木舟，邀请我国的产业阶级搭船与他们同行，但问题在于产业阶级根本不想与其同行。"③ 对此种情况，特纳认为原因在于：第一，产业阶级所需要的教育是专业阶级的教育机构所不能给予的。那么，产业阶级需要什么？特纳认为"他们需要，并且他们应该拥有理解他们职业中的科学和艺术的能力，并且有效应用这些知识和拓展这些知识领域的能力，而这些能力专业阶级在很早以前就已经拥有了"④。第二，这些需要如何得到满足。特纳认为这些需要是现有大学和其附属

① Jonathan B. Turner, "Plan for an Industrial University," in *Education in the United States: A Documentary History*, Vol. 3, ed. Sol Cohen (New York: Greenwood Press, 1974), p. 1520.

② Jonathan B. Turner, "Plan for an Industrial University," in *Education in the United States: A Documentary History*, Vol. 3, ed. Sol Cohen (New York: Greenwood Press, 1974), pp. 1520-1521.

③ Jonathan B. Turner, "Plan for an Industrial University," in *Education in the United States: A Documentary History*, Vol. 3, ed. Sol Cohen (New York: Greenwood Press, 1974), p. 1521.

④ Jonathan B. Turner, "Plan for an Industrial University," in *Education in the United States: A Documentary History*, Vol. 3, ed. Sol Cohen (New York: Greenwood Press, 1974), p. 1521.

的中等教育机构所无法满足的，这些现有学院和大学及其附属的中等教育机构是为专业阶级所需要的，尤其是牧师所需要的，它们不适合产业阶级现实的需要，就像产业大学不适合专业阶级的需要一样。

（三）产业大学制度

从社会的阶级分化和职业分途，以及产业阶级所受的教育与其阶级地位不符的情况出发，特纳认为应该在财政经费、学校设施、教学科目、教学方法、入学年龄、学习年限及学费收取等方面建立起独特的产业大学制度。在经费上，特纳认为产业大学应该有一定量的公共土地来维持。在学校设施方面，特纳认为产业大学的校舍结构和规模应该适用于学校一般的和特殊的需求；必须建立用于储存各种教学设备的仓库和实验的场地；还需要建立产业图书馆。在教学科目上，“应讲授所有种类的科学和研究科目，这些科目能够澄清各种职业的艺术，这些职业艺术可能是学生渴望掌握的，也可能是由于某种义务要求学生掌握的，……无论是什么学科的知识都不应被排除在外”①。在教学方法上，“在冬天最寒冷的季节里，应该用演讲的方法；在夏季温暖的季节里，让教授实施他们的实验，让学生从事必要的劳动”②，产业大学应向达到一定年龄的所有人开放。在学制上，产业大学可以是3个月，也可以是7年；学生的学费和生活费可以通过交钱或劳动的形式支付；学校在每年适当的时候要举行博览会。在此基础上，特纳认为不仅应该在伊利诺伊州，而且在联邦每一个州都应该建立这样的产业大学，从而形成产业大学系统。

---

① Jonathan B. Turner, "Plan for an Industrial University," in *Education in the United States: A Documentary History*, Vol. 3, ed. Sol Cohen (New York: Greenwood Press, 1974), p. 1522.

② Jonathan B. Turner, "Plan for an Industrial University," in *Education in the United States: A Documentary History*, Vol. 3, ed. Sol Cohen (New York: Greenwood Press, 1974), p. 1522.

可见，特纳是希望在现有的高等教育机构之外，为产业阶级建立一种全新的高等教育机构，而这种全新的高等教育机构从经费来源、学校设施、教学科目、教学方法、入学年龄、学习年限、学杂费等各方面都有别于专业阶级所进入的高等教育机构，并且要有利于满足产业阶级的教育需要。

第二节 从产业大学计划到赠地学院议案

在史学界，学者们一直在争论到底是特纳还是莫雷尔才是《1862 年美国赠地学院法案》的真正提出者。通过深入研究各种观点立论的基础，我们发现学者们的争论显然是建立在这一前提假设之下，即特纳的产业大学计划可以不受任何影响直接变成联邦国会议案，易言之，特纳个人的建议可以直接进入联邦国会的议事日程。这一假设显然经受不住公共政策制定领域议程设定理论的推敲，议程设定理论认为，并不是所有个人提出要解决的问题（即个人问题）都能直接变成政府关注和意欲解决的问题，也就是公共政策问题，其标志是立法机关予以立案，成为立法机关的议案。这中间还缺失了一个环节，那就是个人提出要解决的问题必须赢得民众的理解与认可，让广大民众也认为这是一个需要解决的问题，也就是公共问题。只有当公共问题通过个体或团体的行动向政府有关部门提出，政府又尝试采取干预措施加以解决时，才有可能列入政府议程，成为公共政策问题。个人问题—公共问题—公共政策问题的议程设定路径被罗杰·科布（Cobb,Roger）等人概括为外部推动模式，并将其程序化为“外部推动模式在有政府外部团体的社会中的应用是这样的：明确表示不满，努力将议案所涉及的利益关系扩展到尽可能多的其他团体人群中，以求在公共议案中占据一席之地，目的是向决策者实施足够大的压力，迫使议案列入正式日程，引起决策者高度重视”①。同时科布指出这种议程设定模式广泛存在于西方自由民主制国家的公共政策制定实践中。基于议程设定理论，史学界对特纳和莫雷尔到底谁是《1862 年美国赠地学院法案》提出者这一问题的提问方式应该转变为：首先，特纳是如何对伊利诺伊州公众进行启蒙以使其理解与认同产业大学计划所提出的问题，从而使其成为公共问题；其次，在公共问题形成之后，哪些个人与团体参与了推动特纳的产业大学计划在伊利诺伊州议会与联邦国会的立案过程；最后，莫雷尔又是如何成为该议案在联邦国会的提出者。下面，笔者将对以上问题进行详细的阐述。

一、产业大学计划的社会启蒙过程

在还没有广播、电视等现代传媒手段的 19 世纪 50 年代，向他人传播自己的思想所能凭借的手段非常有限，主要包括各种集会场合的现场演讲、报纸杂志的宣传，以及人们之间的书信往来。

（一）个人演讲：1850—1851 年

1851 年格林维尔农民大会召开之前，向伊利诺伊州民众宣传产业大学思想的工作主要是由特纳推动的，而特纳采用的宣传方式就是演讲。

1. 伊利诺伊教师学会的演讲

1850 年 5 月 13 日，伊利诺伊教师学会在该州的格里格思维尔（Griggsville, Illinois）召开年会，年会的参加者包括“伊利诺伊州各学院院长、教授及公立学校的教师”②，与会者每年都聚在一起讨论教师

① Roger Cobb, J. K. Ross and M. H. Ross, "Agenda Building as a Comparative Political Press," *American Political Science Review*, (Mar. 1976): 132.

② Mary C. Turner, *The Life of Jonathan Baldwin Turner* (Urbana, Illinois: University of Illinois Press, 1961), p. 67.

和学生感兴趣的热点问题。自 1846 年伊利诺伊教师学会成立以来，特纳一直积极参加每届年会的讨论活动。1850 年，特纳以学会主席的身份向与会代表发表了题为《为了产业阶级的州立大学的计划》的演讲，这是特纳首次在公开场合宣讲他的产业大学计划思想，尽管早在 1848 年特纳就已经产生了在大学中开设农学课程等产业教育思想。这一点可从诺克斯学院院长布兰查德 1848 年 10 月 19 日给特纳的信中看出："亲爱的兄弟：我刚从东部回来，看到您的信甚是喜悦。我没有看见金斯伯里先生，我希望您建议他来我们这与我们相见。我由衷地希望他能为您在这里提供一个农学、园艺学教授职位，或者至少为您设立一个与此相关的讲座。我渴望在这片上帝祝福的绿色土地上有这么一个教职。如果我能得到这笔捐赠，我将向州议会提出动议把它作为州的农业基金，尽管这可能会引起地区间的冲突骚动。"①

但 1850 年特纳演讲提出的产业大学思想已不同于 1848 年时的产业大学思想，开始要求"伊利诺伊州及联邦各州应该为本州的产业阶级新建州立大学以开展农工学科的教育"②。虽然伊利诺伊州已有学院并不反对为民众开展农工高等教育，但他们反对特纳提出的这种教育形式，"他们在任何场合、任何时间所坚持的立场都是一贯的，就是无须建立新的大学，他们就能开展农工教育，政府应该将产业阶级的教育资金直接投给他们学院"③。然而，1850 年特纳在伊利诺伊教师学会演讲的内容并没有得到与会者的认同，反而引起了部分与会者的恐慌，他们唯恐特纳的计划得到民众的支持。

---

① Mary C. Turner, *The Life of Jonathan Baldwin Turner* (Urbana, Illinois: University of Illinois Press, 1961), p. 67.

② Mary C. Turner, *The Life of Jonathan Baldwin Turner* (Urbana, Illinois: University of Illinois Press, 1961), p. 67.

③ Jonathan B. Turner, *Industrial Universities for the People Published in Compliance with Resolutions of the Chicago and Springfield Conventions* (Jacksonville, Illinois: The Morgan Journal Book and Job Office, 1853), p. 35.

2. 斯普林菲尔德的演讲

1851 年 1 月 14 日，布兰查德到州府斯普林菲尔德（Springfield, Illinois）宣讲他的农工教育计划。布兰查德的演讲在州议会举行，他在演讲中强调“应在已有学院中设立农学教授职位，以开展农学、园艺学及其他实用科学的教学工作”①。据《伊利诺伊日报》（*Illinois Daily Journal*）报道：“当时有大量当地民众前去听布兰查德的演讲。”② 为了争取斯普林菲尔德民众的支持，1851 年 2 月 1 日，特纳来到州府斯普林菲尔德，在州议会向当地民众宣讲了他的产业大学思想。特纳的演讲强调“建立一所全新的州立大学，新大学不仅开设已有大学通常开设的科目，还开设专门适合产业阶级需要的新科目”③。特纳的演讲同样赢得了斯普林菲尔德当地民众的积极回应。

斯普林菲尔德演讲另一重也是更重要的一重意义在于特纳产业大学思想的传播首次赢得了媒体——《伊利诺伊日报》的支持。《伊利诺伊日报》在 1851 年 1 月 31 日就刊登了特纳将到斯普林菲尔德演讲的消息，并对特纳产业大学思想做了简要介绍，尤其点到“我们相信特纳的计划一定包括向州议会申请从州高等教育基金拨款建立产业大学”④这一不同于布兰查德农工高等教育计划的独特之处，并动员斯普林菲尔德工农民众一定要去听特纳的演讲。此外，《伊利诺伊日报》对特纳 2 月 1 日的演讲也进行了详细报道，对特纳演讲的内容也非常满意，认为“当地民众只需理解特纳的产业大学思想并遵循其建议行动即可，并建议全州民众都去邀请特纳为其讲解产业大学思想”⑤，而对布兰查

---

① An Editor,“Dr. Blanchard's Lecture,”*Illinois Daily Journal*, January 15, 1851, p. 2.

② An Editor,“Dr. Blanchard's Lecture,”*Illinois Daily Journal*, January 15, 1851, p. 2.

③ An Editor,“Professor Turner's Lecture,”*Illinois Daily Journal*, February 6, 1851, p. 2.

④ An Editor,“Professor Turner,”*Illinois Daily Journal*, January 31, 1851, p. 2.

⑤ An Editor,“Professor Turner's Lecture,”*Illinois Daily Journal*, February 6, 1851, p. 2.

德的演讲则完全没有动员民众前去听讲，完全没有了宣传特纳产业大学计划时的主动和积极。

（二）产业组织开始介入特纳产业大学计划的社会启蒙活动

1．布尔学会公开讨论产业大学计划

在《伊利诺伊日报》的传播下，特纳在伊利诺伊州公众心中迅速增添了一重新身份——产业大学思想的提出者。在此之前，特纳已经因培育了一种名为奥萨治橙（Osage Orange Hedge）的树篱而闻名于伊利诺伊大草原。这重新身份使特纳受到了该州普特南县（Putnan，Illinois）格林维尔镇进步农民协会——布尔学会（Buel Institute）的关注。

布尔学会成立于1846，每年都在普特南县各镇组织举办农业博览会[①]。1851年10月7日至8日，第6届农博会将在普特南县的亨内平（Hennepin）镇召开，农博会组委会负责人拉尔夫·威尔（Ware，Ralph）曾邀请特纳作为演讲人参加该届农博会，特纳也欣然同意，这从布尔学会在农博会召开十天前发布的议程即可看出，“来自杰克逊维尔的特纳教授在下午两点发表演讲”[②]，但“由于突然生病，甚至无法走出卧室”[③]，特纳还是错过了这次机会。

布尔学会不同于其他农民组织，他们不仅组织年度的农博会，还

---

① 农业博览会是美国自殖民地时代以来就形成的一种农民集会传统，这种传统最早形成于新英格兰地区。农博会一般为期两天，主要议程就是由组委会对参展的各种农产品、家庭手工制品、牛马羊等家畜、农具及马车等各种工具进行评比，并对评比获胜者给予奖励。此外，组委会通常会在农博会的第二天安排演讲。从组织者的角度来看，农博会的组织者有州和县两个层次，不同层次的组织者组织的农博会参加人数不等，少则几百人，多则数千人。可以说，农博会是19世纪中叶美国中西部地区人们一年一度少有的大型集会活动，从而也使得农博会成为当时向民众直接传递某种思想的最佳地方论坛。

② Oaks Turner，“Annual Fair of the Buel Institute，”*The Ottawa Free Trader*，September 27，1851，p. 2.

③ Marcus Woodward，“A Letter to Ralph Ware，”*The Ottawa Free Trader*，October 11，1851，p. 2.

关心农民教育问题。在农博会结束后，布尔学会决定 1851 年 11 月 18 日在普特南县的格林维尔专门举办一次农民大会，以讨论“如何促进农业群体利益的各种措施，尤其是要讨论在伊利诺伊州北部建立一所农学院的问题，以及如何促使州议会慷慨地资助本州各地农业学会等事宜”①。在此基础上，威尔再次邀请特纳出席格林维尔农民大会：“特纳先生，此次给您写信是要告诉您一个好消息，11 月 18 日我们将在格林维尔镇举办一场农民大会，大会主要讨论的问题是关于在伊利诺伊州北部建立一所农业学院或在伊利诺伊州已有学院建立一个农业系的相关事宜，希望此次您能莅临大会，为我们提供指导和帮助。”② 从威尔的邀请函能看出，此时布尔学会对于到底采用伊利诺伊州相互竞争的两种产业教育方式的哪一种并没有明确态度，如果能够争取到布尔学会的支持，特纳产业大学计划为大众所接受进而列入政府议程的可能性就极大地增加了，而特纳也绝不会放过这一好机会，故欣然接受邀请，并如约参加大会。

格林维尔农民大会为期两天，参加者主要来自伊利诺伊州的“普特南、布尔（Bureau）、亨利（Henry）、拉萨尔（LaSalle）、怀特塞德（Whiteside）、格拉迪（Grundy）、富尔顿（Fulton）、雷克（Lake）和韦恩堡（Winnebago）等县”③，大会在格林维尔镇长老会教堂举行。在农民大会召开期间，特纳异常活跃，他不仅成为大会的副主席，而且成为安排大会议程的委员会主席。特纳的产业大学计划演讲是此次农民大会的重头戏，其思想也得到了与会者的一致认同。大会决议“一

---

① Correspondence Committee,“Farmers Convention,”*The Ottawa Free Trader*, October 18, 1851, p. 2.

② Mary C. Turner, *The Life of Jonathan Baldwin Turner* (Urbana, Illinois: University of Illinois Press, 1961), p. 87.

③ Mary C. Turner, *The Life of Jonathan Baldwin Turner* (Urbana, Illinois: University of Illinois Press, 1961), p. 86.

致同意采纳特纳提交的伊利诺伊州产业大学计划"①，并成立了一个由威廉·彭内尔（Pennell, William A.）、摩西·奥斯曼（Osman, Moses）、莱蒙·布洛克（Bullock, Lemon L.）和威尔4人组成的出版委员会，专门负责"将产业大学计划发表在《大草原农民周刊》（*Prairie Farmer*）及本州所有其他的杂志上，同时将产业大学计划印制成1000本小册子在全州范围内免费发放……，并将此次大会议程转发给本州所有杂志编辑，请求他们将其在杂志上转发"②。此外，大会还要求"所有参会人员都应该尽力推动产业大学计划在全州内传播和阅读，并利用各种可行的方式雇佣演讲者到伊利诺伊州各县向民众宣讲产业大学计划"③。

2. 伊利诺伊产业联盟系统推广产业大学计划

1851年格林维尔农民大会的参与者对特纳产业大学计划的热情是高涨的，虽然此次农民大会仅为期两天，但他们却计划将产业大学计划的推广工作持续推进下去，其表现就是在大会结束之前通过如下决议："选举特纳、马库斯·莫顿（Morton, Marcus）、詹姆斯·麦康内尔（McConnell, James）、伊莱休·莱斯特（Lstes, Elijah）、大卫·格雷格（Gregg, David L.）、约翰·戴维斯（Davis, John）、约翰·伍德斯（Woods, John）、约翰·海斯（Hise, John）、阿龙·肖（Shaw, Aaron）、约翰·道格迪（Dougherty, John）、拉拉佐洛·彭宁顿（Pennington, Larrazolo S.）、赖特·菲尔斯（Phelps, Wright J.）、戴维森·埃姆斯（Ames, Davidson）等人组成农民大会中央委员会，责成中央委员会在

① Oaks Turner, "Proceedings of the Farmers' Convention at Granville," *Prairie Farmer*, (Jan. 1852): 11.

② Oaks Turner, "Proceedings of the Farmers' Convention at Granville," *Prairie Farmer*, (Jan. 1852): 11.

③ Oaks Turner, "Proceedings of the Farmers' Convention at Granville," *Prairie Farmer*, (Jan. 1852): 11.

下次州议会开会前在斯普林菲尔德再召集一次农民大会。”①

格林维尔农民大会中央委员会不负重托，先后于 1852 年 6 月 8 日在斯普林菲尔德、1852 年 11 月 24 日在芝加哥，以及 1853 年 1 月 4 日在斯普林菲尔德召开了三次农民大会。其中最重要的当属芝加哥农民大会，此次农民大会决定组建伊利诺伊产业联盟（Industrial League of Illinois)，任命“特纳、约翰·盖奇（Gage，John)、彭宁顿、加斯博·利特尔（Litter，Jasper T.）和彭内尔为产业联盟董事会成员”，全权负责产业联盟承担的“传播产业知识、雇佣演讲者、采取其他各种形式以便使产业大学的支持者能够步调一致地采取行为”② 等各项任务，并负责征集与管理产业联盟的资金。

产业联盟董事会确立了产业大学计划全新的推广策略，即深入伊利诺伊各地向当地工农民众宣讲产业大学计划。为此，专门任命“特纳、布洛克和伊拉·佩克（Peck，Ira L.）组成一个专门委员会，以产业教育或建立一所产业大学为主题深入伊利诺伊州各地向当地民众演讲”③。这种推广策略具有以下两个特征：一是宣传的组织性，由产业联盟专门组建委员会负责宣传；二是宣传的主动性，演讲者深入到伊利诺伊州各地，为当地居民面对面提供演讲。具体宣传工作主要由特纳和罗兰·卢瑟福（Rutherford，Rowland C.）承担。

布尔学会是最早推动产业大学计划走向政府的农民组织，他们主要采用开会的方式公开讨论产业大学计划，开会的时间主要选在州议会开会期间，地点也主要选在州府和芝加哥。其中 1852 年 6 月的斯普林菲尔德会议就是在州议会召开的，这样做的最主要目的就是引起州

---

① Oaks Turner, “Proceedings of the Farmers' Convention at Granville,” *Prairie Farmer*, (Jan. 1852): 11.

② General Assembly, *General Laws of the State of Illinois* (Springfield, Illinois: Lanphier & Walker Printers, 1853), p. 514.

③ Bronson Murray, “Third Industrial University,” *Prairie Farmer*, (Jan. 1853): 9.

议会对产业大学计划的关注。同时，布尔学会还专门发起成立了伊利诺伊产业联盟，宣传推广产业大学计划，联盟主要采用系统宣讲方式推广产业大学计划，以此扩大产业大学计划社会支持者的阵营。

（三）新闻媒体介入报道产业大学计划

随着布尔学会及伊利诺伊产业联盟等产业组织介入产业大学计划的公开讨论与推广活动，伊利诺伊州的新闻媒体也开始介入产业大学计划的报道中来。

1.《伊利诺伊日报》的介入

《伊利诺伊日报》创刊于1830年，总部位于州府斯普林菲尔德，创刊名为《萨格蒙杂志》（*Sangamon Journal*），1848年更名为《伊利诺伊日报》，1974年与《伊利诺伊注册者》（*Illinois State Register*）合并，最终定名为《伊利诺伊州注册者杂志》（*State Journal-Register*）。《伊利诺伊日报》是当时斯普林菲尔德所在萨格蒙县及周边各县唯一的一份日报，当年林肯正是在该日报社等待来自芝加哥发来的共和党总统候选人的提名电文。该报是伊利诺伊州历史悠久、影响深远的日报。

《伊利诺伊日报》是最早介入产业教育问题宣传报道的新闻媒体，正是在《伊利诺伊日报》的宣传报道下，特纳的产业大学思想才受到了布尔学会的关注。

此外，《伊利诺伊日报》也为产业大学计划的宣传报道一如既往地提供支持。在格林维尔农民大会结束后的11月25日，该报就刊登了大会主席奥克斯·特纳（Turner,Oaks）请求该报主编帮助推广产业大学计划的信，并表明“将秉承之前已经明确表达过的支持为伊利诺伊州工农民众新建一所州立大学的态度……指出只要本刊编辑收到大会议程就即刻将其刊出”①，《伊利诺伊日报》也确实在11月29日的报上刊

① An Editor, “State Agricultural College,” *Illinois Daily Journal*, November 25, 1851, p. 2.

登了格林维尔农民大会议程。而在州高等教育基金使用这一敏感问题上，《伊利诺伊日报》也于 11 月 27 日和 12 月 4 日的刊上两次表态，“州高等教育基金足够用于为产业阶级建立一所大学，因为这笔基金也是出自产业阶级，出自产业阶级购买联邦所赠公共土地，产业阶级是唯一有权使用这笔基金的群体，如果产业阶级不即刻要求使用这笔基金，那将是非常愚蠢的”①，并对之后召开的三次农民大会进行了全程报道和宣传。

2.《奥瓦自由贸易商周刊》的加入宣传

格林维尔农民大会唯一提名的宣传媒体是《大草原农民周刊》，但紧随《伊利诺伊日报》加入产业大学计划宣传工作的却是《奥瓦自由贸易商周刊》（*The Ottawa Free Trader*）。该刊创刊于 1843 年，1916 年与《拉萨尔杂志》（*La Salle County Journal*）合并，最终定名为《自由贸易商周刊杂志》（*Weekly Free Trader-Journal*），总部位于拉萨尔县奥瓦市，其老板奥斯曼本人就是格林维尔农民大会出版委员会成员。

《奥瓦自由贸易商周刊》是最早关注布尔学会的媒体，“布尔学会第 1 届农博会在博尔特（Point Republic）举办，第 2 届农博会在格林维尔举办，尽管附近的普林斯顿（Princeton）、莱昂（Laeon）和秘鲁（Peru）等地都发行报纸，但均没有对这两届农博会进行任何报道。第 3 届农博会在洛厄尔（Lowell）举办，我们参加了这届农博会，并用 3 天时间收集农博会各种报告，然后在我们的周刊上发表，这也是农博会议程第一次出现在我们杂志上”②。

在格林维尔农民大会的宣传上，《奥瓦自由贸易商周刊》更是发挥

① An Editor, “Agricultural University,” *Illinois Daily Journal*, December 4, 1851, p. 2.

② An Editor, “The Farmers' Convention,” *The Ottawa Free Trader*, November 29, 1851, p. 2.

了关键作用，在 1851 年 10 月 18 日和 10 月 25 日的刊上连续发布了格林维尔农民大会召开的通知，从而使广大民众早在大会召开一个月之前就了解了农民大会召开的相关事宜。该刊对产业大学的宣传也成功吸引了民众的广泛关注，甚至一个普通农民对《奥瓦自由贸易商周刊》的做法都感激不尽："奥斯曼先生，看到贵刊为了吸引民众对格林维尔农民大会的关注采取的各种系统性宣传活动，我非常高兴……，我希望我们的农民兄弟们都能参加格林维尔大会，至少让我们县每个镇都派代表参加此次大会。"① 同时，在格林维尔农民大会召开的 3 天后，《奥瓦自由贸易商周刊》就全文刊载了大会议程，并在之后一期周刊上专栏报道了此次农民大会。

之后召开的三次农民大会，《奥瓦自由贸易商周刊》也给予了全程报道和宣传。

3.《大草原农民周刊》最后介入

进入 1852 年之后，伊利诺伊另一媒体《大草原农民周刊》也加入到产业大学计划的报道中来，该周刊是"美国中西部地区最有影响力的大众读物，其总部设在芝加哥，首刊发行于 1841 年，该杂志不仅推广科学农业种植技术，而且致力于通过教育、娱乐和传播健康生活方式等途径改善中西部农村生活"②，是一份定位于服务美国中西部农民并深受其喜爱的杂志。

1852 年前三季度，《大草原农民周刊》并不认可产业大学计划提出的解决措施，只是对产业大学计划进行事实报道，如 1852 年 1 月刊全文刊载了格林维尔农民大会议程，2 月刊全文刊载了特纳在格林维尔大会发表的产业大学计划演讲稿，而在 3 月刊的评论则表达了他们的态

---

① A Farmer, "The Farmer's Convention," *The Ottawa Free Trader*, October 25, 1851, p. 2.

② Susan S. Rugh, "Prairie Farmer," accessed Dec. 14, 2016, http://www.encyclopedia.chicagohistory.org/pages/1004.html.

度，认为产业大学计划很难落到实处，原因在于："首先，特纳的产业大学计划违背伊利诺伊教育传统；其次，没有合适的教材和教师；再次，没有成功经验可供遵循；最后，至今还没有如何实现特纳产业大学计划的观念。"① 基于以上理由，该评论建议："我们最好先等一等，看看马萨诸塞或纽约的反应……，我们不必操之过急，在采取行动之前我们有足够的时间思考，我们应该先做深入的调查研究再行动。"② 1852年8月刊再次表达了这种观点："正如我们一直坚持的观点那样，我们从不认为特纳计划建议的产业大学能即刻哪怕是在未来数年内组建起来。"③

直到1852年最后一个季度，《大草原农民周刊》对产业大学计划的态度才逐渐转变，标志性事件是该刊10月刊登载了即将在芝加哥召开农民大会的通知，这在之前是没有的，此前两届农民大会召开的通知只在《伊利诺伊日报》及《奥瓦自由贸易商周刊》登载。此外，11月刊第一时间对第三次农民大会做了简要的报道，并承诺只要得到该次农民大会议程就予以登载，而《大草原农民周刊》也确实在1853年1月刊登载了第三次农民大会议程。自此之后，《大草原农民周刊》才积极投入产业大学计划的推广工作中来。

在特纳、伊利诺伊州产业组织和新闻媒体的介入下，特纳的产业大学计划已经由最初的只有特纳等少数人认识到的个人问题演化为伊利诺伊州公众所广泛认可的社会公共问题。

二、从产业大学计划到产业大学议案

特纳产业大学计划要想得以实现，就必须列入政府的议事日程，

---

① An Editor, "Industrial Education," *Prairie Farmer*, (Mar. 1852): 105.

② An Editor, "Industrial Education," *Prairie Farmer*, (Mar. 1852): 105, 106.

③ An Editor, "Industrial College Convention," *Prairie Farmer*, (Aug. 1852): 382.

而这一问题是凭借特纳个人的力量所无法解决的。直到 1851 年格林维尔农民大会的召开，这一问题才提上了议事日程。

（一）伊利诺伊历届农民大会的推动

1. 格林维尔农民大会：争取得到州高等教育基金的支持

从大会的组织及日后运作来看，1851 年格林维尔农民大会并不是一种临时性、偶然性的集会，它已经发展成为一种常设的机制，这种常设机制表现在两方面，一是在大会开始之前，就选举产生了农民大会的常任官员，选举“奥克斯·特纳为主席，惠普利·雷迪克（Reddick,Whelpley）和乔纳森·鲍德温·特纳为副主席，奥斯曼为记录秘书，威尔为通信秘书”[①]；二是在大会行将结束时，选举产生农民大会中央委员会成员，负责下一届农民大会的组织召开事宜。格林维尔农民大会的常设化对加快产业大学计划的立案过程意义重大，它是第一个出现的推动特纳产业大学计划走向立案化的组织。

在推动产业大学计划议案化的过程中，格林维尔农民大会有两项决议意义重大，一是“要求出版委员会将特纳产业大学计划分别递交给伊利诺伊州长、州议会参众两院议员及对产业大学计划可能感兴趣的其他州政府官员……，并起草提交州议会的申请以建立产业大学”[②]，而出版委员会成员在伊利诺伊的社会影响力都很大，4 名成员分别是奥斯曼（《奥瓦自由贸易商周刊》的老板）、彭内尔（布尔学会主席）、威尔（1851 年布尔学会农博会执委会主席）和布洛克（拉萨尔县农民）；二是“请求民众加入到格林维尔农民大会的行列，与格林维尔农民大

① Jonathan B. Turner, *Industrial Universities for the People Published in Compliance with Resolutions of the Chicago and Springfield Conventions* (Jacksonville, Illinois: The Morgan Journal Book and Job Office, 1853), p. 15.

② Jonathan B. Turner, *Industrial Universities for the People Published in Compliance with Resolutions of the Chicago and Springfield Conventions* (Jacksonville, Illinois: The Morgan Journal Book and Job Office, 1853), pp. 17-18.

会共同请求州议会拨款以建立一所服务于产业阶级的大学”[①]，这一决议表明了格林维尔农民大会决定的产业大学创建的资金来源，即来自州议会的拨款，而州议会的拨款显然会出自州高等教育基金。

虽然出版委员会最终并没有起草拟向州议会提交的产业大学议案，却完成了前一项任务。在出版委员会的影响下，州长奥格·弗兰茨（French, Aug C.）1852 年 6 月提交给州议会的州长咨文中就用近五分之一的篇幅谈论州高等教育基金的使用及产业大学计划等问题。在咨文中，弗兰茨敦促州议会应尽早解决州高等教育基金的使用问题，并指出格林维尔农民大会已经就如何使用这笔基金的收益问题进行了详细的讨论，指出：“虽然我还没有仔细研究特纳的产业大学计划，因而我还不能说这个计划具有可行性，或者说它是一项阐述建立农业学院的好政策。但是，就产业大学计划提出要实现的目标及该目标与伊州广大民众的切身利益关系来看，我感到我有责任和义务将特纳的产业大学计划提交给伊利诺伊议会议员审议，该计划值得伊利诺伊议会议员给予关注。”[②] 显然，弗兰茨州长支持格林维尔农民大会提出的使用州高等教育基金建立产业大学的诉求。

虽然通过州长的咨文可以引起州议员对产业大学计划的重视，但显然，出版委员会并没有完成格林维尔农民大会的嘱托，并没有起草出拟提交给州议会的产业大学议案。

2. 斯普林菲尔德农民大会：继续争取州高等教育基金

斯普林菲尔德农民大会总结了格林维尔农民大会的经验，专门成立了由“乔纳森·鲍德温·特纳、约翰·海斯、奥克斯·特纳、利特

---

① Jonathan B. Turner, *Industrial Universities for the People Published in Compliance with Resolutions of the Chicago and Springfield Conventions* (Jacksonville, Illinois: The Morgan Journal Book and Job Office, 1853), p. 18.

② Aug C. French, "Governor's Message," *The Ottawa Free Trader*, June 19, 1852, p. 1.

尔和亚当斯”[①] 等 5 人组成的议案起草委员会，专门负责起草拟向州议会提交的产业大学请愿书，委员会 5 个人均是特纳产业大学计划的支持者。该议案起草委员会最终起草了一份请愿书，并提交给州议会。

在议案中，委员会首先分析了伊利诺伊州关于州高等教育基金收益的三种使用方式[②]各自的优缺点，最终建议“不要依据任何模式，无论是直接的还是间接的模式分配州高等教育基金的收益，都应该为了伊利诺伊州各阶级所有民众的共同利益，尤其是满足广大产业阶级的紧迫需要，以及伊利诺伊州的利益需要集中使用……，我们仅仅要求为伊利诺伊州及联邦各州的产业阶级、教师与孤儿各建立一所产业大学”[③]。

据州议会日志记载，伊利诺伊州医学大会（State Medical Convention）也向州议会提出申请，申请从州高等教育基金的收益中拨款以便在伊利诺伊州建立一所医学院，该请愿书于 6 月 10 日提交州议会参议院[④]，6 月 12 日提交州议会众议院。[⑤] 面对来自各方面的对州高等教育基金收益的使用申请，6 月 17 日州议会参议院提议把这个问题推给联邦国会，请求联邦国会“修改伊利诺伊州高等教育基金使用的相关法规，为了促进伊利诺伊州教育的发展与知识的增长，给予伊利

---

① An Editor, "The Industrial Convention," *The Ottawa Free Trader*, June 19, 1852, p. 2.

② 一种方式是供公立学校使用，另一种方式是将其平均分配给伊利诺伊州所有古典学院，还有一种方式是集中使用以建立一所产业大学。

③ Jonathan B. Turner, *Industrial Universities for the People Published in Compliance with Resolutions of the Chicago and Springfield Conventions* (Jacksonville, Illinois: The Morgan Journal Book and Job Office, 1853), pp. 36-37.

④ See General Assembly, *Journal of the Senate of the Seventeenth General Assembly of the State of Illinois* (Springfield, Illinois: Lanphier & Walker Printers, 1852), p. 24.

⑤ See General Assembly, *Journal of the House of Representatives of the Seventeenth General Assembly of the State of Illinois* (Springfield, Illinois: Lanphier & Walker Printers, 1852), p. 36.

诺伊州议会使用州高等教育基金自由决策权”①，并请求州议会参议院通过该决议，但从州议会参议院日志来看，该议案根本没有进入参议院。因此可以说，此时州议会仍未就州高等教育基金收益的使用问题形成定论，当然，州医学大会及斯普林菲尔德农民大会提交的高等教育基金使用申请在州议会也就石沉大海。

3. 芝加哥农民大会：开始寻求联邦国会的帮助

斯普林菲尔德农民大会的申请没有得到州议会的回应，1852 年 11 月 24 日在芝加哥召开了第三次农民大会，此次农民大会还对获得州高等教育基金的使用抱有一线希望。因此，此次农民大会还是决定任命“乔纳森·鲍德温·特纳、威姆·古丁（Gooding, Winm）和金考特负责起草向州议会提交的申请使用州高等教育基金建立产业大学的请愿书”②，并提交给一个月后在斯普林菲尔德召开的农民大会。

但此时，芝加哥农民大会已经不再把产业大学建立的希望完全寄托在州高等教育基金身上，而是开始寻求联邦国会的帮助，因此在任命了一个州议会请愿书起草委员会的同时，还任命“州长弗莱茨、州务卿大卫·格雷格与彭宁顿负责起草拟提交给联邦国会的请愿书，向联邦国会申请一定数量公共土地以在联邦各州各建一所产业大学”③。

4. 斯普林菲尔德农民大会：完全放弃获得州高等教育基金支持的希望

1853 年 1 月 4 日，第四次农民大会在斯普林菲尔德召开，第 18 届

---

① General Assembly, *Journal of the House of Representatives of the Seventeenth General Assembly of the State of Illinois* (Springfield, Illinois: Lanphier & Walker Printers, 1852), p. 81.

② Jonathan B. Turner, *Industrial Universities for the People Published in Compliance with Resolutions of the Chicago and Springfield Conventions* (Jacksonville, Illinois: The Morgan Journal Book and Job Office, 1853), p. 38.

③ Jonathan B. Turner, *Industrial Universities for the People Published in Compliance with Resolutions of the Chicago and Springfield Conventions* (Jacksonville, Illinois: The Morgan Journal Book and Job Office, 1853), p. 38.

伊利诺伊州议会也于同日召开，如何使用州高等教育基金的问题在上届州议会并没有得出明确结论，甚至连向国会申请基金使用自主权的州议会众议院提议都没有得到参议院的响应。由此可见，在政治上谈及这笔基金的使用在伊利诺伊是何其的敏感，同时也反映出在伊利诺伊州动用这笔基金又是何等的困难。如果说芝加哥农民大会召开期间与会代表还对上一届州议会解决州高等教育基金问题有信心，斯普林菲尔德农民大会就已经对第18届州议会能否解决这一问题不再抱有任何希望，也不再就这一问题难为州议会了。

为此，此次大会一方面批准了弗莱茨州长负责的起草委员会提交的请愿书，另一方面就是放弃了特纳为首的委员会起草的请愿书，并责成布伦森·莫里（Murray, Bronson）重新起草了一份提交给州议会的请愿书，但这一请愿书在内容上已经与芝加哥农民大会特纳负责的起草委员会提交的请愿书完全不同，而是请求“伊利诺伊州议会向联邦国会提交一份议案，请求联邦国会为了产业阶级在各州建立一所产业大学，为联邦每个州捐赠价值不低于50万美元的公共土地，各产业大学之间相互支持，并与华盛顿的斯密斯森纳学院（Smithsonia Institution）合作”[①]，还请求“联邦其他各州立法和行政部门在产业大学事业上和伊利诺伊州合作”[②]。

（二）伊利诺伊产业联盟的推动

1852年11月24日，芝加哥召开的第三次农民大会成立了伊利诺伊产业联盟，该联盟组建的其中一个目的便是“组织伊利诺伊产业教育所有支持者采取步调一致的行动”[③]，特纳当选为产业联盟的主席。

---

① Mary C. Turner, *The Life of Jonathan Baldwin Turner* (Urbana, Illinois: University of Illinois Press, 1961), p. 113.

② Mary C. Turner, *The Life of Jonathan Baldwin Turner* (Urbana, Illinois: University of Illinois Press, 1961), p. 114.

③ Bronson Murray, "Third Industrial University," *Prairie Farmer*, (Jan. 1853): 9.

产业联盟组建之后，也向州议会及联邦国会提交了产业大学计划的请愿书。

产业联盟组建初期，仍然对使用州高等教育基金创建产业大学存有幻想，因此在向州议会提交的请愿书中指出："因此，我们真诚地希望我们的议会能运用联邦政府拨给我们促进知识增长的资金建立一所产业大学，从而为我们州产业阶级提供博雅与实用的教育。"① 但在后期，产业联盟也放弃了这一想法，开始寻求联邦国会的帮助，在向联邦国会提交的请愿书中指出："请求国会为联邦各州捐赠公共土地，以便为各州的产业阶级各建一所产业大学，为每个州所拨公共土地价值不低于50万美元。"②

在产业大学计划提出的教育问题已经完成公共化转型任务之后，在农民大会及伊利诺伊产业联盟的推动下，伊利诺伊州议会再也无法无视产业大学计划提出的产业教育问题了。1853年2月3日，产业大学计划在伊利诺伊州议会众议院立案，两天后的2月5日，产业大学计划在众议院以51票赞成、1票反对的绝对优势获得通过。1853年2月8日，州长乔尔·梅特森（Matteson,Joel A.）签署了州议会通过的产业大学议案。州议会通过的议案对产业大学建立的方式和资金来源的规定在精神和实质上与1853年1月在斯普林菲尔德召开的农民大会及产业联盟提交给国会的请愿书是完全一致的，从而使得拟建立的高等教育机构在名称上开始从之前以服务对象——产业阶级为标志而命名的产业大学转向以资金来源——联邦赠地为特色而命名的赠地学院。

（三）伊利诺伊地方政府的推动

伊利诺伊地方政府也动员起来向国会请求资助建立产业大学，如

① General Assembly, *Made to the Nineteenth General Assembly of the State of Illinois* (Springfield, Illinois: Lanphier & Walker Printers, 1855), p. 955.

② General Assembly, *Made to the Nineteenth General Assembly of the State of Illinois* (Springfield, Illinois: Lanphier & Walker Printers, 1855), p. 954.

1854年3月16日，伊利诺伊州布尔县董事会向联邦国会申请为联邦各州建立产业大学[①]；1854年3月20日，伊利诺伊州卡恩（Kane，Illinois）县农业协会向联邦国会申请为联邦各州工人阶级建立大学[②]；1854年3月20日，伊利诺伊州塞尔比（Shelby，Illinois）县法院向联邦国会申请为各州创建产业大学[③]；1854年4月7日，伊利诺伊州洛根（Logan，Illinois）县法院向联邦国会申请为各州划拨足量公共土地用于创建产业大学。[④]

伊利诺伊地方政府向联邦国会的请愿是将产业大学计划列入联邦国会议事日程的最有效手段，是向联邦国会表明群众态度和产业教育需求的最直接证据，也是产业大学计划进入联邦国会议事日程的最直接动力。

三、从产业大学议案到赠地学院议案

自从格林维尔农民大会召开之后，特纳就长远地考虑到产业大学计划进入联邦国会议事日程的问题。为此，特纳一直在寻找能将产业大学计划带到联邦国会的国会议员，特纳曾联系过以下诸位联邦国会

---

① See House of Representatives of the United States, *Journal of the House of Representatives of the United States Being the First Session of the Thirty-Third Congress* (Washington, D. C.: Robert Armstrong Printer, 1853), p. 516.

② See House of Representatives of the United States, *Journal of the House of Representatives of the United States Being the First Session of the Thirty-Third Congress* (Washington, D. C.: Robert Armstrong Printer, 1853), p. 527.

③ See Senate of the United States, *Journal of the Senate of the United States Being the First Session of the Thirty-Third Congress* (Washington, D. C.: Beverley Tucker Printer, 1853), p. 269.

④ See House of Representatives of the United States, *Journal of the House of Representatives of the United States Being the First Session of the Thirty-Third Congress* (Washington, D. C.: Robert Armstrong Printer, 1853), p. 609.

议员。

（一）坎贝尔

1851年格林维尔农民大会后，特纳主动联系国会议员，争取产业大学计划在国会立案，但首先给他回复的却是来自俄亥俄州的国会众议员戴维斯·坎贝尔（Campbell,L. Davis）。1852年4月26日，坎贝尔在给特纳的回信中说："我于本月3日就收到了您的信和小册子，我对您的信和小册子都非常感兴趣。在国会服务期间，我将努力支持并且采取任何可行的方式促进产业大学计划获得通过，我相信没有比这更确定的方式来促进人类福祉和国家繁荣的了。"①

但通过对国会日志的考察可以发现，坎贝尔并没有在国会提交产业大学议案，而特纳和格林维尔农民大会也没有起草拟提交给联邦国会的请愿书，甚至连向伊利诺伊州议会的请愿书都没有起草。

（二）耶特与莫勒尼

1852年6月斯普林菲尔德农民大会结束之后，特纳的产业大学计划开始引起来自伊利诺伊的国会议员的关注，最早关注特纳产业大学计划的伊利诺伊的国会议员是理查德·耶特（Yates,Richard），他是特纳在伊利诺伊学院执教过的学生。1852年6月25日，耶特在给特纳的信中说："尊敬的先生：如果您还存有您在格林维尔大会上所做的关于产业大学专题报告的副本的话，请再给我一份。您所给我的那一份已经发表在圣路易斯《密西西比河流域农民》（*Mississippi Valley Farmer*）杂志……并且，我已经应允埃邦克斯先生将它发表在华盛顿专利局报告上。"②

1853年2月8日，耶特将弗莱茨州长为首的委员会起草的为联邦

---

① Mary C. Turner, *The Life of Jonathan Baldwin Turner* (Urbana, Illinois: University of Illinois Press, 1961), p. 94.

② Mary C. Turner, *The Life of Jonathan Baldwin Turner* (Urbana, Illinois: University of Illinois Press, 1961), p. 101.

各州向国会申请价值不低于 50 万美元公共土地以组建产业大学的请愿书提交给国会众议院①，众议院将其提交给农业委员会审理。2 月 16 日，另一位来自伊利诺伊的国会众议员理查德·莫勒尼（Molony, Richard S.）再次在国会众议院提交了弗莱茨州长等人起草的请愿书②，众议院决定将其转交给公共土地委员会审理。但通过对国会日志考察来看，国会众议院这两个专门委员会并没有对请愿书进行表决，因为国会日志上并没有两个委员会就这份请愿书的表决结果，没有进行表决就等于否决，而耶特又没有当选为下届国会议员。至此，向联邦国会申请公共土地以在联邦各州组建产业大学的请愿书完成了在国会的首次巡礼。

（三）希尔德与沃什伯恩

1854 年 3 月 20 日，来自伊利诺伊州的国会众议员伊利胡·沃什伯恩（Washburne, E. Benjamin）和参议员詹姆斯·希尔德（Shields, James）同时在国会两院提交了一年前伊利诺伊州议会通过的产业大学决议，决议全称《伊利诺伊州议会关于组建产业大学以推动实用教育与普通教育发展的决议》（"Resolutions of the General Assembly of Illinois Relative to the Establishment of Industrial Universities, and for the Encouragement of Practical and General Education among the People"）。参议院决议将希尔德提交的决议案转呈给参议院公共土地委员会审议，而众议院只是决议将沃什伯恩提交的决议案付印。而早在 3 月 16 日，来自伊利诺伊的国会众议员杰西·诺顿（Norton, Jesse O.）

① See House of Representatives of the United States, *Journal of the House of Representatives of the United States Being the Second Session of the Thirty-Second Congress* (Washington, D. C. : Robert Armstrong Printer, 1852), p. 254.

② See House of Representatives of the United States, *Journal of the House of Representatives of the United States Being the Second Session of the Thirty-Second Congress* (Washington, D. C. : Robert Armstrong Printer, 1852), p. 296.

就提交了伊利诺伊州布尔县董事会提交的请求在联邦各州组建产业大学的请愿书[①]，该请愿书被提交给国会众议院农业委员会。4 月 7 日，来自伊利诺伊的国会众议员詹姆斯·阿伦（Allen,James C.）提交了伊利诺伊州洛根县法院提交的请求联邦拨款给各州以组建产业大学的请愿书[②]，该请愿书被提交给国会众议院公共土地委员会。1854 年 12 月 31 日，众议院公共土地委员会驳回了洛根县的请愿书，众议院农业委员会没有对布尔县董事会提交的请愿书做任何表决，而参议院公共土地委员会也没有对希尔德提交的决议案做任何表决，产业大学计划在国会的第二次巡礼也草草收场。

（四）特朗布尔与诺顿

1856 年 1 月 28 日，来自伊利诺伊州的国会参议员莱曼·特朗布尔（Trumbull,Lyman）在参议院提交伊利诺伊州教育大会草拟的请愿书，再次向国会申请给联邦各州捐赠公共土地以便为各州创建一所产业大学[③]，参议院决定将该请愿书再次转交给公共土地委员会审理。1856 年 3 月 10 日，来自伊利诺伊州的国会众议员诺顿在国会众议院同样提交了伊利诺伊州教育大会草拟的请愿书[④]；3 月 19 日，沃什伯恩在众议院

---

① See House of Representatives of the United States, *Journal of the House of Representatives of the United States Being the First Session of the Thirty-Third Congress* (Washington, D. C. : Robert Armstrong Printer, 1853), p. 516.

② See House of Representatives of the United States, *Journal of the House of Representatives of the United States Being the First Session of the Thirty-Third Congress* (Washington, D. C. : Robert Armstrong Printer, 1853), p. 609.

③ See Senate of the United States, *Journal of the Senate of the United States Being the First and Second Session of the Thirty-Fourth Congress* (Washington, D. C. : A. O. P Nicholson Printer, 1856), p. 72.

④ See House of Representatives of the United States, *Journal of the House of Representatives of the United States Being the First Session of the Thirty-Fourth Congress* (Washington, D. C. : Cornelius Wendell Printer, 1855), pp. 654-655.

提交了相同的请愿书[①]，国会众议院决定将其转交给众议院公共土地委员会审理。同样，国会两院各自的公共土地委员会都没有对申请书进行表决。

（五）莫雷尔

1857 年 10 月 19 日，特朗布尔在给特纳的信中写道："在上届国会我就发现了一种反对给各州以任何名义捐赠公共土地的势头悄然形成，可能他们仅仅是反对给新州（new states）捐赠公共土地，而您的计划是给联邦所有州都捐赠公共土地，这样在国会中会得到更多议员的支持……，我认为如果产业大学计划由老州（old states）的议员提出更容易在国会通过，如果由新州的国会议员提出可能得不到足够的议员支持，因为新州已经以教育或其他名义获得了联邦政府大量的公共土地。"[②] 遵循特朗布尔的逻辑，之前产业大学计划在联邦国会两院的提出者都不利于申请捐赠公共土地的请愿书获得国会议员的支持，也难怪产业大学计划请愿书在提交给国会两院专门委员会后连审议的机会都很难获得。

沃什伯恩等伊利诺伊国会众议员认为 1855 年 12 月新进国会众议院的佛蒙特州议员莫雷尔是产业大学计划的最佳提出者。"有证据表明特纳和他的朋友选中了莫雷尔，因为他来自老州，而老州并没有从联邦政府的土地赠予中获得很多利益，也正是由于这个原因，莫雷尔第一次与这个法案发生了联系。"[③]

---

① See House of Representatives of the United States, *Journal of the House of Representatives of the United States Being the First Session of the Thirty-Fourth Congress* (Washington, D. C.: Cornelius Wendell Printer, 1855), p. 692.

② Mary C. Turner, *The Life of Jonathan Baldwin Turner* (Urbana, Illinois: University of Illinois Press, 1961), p. 142.

③ Edmund J. James, *The Origin of the Land Grant Act of 1862 and Some Account of its Author Jonathan B. Turner* (Urbana, Illinois: University of Illinois Press, 1910), p. 27.

在选中莫雷尔之后，特纳便将产业大学计划所有文章、演讲词、相关的信件和小册子都送给他，并请求他提交一份议案，而莫雷尔也最终接受了特纳的请求。在 1874 年回忆录中莫雷尔说明了当时之所以接受特纳委托的原因："第一，出于地方和私人目的的捐赠已经消耗了大量有价值的公共土地……；第二，我国公共土地价值低廉……；第三，作为一个铁匠的儿子，我无法忽视教育给产业阶级所能带来的利益……；第四，我国现有学院主要教授古典学科，培养学生从事专业工作，而工农民众只能通过体力挣钱……；第五，我国只有少数州拥有充足的教育资源，而绝大多数州都欠缺教育资源，只有通过出售公共土地所得才能予以补救。"① 在 1894 年的回忆录中，莫雷尔说："我可能不认识特纳教授，尽管我仍然记得在我将议案提交给国会之前，一位西部的教授来见我并热情地向我说明了这个想法。他可能是特纳教授。但是距现在太久了，我已经忘了他的名字了。"② 其实，他与特纳有过一面之缘，并且有过书信往来。1861 年 12 月 30 日，莫雷尔曾给特纳写过一封信，信中说："尊敬的先生，通过本月 15 日您给我的信，我很高兴发现您的热情没有熄灭。我知道您，特纳教授，是农业教育事业上的一位伟大先驱。我只是要说我有信心在这届国会将这份议案变成法律。非常感激您对这项事业持续的兴趣。"③ 这封信的复印件就收录在凯莉尔·特纳（Turner, M. Carriel）写的《乔纳森·鲍德温·特纳传》一书中。莫雷尔没有食言。1857 年 12 月 8 日，莫雷尔在国会众议院大会上提交议案，议案的题目是《向联邦各州及领地捐赠

① William B. Parker, *The Life and Public Services of Justin Smith Morrill* (New York: Da Capo Press, 1971), pp. 262-263.

② Edmond J. James, *The Origin of the Land Grant Act of 1862 and Some Account of its Author Jonathan B. Turner* (Urbana, Illinois: University of Illinois Press, 1910), pp. 35-36.

③ Mary C. Turner, *The Life of Jonathan Baldwin Turner* (Urbana, Illinois: University of Illinois Press, 1961), pp. 78-79.

公共土地，旨在资助其建立为实现农业和机械艺术之利益的学院》（“A Bill Donating Public Lands to the Several States and Territories Which May Provide Colleges for the Benefit of Agriculture and Mechanic Arts”）。

第二章 《1862年美国赠地学院法案》的制定

向联邦各州及领地捐赠公共土地，旨在资助其建立为实现农业和机械艺术之利益的学院。

——贾斯汀·莫雷尔

自从产业大学计划进入联邦国会，古典高等教育与经济社会发展严重脱节的问题便进入国家的视野，对特纳而言可谓成功完成历史使命。由于联邦政府没有教育管辖权，产业大学计划必将在联邦政府引起激烈争论，其立法过程必定不会一帆风顺。下文中，笔者将分别研究《1862年美国赠地学院法案》在联邦国会的立法过程、国会议员辩论的主题、法案通过的政治经济原因、法案的内容及性质。

第一节 赠地学院议案在联邦国会的历程

自1853年开始，产业大学计划就进入了联邦国会，但一直没有得到国会立案，直到1857年，产业大学计划才以赠地学院议案的标签在国会正式立案。由于种种原因，在以往的相关研究中，《1862年美国赠地学院法案》在国会中的立法过程往往没有得到应有的重视，甚至被完全忽视了。通常提到的情况包括如下的内容：1857年12月14日，莫雷尔第一次将赠地议案向国会提交，来自南方的国会议员认为这一议案将有利于北方的手工业者和劳工阶层，因而表示反对；而来自西部的国会议员也表示异议，尽管如此，众议院还是以 105：100 票通过议案，而参议院则以 25：22 票的微弱优势通过议案。但最终却因詹姆斯·布坎南总统 1859 年 2 月 24 日的否决而未通过。布坎南总统否决的理由是：联邦政府财政紧张；可能会危害州的权利；对新建州有潜在危险；农业和机械技术的发展是一个有争议的话题，不利于现有学院的发展；违反联邦宪法。几年后，参、众两院再次审议通过赠地学院议案，并交时任美国总统的林肯签署。1862 年 7 月 2 日，林肯总统签署赠地学院法案。由于该法案是佛蒙特州众议员莫雷尔提出的，因此这部法案有时又被称为《莫雷尔法案》，如此等等。但对立法过程中到底发生了什么，尤其是立法过程背后发生的理念和政治利益冲突则往往语焉不详。事实上，赠地学院议案不仅在立法过程中经历了激烈的争论，这些争论直接反映了不同政党、不同区域的利益之争，而且争论本身又直接影响着议案内容的修改及最终的结果。因此，对议案在国会的审议过程中的探究无疑对《1862 年美国赠地学院法案》的深入解读具有至关重要的作用。而要想了解赠地学院议案从 1857 年立案到 1862 年林肯总统签署通过最终成为《1862 年美国赠地学院法案》，就必须对美国国会的立法程序有个简要的理解。美国实行立法、行政、司法三权分立，国会是代议制民主的最主要特征。美国宪法第一条第一款规定："本宪法赋予的全部立法权，属于由参议院和众议院组成的合众国国会。"国会为两年一届，第 1 届国会于 1789 年在纽约召开。

一、美国国会立法程序

（一）国会委员会制度

正如宪法所指出的那样，国会由参议院和众议院组成。而在国会两院内部，又形成了功能不一的各个委员会，而委员会制度是宪法所未规定的。国会委员会最初都是一些临时委员会，是国会对专题立法进行审议而组建的，审议完毕提交全院大会后临时委员会随即解散。但是，随着国会议员人数的逐渐增加，立法任务的加重，不断地组建、解散临时委员会就显得不合时宜了，“1816 年 12 月 10 日，参议院将 11 个重要的临时委员会改为‘常设委员会’”①。因此，国会中实际的立法权就转移到了那些常设委员会的手中。美国第 28 届总统民主党人伍得罗·威尔逊（Wilson,T. Woodrow,1913—1921 年执政）形象地把美国的国会称为委员会体制。他认为这种体制的特点是“立法权力分散，尽管委员会的权力大小不一，但是没有一个委员会有决定性的特殊权力或公认的权威。这种情况，一方面限制了领导者的特权，不致使权力落入少数人手中，另一方面也分散了国会的整个立法作用”②。专业性的常设委员会在实践中不断完善，逐步形成了相对稳定的委员会机制。

两院委任委员会成员的方式不同，并且经历了复杂的变化。“众议院在国会初期，由全院大会决定委员会成员的安排。1790 年时，又将这一权力交给议长。由议长任命委员会成员及委员会主席的做法一直持续到 1911 年。……1911 年，委员会的委任权重新回到众议院全院大会。在 1823 年以前，参议院委员会的任命均由全院大会投票决定。参议员自己提出希望任职的委员会，然后由全院大会表决，得票多的进入委员会，得票最多的担任主席，但这样不能保证多数党获得多数和主席席位。此后几经周折，到 1846 年基本稳定下来，共和党由委员会事务委员会、民主党由指导委员会决定，再象征性地由全院大会批准。”③

（二）国会立法程序

公丕祥在其《法理学》中指出：“立法程序是指有权的国家机关在制定、认可、修改、补充和废止法律、法规的创制过程中所须遵循的

① 与非：《美国国会》，中国民主法制出版社，2001，第 25 页。

② 伍得罗·威尔逊：《国会政体》，熊希龄、吕德本译，商务印书馆，1986，第 ii 页。

③ 与非：《美国国会》，中国民主法制出版社，2001，第 27 页。

法定步骤和方法。"[①] 卓泽渊在其《法理学》中也指出:"立法程序,即法律制定的阶段,是指享有立法权的国家机关在创制、修改、废止法律的活动中必须履行的法定步骤。"[②] 以上两位学者均指出,立法程序实质是指立法机关制定、修改和废止法律时所应遵守的程序或步骤。

各国的立法体制不同,立法程序也不尽相同。"美国成文法的立法程序采用的是平衡两院制,从议案到法律需要通过两院的一致同意并经总统签署才能完成。"[③] 一个议案要成为法律要经过许多阶段,"但都会有5个基本的文本,即提案文本(Bill,as introduced)、提交文本(Bill,as reported)、誊清文本(Bill,as engrossed)、核准文本(Bill,as enrolled)、法律文本(Bill,as enacted)。它们分别代表5个阶段,即议员提出议案、委员会审议并将议案提交给全院、一院通过、两院统一文本、总统签署成法"[④]。

1. 议案的提出

"议案"一词是国会中使用频率最高的一个词,议员对议案的称呼不尽相同,常见的提法有Bill,Resolution,Measure,Legislation。议案虽然都是由议员提出,但并不是所有的议案都是由议员自己起草的。"有的议案是议员本人构思、起草的,有的议案是由议员选区的选民提议的,有的议案是特殊利益集团起草送给议员的,还有的议案是政府通过本党议员提出的。有的议员自己并不支持某种主张,但为照顾选民或利益集团,也时常'根据请求'提出议案。"[⑤] 两院的议员可以就同一议题分别提出各自的议案,同一议院的议员也可以对同一议题提出不同的议案,这就是同一时期就同一议题提出如此众多的议案的原

---

① 公丕祥:《法理学》,复旦大学出版社,2002,第301页。

② 卓泽渊:《法理学》,法律出版社,2002,第327页。

③ 姚云:《美国高等教育法治研究》,山西教育出版社,2004,第152页。

④ 与非:《美国国会》,中国民主法制出版社,2001,第37页。

⑤ 与非:《美国国会》,中国民主法制出版社,2001,第40页。

因。有时候，影响力较小的议员为了使自己提出的议案能够得到更多的关注，就会邀请更有影响力的议员重新提出该议案，内容可以没有变化。

常见的议案由两部分构成，第一部分是事实陈述（Findings），一般列举已发生的事实或美国现有的政策；第二部分是决议部分。议案通常有四种类型，即决议案（Resolution）①、共同决议案（Concurrent Resolution）②、联合决议案（Joint Resolution）③ 和法案（Act）。国会两院对议案编号的标志不同，见下表 2-1-1。

表 2-1-1 美国联邦国会议案编号标志

议院类型	议案	决议案	联合决议案	共同决议案
众议院	H. R	H. RES	H. J. RES	H. CON. RES
参议院	S	S. RES	S. J. RES	S. CON. RES

资料来源：与非：《美国国会》，中国民主法制出版社，2001，第 43 页。

2. 委员会审议议案并提交全院大会辩论

一项议案可能属于若干个委员会，那么到底应该转交给哪个委员会审议？按规定应分别由众议院和参议院议长决定，如产业大学计划就提交给了公共土地委员会审议。议案提交主管委员会后，该委员会可以做出如下几种决定，第一，原封不动地批准，送交全院大会审议；

① 决议案是由一院提出，没有法律约束力，只表达众议院或参议院的意向，只需本院通过即可。

② 共同决议案是由一院提出，没有法律约束力，但表达国会（即参、众两院）的意向，理论上需要两院通过，但实际上这样的情况较少。更多的是，两院分别就同一议题提出内容相同或相似的两院共同决议案，并在本院通过，不再送另一院审议。共同决议案不存在统一文本问题，但习惯上，一院通过一项共同决议案后会向另一院发出一个通知，告知对方本院已通过某项共同决议案，需要你院附议。

③ 联合决议案可由一院提出，也可由两院分别提出，但需要获得两院通过，如两院文本不同，还要进行统一文本工作，法案的提出和通过与联合决议案相同。

第二，经过修改后，再送交全院大会审议；第三，重新起草（甚至与原案文立场完全不同）并通过后，送交全院大会审议；第四，以委员会反对的决议提交全院大会审议（如年度审议对华正常贸易关系）；第五，委员会否决后即夭折；第六，拒绝采取任何行动。① 一项议案如果在委员会被毙掉，在大多数情况下是不可能通过的。但有两种情况例外，一种是法律另有规定；另一种情况是，支持被击败议案的议员可以提出相同内容的修正案，视情况挂在其他议案上，以逃避原主管委员会的管辖，从而使议案获得通过。委员会在通过了一些重要的、有法律约束力的议案后，要起草一份委员会报告②。

3. 一院通过

议案在委员会获得通过后，将连同表决结果和委员会报告一并交出，并刊登在国会日志上，有待全院大会辩论。

对于已列入国会日志的议案，在进行全院辩论、表决之前，还要有相应议院规则委员会制定相应的审议规则。而制定审议规则主要有两个目的："一是为及时审议重要议案创造条件，因为列入国会日程的议案很多，往往鱼目混珠，会将重要议案埋没；二是确保对议案进行公证、全面的审议，通过规定双方辩论时间、辩论方式以及是否允许、允许多少、允许哪些修正案，规范审议的进程。"③ 此后，就可以进行全院辩论与表决了。议案辩论与表决有许多规定，也有惯例，参、众两院之间有很大的差别。

---

① 参见与非《美国国会》，中国民主法制出版社，2001，第47页。

② 委员会报告要陈述议案的目的及管辖范围，持赞成态度的议员的看法，持反对态度的议员的看法及议员名单，有关修正案的情况，与现有法律的不同之处，委员会对案文的理解，某项内容为何没有列入，等等。委员会报告有时还包括政府相关部门在此问题上的立场及就该议案发表的看法，如调整有关部门的设置、增加职能或进行监督，还有可能涉及引起的财政支出等内容。修正案及委员会的表决结果需列入报告，但不要求写明具体议员的投票结果及态度，许多委员会也将此项内容写入报告，委员会报告也是编号的。

③ 与非：《美国国会》，中国民主法制出版社，2001，第60页。

议案在一院获得通过后，对于简单的决议案来说，通过表达一院意向向行政部门施加压力或表达一种看法或情感的目的已经达到，即完成了自己的使命。有的议案在一院获得通过，而在另一院没有获得通过。只有两院分别通过相同的议案，立法才能进行到下一个环节，即两院统一文本的阶段。

4. 两院统一文本

对于两院共同决议案来说，尽管理论上需要获得两院通过，实际上却很少这样做。但对于需要提交给总统签署生效的联合决议案和法案，必须是参议院和众议院通过的、内容完全相同的文本。对于如何形成统一的文本，在实际的运作中有三种方式，第一，两院分别通过各自版本的案文，再组成两院联席会议进行‘统一文本’工作；第二，将一院通过的议案拿到另一院去表决；第三，推动另一院对本院通过的议案进行大幅度修改，通过后再送回，以改变议案的命运。① 总之，如果两院能够协商，可以通过直接表决另一院的现成文本实现文本的统一，如果无法达成一致，则只能设立联席会议，进行统一文本的工作。统一文本工作有的持续数日，有的持续数周甚至数月。有的议案根本无法达成一致，夭折在统一文本的阶段。

5. 总统签署成法

获得国会两院通过的议案，在完成了统一文本的工作后，经专职核准员核准后，方可交给总统签署。总统对国会送来签署的议案有四种处理方式：一是签署生效（Sign）②，二是自动生效（Shall Be a Law）③，

---

① 参见与非《美国国会》，中国民主法制出版社，2001，第 77—82 页。

② 签署生效是指总统在接到国会递交的法案后的 10 个工作日内，将其签署生效，国会再根据立法序号进行编号，使其成为美国法典的一部分。

③ 自动生效是指根据法律规定，总统必须在国会递交法案后的 10 个工作日内做出反应，要么签署，要么否决，否则将被视为总统同意，届时尽管总统并未签字，但有关法案也将自动生效。

三是否决（Veto）[①]，四是搁置否决（Pocket Veto）[②]。

总统否决并退回到国会中的议案，国会可以接受总统的否决案，也可以将其推翻。如果想推翻总统的否决，需要两院分别获得三分之二的支持票，这对于参议院来说难度相对小一些，对于众议院来说就要困难得多，因为“一是因为参议院人数少，政府可集中力量做工作；二是参议员经验丰富，分析问题较为冷静，对总统否决的法案会更为慎重”[③]。

议案经国会通过，又经总统签署后，即成为法律。但是鉴于法律的作用是在于调节社会关系、规范人们的行为，所以必须将法律公之于众，让全国人民都知晓。

二、启动赠地学院议案的立法过程

（一）赠地学院议案的提出

据国会众议院日志记载，第 35 届国会第一次期会开会的第二天，即 1857 年 12 月 8 日，来自佛蒙特州的国会众议员莫雷尔同时提出了两份议案，其中一份议案的题目就是《向联邦各州及领地捐赠公共土地，旨在资助其建立为实现农业和机械艺术之利益的学院》[④]，但是由于国

---

① 否决是指总统对案文不满，拒绝签字，遂将该法案退回国会，并附上一份简短声明，表明总统的态度，有时还陈述否决原因。

② 搁置否决亦称口袋否决，宪法第一条第七款规定，如因国会休会而使呈交给总统的议案不能退回时，该议案不能成为法律。因此，当总统不同意某项议案时，他可以利用国会闭会前 10 日内将其搁置起来，待国会闭会后使其自行作废。安德鲁·杰克逊（Jackson，Andrew）总统是第一个使用搁置否决的总统。

③ 与非：《美国国会》，中国民主法制出版社，2001，第 85 页。

④ See House of Representative of the United States, *Journal of the House of Representative of the United States Being the First Session of the Thirty-Fifth Congress* (Washington, D. C.: James B. Steedman Printer, 1857), p. 17.

会刚开会，事务繁多，众议院没有对莫雷尔提出的议案做任何的处理。

12 月 14 日，莫雷尔又提出了这份议案，并且建议将这份议案提交给农业委员会[①]，但是来自弗吉尼亚州的众议员约翰·利策尔（Letcher，John）提出修正案，建议将该议案提交给公共土地委员会，而不是莫雷尔所建议的农业委员会。莫雷尔的这次议案本来是能够在当日得到国会处理的，但是国会还没有来得及对莫雷尔和利策尔的建议做出决定，参议院书记官阿斯伯里·迪金斯（Dickins,Asbury）便通知众议院，来自南卡罗来纳州的国会参议员安德鲁·巴特勒（Butler，Andrew P.）去世，众议院为了表示对巴特勒去世的哀悼，决定当天的会议到此休会，因此莫雷尔的议案又没有得到国会的处理。

12 月 15 日，众议院继续就前一天未能决定的利策尔提出的关于莫雷尔议案去向问题的修正案进行投票[②]，投票结果显示，众议院以 105 票对 89 票通过利策尔的修正案。这时参议员书记官迪金斯通知众议院，来自新罕布什尔州的参议员詹姆斯·贝尔（Bell,James）去世，众议院因此而休会。12 月 16 日，众议院将莫雷尔提出的议案提交给公共土地委员会[③]，并且国会众议院将该议案编号为 H. R. 2。1858 年 4 月 22

① See House of Representative of the United States, *Journal of the House of Representative of the United States Being the First Session of the Thirty-Fifth Congress* (Washington, D. C. : James B. Steedman Printer, 1857), pp. 67-68.

② See House of Representative of the United States, *Journal of the House of Representative of the United States Being the First Session of the Thirty-Fifth Congress* (Washington, D. C. : James B. Steedman Printer, 1857), p. 73.

③ See House of Representative of the United States, *Journal of the House of Representative of the United States Being the First Session of the Thirty-Fifth Congress* (Washington, D. C. : James B. Steedman Printer, 1857), p. 77.

日[①]，众议院通过该议案后，提交给参议院审议，第二天[②]，经参议院一致同意，将该议案转交到参议院公共土地委员会审议。

（二）赠地学院议案在联邦国会的辩论主题

1. 议案的国会众议院全院辩论

（1）众议院公共土地委员会审议 H. R. 2 议案并提交众议院大会

1858 年 4 月 15 日，来自亚拉巴马州的众议院公共土地委员会主席威廉姆森·科布（Cobb, Williamson R. W.）将编号为 H. R. 2 的议案《向联邦各州及领地捐赠公共土地，旨在资助其建立为实现农业和机械艺术之利益的学院》[③] 提交给全院大会，公共土地委员会对于该议案没有提出任何修正案，同时附上一份反对该议案通过的报告。来自密歇根州的国会众议员大卫·沃尔布里奇（Walbridge, David S.）提交了公共土地委员会对于该议案的少数派观点的报告，提议将该议案连同委员会报告付印，并提议将审议该议案与报告的日期推迟到本月 21 日进行。而来自缅因州的国会众议员小伊斯利尔·沃什伯恩（Washburn, Isreal, Jr.）却提议[④]将该议案重新转交给公共土地委员会审议。对于沃尔布里奇和沃什伯恩的提议，众议院还没有进行表决，上午事务时间

---

① See Senate of the United States, *Journal of the Senate of the United States Being the First Session of the Thirty-Fifth Congress* (Washington, D. C.: William A. Harris Printer, 1857), p. 371.

② See Senate of the United States, *Journal of the Senate of the United States Being the First Session of the Thirty-Fifth Congress* (Washington, D. C.: William A. Harris Printer, 1857), p. 376.

③ See House of Representative of the United States, *Journal of the House of Representative of the United States Being the First Session of the Thirty-Fifth Congress* (Washington, D. C.: James B. Steedman Printer, 1857), p. 629.

④ See House of Representative of the United States, *Journal of the House of Representative of the United States Being the First Session of the Thirty-Fifth Congress* (Washington, D. C.: James B. Steedman Printer, 1857), p. 629.

(morning hour)[①] 就结束了。

（2）众议院的全院辩论

众议院关于 H. R. 2 议案的全院辩论，是在莫雷尔与科布之间进行的。科布作为众议院公共土地委员会主席，虽然没有对该议案进行修正，却提出了一份反对该议案通过的委员会报告。4 月 20 日，莫雷尔发表了一篇长篇演说，4 月 22 日，科布也发表了一篇长篇演说。莫雷尔和科布关于 H. R. 2 议案的辩论是围绕以下问题展开的。

第一，议案本身的合宪法性问题。这里所说的合宪法性问题，指的是国会对于分配公共土地的权力问题。美国联邦宪法第四条第三款规定："国会对于属于合众国的领土或其他财产，有权处置和制定一切必要的条例和规章。"[②] 莫雷尔指出："一份议案的合宪法性问题并不取决于赠地的数量，而是取决于卷入其中的原则。以上所列出的证据表明，……国会根据自己的判断处置公共土地的权力是明显的、绝对的、不受任何限制的。"[③] 而科布却认为国会无权捐赠公共土地给各州，科布说在他的反对报告中已经指出："委员会得出的结论是，如果国会不能对捐赠土地给出一个能获得金钱补偿的承诺的话，国会是无权捐赠土地给各州以资助各州组建学院的。"[④] 科布否认了该议案本身的合宪法性问题，但是科布的否认又是有条件的，就是国会的捐赠对于国家来说如果是有利可图的，即他所说的能够获得金钱上的补偿的承诺，

---

① 上午事务时间就是审议上午事务（morning business）的时间。上午事务是一个新的立法日的开始，但不一定是在上午进行，比如前一天立法活动没有结束，第二天可以继续进行，完成之后才能进入上午事务。在上午事务时间里，议员们可以提出议案，接受委员会的报告和众议院及总统的"通知"或进行其他程序性事项。

② 刘绪贻、李世洞主编《美国研究词典》，中国社会科学出版社，2002，第 1167 页。

③ John C. Rives, *The Congressional Globe* (Washington, D. C. : John C. Rives Office, 1858), p. 1696.

④ John C. Rives, *The Congressional Globe* (Washington, D. C. : John C. Rives Office, 1858), p. 1741.

捐赠也是未尝不可的。例如他虽然反对教育捐赠，却支持铁路赠地、沼泽地捐赠等。又如他在发言中说："当国会议员和全国人民阅读到我关于该议案（指 H. R. 2 议案）的委员会报告、看见我在其中所持的立场，以及记得我支持关于铁路赠地的时候，他们会很好奇地想知道我是如何协调我反对这个议案（指 H. R. 2 议案）与支持铁路赠地。"①

第二，捐赠土地的范围问题。捐赠土地的范围问题是指该议案是否适用于准州地区的问题。莫雷尔在 1858 年 4 月 20 日对他的H. R. 2 议案提出了一项修正案，这项修正案的重大修正之处是将捐赠的范围缩小到州，而将准州排除在外。他将议案的题目定为《向联邦各州捐赠公共土地，旨在资助其建立实现农业和机械艺术之利益的学院》②，而原来的题目是《向联邦各州及领地捐赠公共土地，旨在资助其建立实现农业和机械艺术之利益的学院》。科布对这一做法则大加挞伐，他说："虽然准州政府经常被忽视，但是当他们加入联邦成为联邦正式州的时候，他们就会在国会两院拥有代表，到此时他们的权利会得到尊重。从前我也经常忽视准州政府，因为他们没有投票权，每每说到这一点我都感到赧颜。我对我以前的行为表示道歉，并承认以前的行为是错误的。"③

第三，农业科学落后的问题。莫雷尔指出："我国的农业学家，不是寻求精耕细作，而是不断寻求耕作面积的扩大；而我们的教育则仅仅限于父辈的经验层面。如果这是事实的话，即在我国各地耕作土地的共同模式都是如此的有缺陷，以至于使土壤的肥力逐年下降，这将

---

① John C. Rives, *The Congressional Globe* (Washington, D. C. : John C. Rives Office, 1858), p. 1742.

② See John C. Rives, *The Congressional Globe* (Washington, D. C. : John C. Rives Office, 1858), p. 1697.

③ John C. Rives, *The Congressional Globe* (Washington, D. C. : John C. Rives Office, 1858), p. 1741.

是一个可悲的事实，这也是国家关注的事实。如果我们逐年削减土壤的肥力，那将是对国家资源的浪费，而只有个人从中渔利。”[1] 同时，莫雷尔指出了全国各地由于缺乏农业科学知识而导致的农业产量的下降和土地的破坏问题。而在科布的演说中，却没有触及这个问题。

第四，外国竞争的问题。莫雷尔所说的外国竞争问题是指为了最有效地利用土地资源，各国在农业教育上都做出了很大的努力，“农业学院和农业学校成了欧洲许多地方的标志性特色”[2]。对于创办农业院校进行农业教育的问题，莫雷尔提出了英国、法国、比利时、俄国等国家在这方面的所作所为。而科布也没有触及这个问题。

（3）众议院通过 H. R. 2 议案

1858 年 4 月 22 日，在科布发表完了长篇演说之后，上午时间已经用完了。此时众议院对于 H. R. 2 议案存在两种意见，第一种是以莫雷尔为代表的要求将议案连同新提出的修正案重新转交公共土地委员会审议；第二种是以小伊斯利尔·沃什伯恩为代表的要求不进行进一步的辩论，直接投票决定该议案及修正案的通过与否。莫雷尔主动提出撤销将该议案连同修正案转交给公共土地委员会继续审议的动议，但是遭到了来自弗吉尼亚的众议员威廉·史密斯（Smith, William）的反对。最后，莫雷尔将该动议提交国会表决，表决结果是以 93 票赞成对 105 票反对[3]，反对将该议案及修正案转交给公共土地委员会审议，那么就又回到了沃什伯恩的意见上来。首先审议莫雷尔的修正案，莫雷尔的修正案获得通过。莫雷尔提出的 H. R. 2 议案，在全院大会上以

---

① John C. Rives, *The Congressional Globe* (Washington, D. C. : John C. Rives Office, 1858), p. 1692.

② John C. Rives, *The Congressional Globe* (Washington, D. C. : John C. Rives Office, 1858), p. 1694.

③ See John C. Rives, *The Congressional Globe* (Washington, D. C. : John C. Rives Office, 1858), p. 1742.

105票赞成对100票反对的微弱优势获得通过。[①] 莫雷尔继续提出动议，建议通过删除议案题目中的“准州”来修正题目，这一动议获得通过。[②] 众议院书记官请求参议院对上述议案进行表决。

至此，序号为H. R. 2的《向联邦各州捐赠公共土地，旨在资助其建立实现农业和机械艺术之利益的学院》这一议案在众议院获得通过。

2. 议案的国会参议院全院辩论

（1）参议院公共土地委员会审议H. R. 2议案并提交参议院大会

1858年5月6日[③]，参议院公共土地委员会主席、来自密歇根州的国会参议员查尔斯·斯图尔特（Stuart，Charles E.）将4月23日提交给该委员会审议的H. R. 2议案提交给参议院大会，该委员会并没有对该议案提出任何修正案。

（2）参议院的全院辩论

从斯图尔特将H. R. 2议案在公共土地委员会提出到参议院对其通过与否进行全院辩论，历经半年之久。其间，斯图尔特在参议院多次提议全院审议该议案，但都由于各种阻挠而未实现。这场酝酿了很久的辩论，终于在1859年2月7日爆发了，参议院围绕以下问题进行了辩论。

第一，议案本身的合宪法性问题。在参议院辩论中，议案本身的合宪法性问题表现在两个方面，一个是议案对联邦和州权限的影响，另一个是议案本身的宪法依据。

关于第一个问题的辩论。来自亚拉巴马州的国会参议员小克莱蒙特·克莱（Clay，Clement Claiborne，Jr.）为首的反对派认为，如果该

① See John C. Rives, *The Congressional Globe* (Washington, D. C.: John C. Rives Office, 1858), p. 1742.

② See John C. Rives, *The Congressional Globe* (Washington, D. C.: John C. Rives Office, 1858), p. 1743.

③ See John C. Rives, *The Congressional Globe* (Washington, D. C.: John C. Rives Office, 1858), p. 422.

议案获得通过，那将无限制地扩大联邦政府的权限，而无视州的权限。在当天的辩论中，他说："如果该议案（指 H. R. 2 议案）所包括的原则得到州的承认，并由联邦国会和联邦政府完全建立起来的话，到那时，我们将难以想象联邦的权限将扩大到何种地步，而州的主权又将缩小到何种程度。"① 但是以来自加州的国会参议员威廉·盖因（Gwin,William M.）为首的赞成派则认为该议案获得通过，并不会破坏联邦与州各自的权限。他说："关于国会通过该议案的宪法权利问题，我并不能得出与克莱参议员相同的结论。"②

关于第二个问题的辩论。美国联邦宪法第四条第三款规定："国会对于属于合众国的领土或其他财产，有权处置和制定一切必要的条例和规章。"③ 辩论最主要的分歧是在对"处置"这个词的理解上，这个词所对应的英语是"dispose of"。对于这个词，克莱认为，绝不能理解为是免费赠予的意思，因为只有物品的所有人才拥有这样的权利，而受托人是没有这样的权利的，而公共土地对于美国政府的关系就是委托管理的关系。他说："'给予'是财产拥有者所拥有的一项绝对的权利，受托人则没有这项权利，也不能从财产委托代理的模棱两可的语言中推导出这种权利，除非这种权利得到清晰、准确、明了的话语界定。据我看来，联邦政府是各州的代理人，其并不拥有无条件的、绝对的权利。"④ 在回顾了美国革命以来各州转让给联邦的西部土地和邦联与联邦国会对公共土地处理的历史后，来自田纳西州的国会参议员约翰·贝尔（Bell,John）指出："人们说，土地所有者有权处理他自己

---

① John C. Rives, *The Congressional Globe* (Washington, D. C. : John C. Rives Office, 1859), p. 852.

② John C. Rives, *The Congressional Globe* (Washington, D. C. : John C. Rives Office, 1859), p. 854.

③ 刘绪贻、李世洞主编《美国研究词典》，中国社会科学出版社，2002，第 1167 页。

④ John C. Rives, *The Congressional Globe* (Washington, D. C. : John C. Rives Office, 1859), p. 854.

的领地，并且很可能通过处理其中一部分的土地以对其进行改进，因此使剩余部分的土地获得一个比较好的价钱。"①

第二，对新州的不公平问题。对于这个问题，无论是赞成该法案通过的一方，还是反对该法案通过的一方都认为该法案对新州来说是不公平的。克莱指出："令人惊奇的是，在他们（指支持通过 H. R. 2 议案的议员）当中居然存在新州的国会议员，尽管来自明尼苏达州的国会参议员亨利·赖斯（Rice, Henry M.）已经向他们指出这份议案的通过将引起东部商人垄断大片的公共土地，并且阻止移民的定居与开发，因此阻碍他们所在州的发展与繁荣。"② 盖因指出："我认为如上所建议的土地分配方式对于新州来说是极其不公平的，尤其是对我所在的加州，鉴于此，我不赞成该议案获得通过，只是由于加州议会向我提出请求（指请求我投票赞成该议案的通过，所以我才投赞成票的）。"③

第三，收入与支出问题。在这里，收入问题是指将出售公共土地作为国家财政收入的一项主要来源；支出是指在通过 H. R. 2 议案后，国家仍需偿还的大量债务，以及维持政府正常运转所需的开支。对于此，克莱在他的辩论中说："先生们，我不得不提醒大家注意这一事实，此时我国尚有 6000 万美元的债务，而国家的财政税收又不足以维持政府日常开支，何况当时局已经告诉我们必须提高收入而紧缩开支的时候，该议案却建议我们切断所有公共土地的收益，并且由于测量所要捐赠土地又无形之中增加了政府约 100 万美元的支出，常识告诉我

① John C. Rives, *The Congressional Globe* (Washington, D. C.: John C. Rives Office, 1859), p. 855.

② John C. Rives, *The Congressional Globe* (Washington, D. C.: John C. Rives Office, 1859), p. 851.

③ John C. Rives, *The Congressional Globe* (Washington, D. C.: John C. Rives Office, 1859), p. 854.

们，在这样的情形下，我们应该节约资源、节省开支……。”[①] 而贝尔认为，通过该议案，可以加速西部土地的开发，进而加速土地的出售，这可以更快更好地增加政府的收入。他说：“此时赠予土地得到实施，……以便利或加速公共土地的出售，我们就会得到超出我们预想之外的回报了。”[②]

（3）参议院通过 H. R. 2 议案

1859 年 2 月 7 日[③]，参议院经过辩论之后，来自弗吉尼亚州的参议员罗伯特·亨特（Hunter，Robert M. T.）和来自北卡罗来纳州的参议员大卫·里德（Reid，David S.）请求对 H. R. 2 议案的通过与否进行表决，投票结果以 25 票赞成对 20 票反对通过该议案[④]及其相关的修正案[⑤]，并且通知众议院共同决议参议院的修正案。

---

① John C. Rives, *The Congressional Globe* (Washington, D. C. : John C. Rives Office, 1859), p. 851.

② John C. Rives, *The Congressional Globe* (Washington, D. C. : John C. Rives Office, 1859), p. 855.

③ See John C. Rives, *The Congressional Globe* (Washington, D. C. : John C. Rives Office, 1859), p. 857.

④ See Senate of the United States, *Journal of the Senate of the United States Being the Second Session of the Thirty-Fifth Congress* (Washington, D. C. : William A. Harris Printer, 1859), p. 278.

⑤ 根据国会规定，参议院全体会议审议一项议案时，可以提出任何内容的修正案。因此，修正案的数量就很多，而 H. R. 2 议案的情况也是如此。该议案自从 1858 年 4 月 22 日提交参议院审议到 1859 年 2 月 7 日在参议院获得通过，共提出的修正案如下：第一，1858 年 5 月 17 日，加州参议员威廉·盖因提出的修正案；第二，1859 年 2 月 1 日，威廉·盖因提出的修正案；第三，同日，密歇根州参议员查尔斯·斯图尔特提出的修正案（该修正案获得通过）；第四，1859 年 2 月 3 日，明尼苏达州参议员亨利·赖斯提出的修正案；第五，同日，密苏里州参议员特拉斯坦·波尔克（Polk，Trusten）提出的修正案；第六，同日，俄亥俄州参议员乔治·鲍夫（Pugh，George H.）提出的修正案；第七，同日，密苏里州参议员詹姆斯·格林（Green，James S.）提出的修正案；第八，同日，俄亥俄州参议员乔治·鲍夫提出的修正案；第九，同日，弗吉尼亚州参议员詹姆斯·梅森（Mason，James M.）提出的修正案（该修正案获得通过）。

3. 众议院对参议院修正案的审议

1859 年 2 月 8 日[①]，众议院接到参议院秘书迪金斯的信，信中说参议院已经通过了编号为 H. R. 2 的众议院的议案，并且提出了相关的修正案，请求众议院进行共同决议。2 月 16 日[②]，参议院附加的修正案在众议院获得通过，并让众议院书记官通知参议院。2 月 17 日[③]，众议院议案核准委员会主席托马斯·戴维森（Davidson, Thomas G.）提出，众议院议案核准委员会已经检查并核准了编号为 H. R. 2 议案，其题目是《向联邦各州捐赠公共土地，旨在资助其建立实现农业和机械艺术之利益的学院》。2 月 18 日，来自该委员会的国会众议员詹姆斯·皮克（Pike, James）报告说当日已将该议案提交美国总统签署。

至此，该议案经历了一届国会的时间，终于得到了国会的批准，但是它在总统那里可就没有在国会那么幸运了。

（三）布坎南总统否决赠地学院议案

1859 年 2 月 26 日[④]，议案提交给总统已有 8 天时间，而距离该届国会闭幕也只剩下 8 天时间，“8”在中国人心中是一个很吉利的数字，但对该议案来说就未必如此了。当人们仍然沉浸于该议案在国会中通过的喜悦时，当庆功宴的祝福声仍然响彻耳畔之际，总统的否决咨文

---

① See House of Representative of the United States, *Journal of the House of Representative of the United States Being the Second Session of the Thirty-Fifth Congress* (Washington, D. C. : James B. Steedman Printer, 1858), pp. 358-359.

② See House of Representative of the United States, *Journal of the House of Representative of the United States Being the Second Session of the Thirty-Fifth Congress* (Washington, D. C. : James B. Steedman Printer, 1858), p. 428.

③ See House of Representative of the United States, *Journal of the House of Representative of the United States Being the Second Session of the Thirty-Fifth Congress* (Washington, D. C. : James B. Steedman Printer, 1858), p. 433.

④ See House of Representative of the United States, *Journal of the House of Representative of the United States Being the Second Session of the Thirty-Fifth Congress* (Washington, D. C. : James B. Steedman Printer, 1858), p. 501.

如一盆冷水，浇醒了沉醉于喜悦中的人们。

（四）国会的复议

美国联邦宪法第一条第七款规定：“众议院和参议院通过的每一议案，在成为法律前须送交合众国总统。总统如批准该议案，即应签署；如不批准，则应将该议案连同其反对意见退回最初提出该议案的议院。该院应将此项反对意见详细载入本院会议记录并进行复议。如经复议后，该院三分之二议员同意通过该议案，该议案连同反对意见一起送交另一议院，并同样由该院进行复议，如经该院三分之二议员赞同，该议案即成为法律。”[①] 2 月 26 日总统否决咨文送达众议院的当天，莫雷尔提议对总统的否决进行复议，提议对该议案的通过与否进行投票，投票结果是 105 票赞成对 96 票反对[②]，因为没有达到法定的三分之二议员赞同，所以该议案没有得到起死回生的机会。

三、重启赠地学院议案的立法过程

1860 年林肯当选总统，1861 年南部脱离联邦，清除了赠地学院议案在立法道路上的绊脚石。在第 37 届国会第二次期会开会后，1861 年 12 月 9 日[③]和 12 月 16 日[④]，莫雷尔再次提出了他的赠地学院议案，国

---

① 刘绪贻、李世洞主编《美国研究词典》，中国社会科学出版社，2002，第 1163 页。

② See House of Representative of the United States, *Journal of the House of Representative of the United States Being the Second Session of the Thirty-Fifth Congress* (Washington, D. C. : James B. Steedman Printer, 1858), p. 508.

③ See House of Representative of the United States, *Journal of the House of Representative of the United States Being the Second Session of the Thirty-Seventh Congress* (Washington, D. C. : Government Printing Office, 1862), p. 54.

④ See House of Representative of the United States, *Journal of the House of Representative of the United States Being the Second Session of the Thirty-Seventh Congress* (Washington, D. C. : Government Printing Office, 1862), p. 74.

会将该议案编号为 H. R. 138，并将该议案提交到公共土地委员会，该议案提交到公共土地委员会之后就石沉大海了。莫雷尔将他的议案交给他的好朋友，来自俄亥俄州的参议员本杰明·沃德（Wade,Benjamin F.），让他在参议院提出。1862年5月5日，经参议院一致同意，参议员本杰明·沃德提出莫雷尔交给他的赠地学院议案，参议院将该议案编号为 S. 298，并将该议案转交给参议院公共土地委员会审议。[①]

（一）赠地学院议案在联邦国会的辩论主题

1. 议案的国会参议院全院辩论

（1）参议院公共土地委员会审议赠地学院议案并提交参议院大会

在第37届国会中，虽然赠地学院议案首先是莫雷尔在众议院提出，但是该议案却是在沃德的领导下，首先在参议院以闪电般的速度获得通过。1862年5月16日，在参议院将该议案转交给参议院公共土地委员会11天后，该委员会主席詹姆斯·哈兰（Harlan,James）将该议案提交给参议院大会，并且提出了对该议案的一项修正案。[②]

（2）参议院的全院辩论

赠地学院议案从1862年5月16日在参议院提出到1862年6月10日在参议院通过，在这短暂的20多天的时间里，参议院对其进行了大量的辩论。这场辩论主要是在来自堪萨斯州的参议员詹姆斯·莱恩（Lane,James H.）和来自俄亥俄州的参议员本杰明·沃德之间展开的，同时，大量其他参议员也参加了这场辩论。这场辩论主要是围绕以下问题展开的。

---

① See Senate of the United States, *Journal of the Senate of the United States Being the Second Session of the Thirty-Seventh Congress* (Washington, D. C.: Government Printing Office, 1861), p. 496.

② See Senate of the United States, *Journal of the Senate of the United States Being the Second Session of the Thirty-Seventh Congress* (Washington, D. C.: Government Printing Office, 1861), p. 444.

第一，土地券的投机问题。赠地学院议案第二条规定，上述土地经过测量后，按段（1 段为 1 平方英里或 640 英亩[①]，译者）或不小于 1/4 段的地块分配给各州；凡州内有公有土地可以每英亩 1.25 美元的价格出售给私人时，则分配给该州的土地必须从该州境内此类土地中选取。凡一个州在其境内的公有土地数量，在按每英亩 1.25 美元的价格出售给私人的情况不能满足该州根据本法案规定应得之亩数时，兹指令内政部长按其不足部分发给土地证券。此类证券可由该州出售并将出售证券所得用于本法案所规定的各项用途和目的，不得挪作他用。领取土地证券的任何一州，在任何情况下，都不得在美利坚合众国的其他任何州内或地区内勘定与上述土地证券数目相等而尚未分配的土地和准备以每英亩 1.25 美元或低于此价格出售给私人的土地。[②] 由于在此前的几十年中，联邦政府为铁路建设、内陆改进、公共教育、军功等各项事业拨赠土地及土地券所产生的土地投机现象十分猖獗，因此在赠地学院议案的辩论中，人们就对该议案可能产生的土地券投机问题进行了大量辩论。来自堪萨斯州的参议员莱恩指出："按照这项议案，纽约州将得到 100 万英亩的土地。因此将签署同样数量的土地券，并且这些土地券将流转到纽约的一些大投机商人之手，他们将来到堪萨斯认领他们的土地。"[③] 来自明尼苏达州的莫顿·威尔金森（Wilkinson, Morton S.）也指出："它将把面积为 927 万英亩的土地券投入土地投机商人之手，而这些投机商们只顾个人利益，将在西部最有价值的公共土地上认领他们的土地，并且控制这些土地，直到它们

① 1 平方英里＝640 英亩＝2.589 988 11 平方公里，1 英亩＝40.468 6 公亩，本书中涉及的非法定计量单位为原文献载用，下文再出现时不予换算。

② 参见夏之莲《外国教育发展史料选粹》（上），北京师范大学出版社，1999，第 489 页。

③ John C. Rives, *The Congressional Globe* (Washington, D. C.: Congressional Globe Office, 1862), p. 2248.

的价钱由于附近居民的开垦而涨到令他们满意为止。”[①] 公共土地委员会主席哈兰也指出了这种可能性，他说：“由于这个议案的通过唯一可能对西部州产生伤害的事情就是签署给各老州的大量的土地券可能落到土地投机商人的手中，这些土地投机商人会到西部认领大片土地并且估价而售，因此这可能推迟居民定居和土地开发的时间。”[②] 而来自俄亥俄州的参议员本杰明·沃德却提出相反的观点，他认为该议案的通过不会产生土地投机现象。他说：“莱恩参议员说，这项议案的通过将会产生土地投机现象，而我却很难想象会产生这样的效果。”[③]

第二，关于不在地主[④]的问题。不在地主问题是与土地投机问题互为表里的，在这场辩论中，詹姆斯·莱恩首先就提出了这个问题。他说：“我提请各位参议员注意，对于一个州来说，没有什么比本州大量的土地把持在不在地主手中的危害还要大的了。我曾经在堪萨斯州骑马巡游了数天时间却没有看见一所房屋，我问其中的原委，回答是这些土地归不在地主所有。”[⑤] 由于在以前的铁路赠地、军功赠地、内陆改进赠地和公立学校赠地等方面确实产生了严重的不在地主问题，因而对这一问题，没有其他参议员提出相反的意见。

---

① John C. Rives, *The Congressional Globe* (Washington, D. C.: Congressional Globe Office, 1862), p. 2395.

② John C. Rives, *The Congressional Globe* (Washington, D. C.: Congressional Globe Office, 1862), p. 2329.

③ John C. Rives, *The Congressional Globe* (Washington, D. C.: Congressional Globe Office, 1862), p. 2248.

④ 不在地主这种现象早在美国殖民地时期就已经出现了，那时英国的大贵族得到了国王赐予的海外殖民地，这些贵族本人并不直接到美洲殖民地进行殖民经营，他们只是雇用了一些代理人代为管理殖民地的经营，而他们自己则称为不在地主。到了 19 世纪美国西进运动时期，东部的一些土地投机商们从西部购买了大量的公共土地，他们也雇用一些代理人代为管理，而他们自己则成为不在地主。

⑤ John C. Rives, *The Congressional Globe* (Washington, D. C.: Congressional Globe Office, 1862), p. 2249.

第三，对新州的不公平问题。在对该议案的辩论中，一些西部的参议员，尤其是来自明尼苏达、威斯康星和堪萨斯等州的参议员提出，该议案的通过对于西部州是不公平的。莱恩说："该议案的通过对于我所代表的州来说是有害的，对我所代表的州也是不公正的，采纳我的修正案，至少等到我们选取了我们的学校赠地部分。对我来说你们应该在执行该议案时将堪萨斯州排除在外，直到我们选取了铁路赠地为止。"① 莫顿·威尔金森也附和莱恩的观点，认为该议案主要是对老州有利的。他说："缅因和伊利诺伊及威斯康星同样对这项捐赠感兴趣，并且新英格兰地区比全国其他任何地区都对这项捐赠更感兴趣，因为这里（指的是堪萨斯等拥有大量公共土地的州）将是缅因、佛蒙特，以及其他新英格兰诸州年轻人未来的家园。"② 但哈兰认为该议案对于西部州、对于堪萨斯州来说都是公平的。他说："我认为我们需要一些时间来说明这份议案并不是一份不公正的议案，并且它对西部诸州来说也不是有害的。此外，它对堪萨斯州也不会产生特殊的破坏。"③

第四，与宅地法案的关系问题。在这场辩论中，最先将赠地学院议案与宅地法案之间建立起联系的是莫顿·威尔金森。在 1862 年 5 月 28 日的辩论中，他首先指出赠地学院议案的通过会极大地削弱宅地法案所带来的益处。他说："这份议案的实际效果将会削弱甚至抵消我们希望宅地法案通过所能带来的有益的结果。"④ 随后约瑟夫·赖特（Wright，Joseph A.）也提出相同的观点。他说："作为一个西部人，我

① John C. Rives, *The Congressional Globe* (Washington, D. C.: Congressional Globe Office, 1862), p. 2249.

② John C. Rives, *The Congressional Globe* (Washington, D. C.: Congressional Globe Office, 1862), p. 2395.

③ John C. Rives, *The Congressional Globe* (Washington, D. C.: Congressional Globe Office, 1862), p. 2276.

④ John C. Rives, *The Congressional Globe* (Washington, D. C.: Congressional Globe Office, 1862), p. 2395.

还有另一个理由反对该议案，很久以前我们就一直渴望能够通过一份宅地法案，因为我过去支持宅地法案，所以我要反对该议案的通过。”①对于这些不利于赠地学院议案通过的言论，沃德针锋相对地提出了相反的观点。他说：“据说由于宅地法案的通过，这项捐赠（指学院捐赠）就变得毫无益处了，我根本不相信这一点。我的观点是，通过越多的捐赠公共土地以鼓励向西部移民，越多有价值的公共土地就不再是宅地法案要处理的对象了。”② 堪萨斯州参议员塞缪尔·波莫瑞（Pomeroy,Samuel C.）赞成沃德的观点，认为宅地法案的通过不会削减公共土地的价值。他说：“我完全同意来自俄亥俄州的参议员所说的关于宅地法案通过的影响，我不认为宅地法案的通过将破坏公共土地的价值。如果我认为宅地法案的通过会破坏公共土地价值的话，我本来是不会支持该议案通过的。”③

第五，与税收的关系问题。西部存在大量的公共土地，这些土地在未被处置之前是不能对其征税的，因而其对于西部诸州来说也是没有任何经济价值的。在这场辩论中，公共土地委员会主席詹姆斯·哈兰首先提到了这个问题，虽然他提到了该议案的通过可能会导致土地券的投机问题，但是他话锋一转，指出处置了这些公共土地，西部州就可以从处置掉的土地上征税以增加财政收入。他说：“这个弊端（即可能带来土地投机）可能带来一项显而易见的好处，即只要从国家获得了这些土地的产权，这些土地就能被征税。在土地未被处置以前是无法对其征税的，因此从这个方面来看，凭借土地券到任何一个西部

---

① John C. Rives, *The Congressional Globe* (Washington, D. C. : Congressional Globe Office, 1862), p. 2442.

② John C. Rives, *The Congressional Globe* (Washington, D. C. : Congressional Globe Office, 1862), p. 2627.

③ John C. Rives, *The Congressional Globe* (Washington, D. C. : Congressional Globe Office, 1862), p. 2628.

州去认领土地对于这些西部州的税收来说都是一件好事，因为它将增加可以征税的财产。”① 而莫顿·威尔金森却不认为这一议案的通过会增加西部的税收。他说：“向土地投机商人手中未被实际定居的土地征税的权力并没有相应增加它的好处。对不在地主财产进行的征税不可能高于对定居者财产进行的征税，并且定居者农场的价值也必须按照实际价值进行估价，包括对土地所做的所有改进及他所有的个人财产。而对不在地主手中未被占用土地就必须以每英亩 1.25 美元的名义价值进行估价。因此，我认为这是所有西部人共有的经验，即我们不能把税收过多地依赖于对不在地主财产进行征税上。”②

（3）参议院通过赠地学院议案

1862 年 6 月 10 日，参议院全院大会在经过了充分的辩论之后，投票决定该议案是否通过，投票结果是以 32 票赞成对 7 票反对通过该议案，同时指令参议院秘书通知众议院，请求众议院对参议院通过的这项议案进行表决。③

2. 议案的国会众议院全院辩论

（1）众议院公共土地委员会审议赠地学院议案并提交众议院大会

1862 年 5 月 29 日，在经历了多半年的审议之后，众议院公共土地委员会终于对该议案做出了明确的表态。该委员会主席约翰·波特（Potter，John F.）于该日将编号为 H. R. 138 的议案提交众议院全院大

① John C. Rives, *The Congressional Globe* (Washington, D. C.: Congressional Globe Office, 1862), p. 2329.

② John C. Rives, *The Congressional Globe* (Washington, D. C.: Congressional Globe Office, 1862), p. 2395.

③ See Senate of the United States, *Journal of the Senate of the United States Being the Second Session of the Thirty-Seventh Congress* (Washington, D. C.: Government Printing Office, 1861), p. 628.

会，并且建议该议案不应获得众议院的通过。[①] 6月11日，众议院接到参议院秘书詹姆斯·弗尼（Forney,James）的通知，通知众议院参议院已经通过了由沃德提出的编号为S. 298的赠地学院议案[②]，并请求众议院对该议案进行表决。6月17日，众议院提议对参议院通过的编号为S. 298的议案进行辩论，并对该议案通过与否进行表决。

（2）众议院的全院辩论

1862年6月17日，当众议院再一次提出该议案的时候，并没有对该议案的内容进行辩论，在全院辩论会上，只是对一些形式的问题进行了辩论，而这场辩论主要是在莫雷尔和众议院公共土地委员会主席约翰·波特之间进行的。在众议院决定对该议案的通过与否进行表决时，波特认为该议案应该转交给公共土地委员会审议，他认为这是从参议院转来的议案，公共土地委员会还没有对其审议，不能进行辩论。[③] 莫雷尔对波特的回答是："该议案在全国人民面前已有5年的历史了，本质上这份议案与第35届国会通过的那份议案是相同的。"[④] 经众议院投票决定该议案的走向，投票结果是31票赞成对83票反对[⑤]否决将该议案转交到公共土地委员会审议。波特意欲提出对该议案的修

---

① See House of Representative of the United States, *Journal of the House of Representative of the United States Being the Second Session of the Thirty-Seventh Congress* (Washington, D. C.: Government Printing Office, 1862), p. 773.

② See House of Representative of the United States, *Journal of the House of Representative of the United States Being the Second Session of the Thirty-Seventh Congress* (Washington, D. C.: Government Printing Office, 1862), pp. 836-837.

③ See John C. Rives, *The Congressional Globe* (Washington, D. C.: Congressional Globe Office, 1862), p. 2769.

④ John C. Rives, *The Congressional Globe* (Washington, D. C.: Congressional Globe Office, 1862), p. 2769.

⑤ See John C. Rives, *The Congressional Globe* (Washington, D. C.: Congressional Globe Office, 1862), p. 2769.

正案也没有得到议长的同意。①

（3）众议院通过该议案

1862 年 6 月 17 日，众议院全院大会对参议院于本月 10 日通过的编号为 S. 298 的议案通过与否进行投票表决，投票结果是以 90 票赞成对 25 票反对通过该议案。② 众议院指令众议院书记官，通知参议院，众议院已经审议通过了参议院通过的该项议案。③

3. 赠地学院议案在国会两次辩论主题变化的原因

赠地学院议案在国会中辩论的主题前后出现了明显的变化。变化的直接原因就是参加争论双方主体的变化。在早期阶段，争论是在以莫雷尔为代表的赞成派和以科布为代表的反对派之间进行的。莫雷尔是佛蒙特州斯特拉福德（Strafford，Vermont）县的商人，是东北部地区工商业资本家的代表。科布 1807 年出生于田纳西州，1809 年全家迁往亚拉巴马州麦迪逊（Madison，Alabama）县，从事大农场棉花种植业，是南部种植园农场主的代表。因此，莫雷尔和科布间的辩论，在经济上可以看成是工商业资本家和种植园农场主之间对赠地学院议案所进行的利益博弈，在政治上可以看成是北部共和党与南部民主党对赠地学院议案所进行的不同的宪法解读。在后期，辩论主要是在詹姆斯·莱恩和本杰明·沃德之间展开的，此时东西部之间矛盾的地位由辩论早期的次要矛盾上升为辩论后期的主要矛盾。

赠地学院议案辩论主题前后期变化的根本原因则是南北战争的爆

---

① See John C. Rives, *The Congressional Globe* (Washington, D. C. : Congressional Globe Office, 1862), p. 2770.

② See John C. Rives, *The Congressional Globe* (Washington, D. C. : Congressional Globe Office, 1862), p. 2770.

③ See House of Representative of the United States, *Journal of the House of Representative of the United States Being the Second Session of the Thirty-Seventh Congress* (Washington, D. C. : Government Printing Office, 1862), p. 881.

发。随着 1861 年南北战争爆发，南部 11 个州国会议员纷纷退出联邦国会，从而使得联邦国会内部政治力量构成发生了根本的变化，这促使后期辩论的双方主体发生了变化，进而推动了辩论前期和后期矛盾性质的变化。

（二）林肯总统签署议案

1862 年 7 月 2 日，对于赠地学院议案来说是一个永远也不能忘怀的日子。从 1853 年产业大学计划步入国会，到 1862 年 7 月 2 日林肯总统签署通过该议案，历经 9 年时间，该议案终于获得了国会与联邦政府的通过，成为一项国家法律。

第二节 《1862 年美国赠地学院法案》通过的政治经济原因

《1862 年美国赠地学院法案》在联邦国会经过两次投票表决，一次发生在 1858 年的第 35 届国会，另一次发生在 1862 年的第 37 届国会。赠地学院议案在两届国会表决都获得通过，唯一的差别在于其在第一次国会表决中仅以微弱优势（众议院 105 票赞成对 100 票反对，参议院 25 票赞成对 20 票反对）获得通过，而在第二次国会表决中则以远远超过宪法规定的三分之二的绝对优势（众议院是 89 票赞成对 25 票反对，参议院是 32 票赞成对 7 票反对）获得通过。如果在第一次国会表决时能有第二次表决时的绝对优势，赠地学院议案早在 1859 年就成为联邦法律了。要想了解《1862 年美国赠地学院法案》最终通过的政治经济原因，我们只需要了解到底是哪些人反对哪些人赞成赠地学院议案，所有赞成和反对赠地学院议案的议员都有哪些共同特点，以及如何解释支持与反对两派对赠地学院议案的不同立场。下文中，政治原因用议员和总统的党派属性来表示，经济原因用议员和总统的地域属性来表示。

一、第 35 届国会反对与赞成赠地学院议案的议员及其政治经济特征

（一）第 35 届国会众议院

1. 众议院公共土地委员会反对与赞成赠地学院议案的议员

第 35 届国会公共土地委员会由 9 名成员构成，他们分别是来自亚拉巴马州的科布，来自南卡罗来纳州的约翰·麦克奎因（McQueen, John），来自纽约州的亨利·贝内特（Bennett, Henry），来自印第安纳州的约翰·戴维斯（Davis, John G.），来自密歇根州的大卫·沃尔布里奇，来自北卡罗来纳州的托马斯·鲁芬（Ruffin, Thomas），来自佐治亚州的乔舒亚·希尔（Hill, Joshua），来自宾夕法尼亚州的威廉·蒙哥马利（Montgomery, William）和来自加州的约瑟夫·麦克宾（McKibbin, Joseph C.），该委员会主席是科布。该委员会多数议员反对赠地学院议案，反对的议员有科布、约翰·戴维斯、托马斯·鲁芬、约翰·麦克奎因、威廉·蒙哥马利、乔舒亚·希尔等 6 人，只有其余 3 名议员支持该议案，莫雷尔对此也心知肚明，“莫雷尔知道那个委员会主席科布和该委员会大多数成员反对该议案”①，所以他建议将该议案转交到农业委员会，只可惜约翰·莱策尔从中作梗。

反对该议案通过的 6 名议员，从党派分布来看，有 5 人都是民主党人，1 人是美国党人；从地域分布来看，有 4 名南部议员和 2 名西部议员。赞成该议案的 3 人，从党派分布来看，有 2 人是共和党人，1 人是民主党人，即约瑟夫·麦克宾；从地域分布来看，来自北部的有 2 人，来自西部的有 1 人。而约瑟夫·麦克宾之所以投赞成票是有隐情的，加

---

① Coy F. Cross, *Justin Smith Morrill : Father of the Land-Grant Colleges* (East Lansing, Michigan: Michigan State University Press, 1999), pp. 79-80.

州议会提出一份共同决议案，其中写道："鉴于佛蒙特州众议员贾斯廷·莫雷尔已经向国会提交了一份议案，要求向每个州和准州捐赠一定数量的公共土地用以在每个州和准州内捐赠或维持一所学院，该学院致力于农业、机械艺术和自然史等学科的教学。因此决定：请求本州所有参议员和众议员尽其所能促使该议案通过。"①

2. 第 35 届国会众议院反对与赞成赠地学院议案通过的议员

第 35 届国会共有 236 名国会议员，其中 118 人是民主党议员，92 人是共和党议员，第三党议员一共是 26 人。参加 4 月 22 日投票决定该议案是否通过的众议院议员共有 205 人，从地域分布来看，来自北部地区的有 85 人，来自南部地区的有 76 人，来自西部地区的有 44 人；从党派背景来看，来自民主党的有 108 人，来自共和党的有 84 人，来自第三党的成员共有 13 人。

在决定赠地学院议案是否通过的投票中，有 105 人投赞成票，100 人投反对票。在投赞成票的人中，从党派属性来看，有 78 人是共和党议员，有 9 人是第三党议员，有 18 人是民主党议员，民主党议员投赞成票占比 17%；从地域属性来看，有 68 人来自北部地区，25 人来自西部地区，只有 12 人来自南部地区，南部地区议员投赞成票占比仅 11%。

（二）第 35 届国会参议院

1. 参议院公共土地委员会反对与赞成赠地学院议案通过的议员

第 35 届国会参议院公共土地委员会由 7 名成员构成，他们分别是来自密歇根州的查尔斯·斯图尔特，来自俄亥俄州的乔治·鲍夫，来自阿肯色州的罗伯特·约翰逊（Johnson，Robert W.），来自加州的大卫·布鲁德里克（Broderick，David C.），来自田纳西州的安德鲁·约翰

① John C. Rives, *The Congressional Globe* (Washington, D. C.: John C. Rives Office, 1858), p. 854.

逊（Johnson，Andrew），来自康涅狄格州的拉菲埃特·福斯特（Foster，Lafayette S.）和来自艾奥瓦州的詹姆斯·哈兰，该委员会主席是查尔斯·斯图尔特。此时参议院公共土地委员会对于该议案的态度是暧昧的，在提交这份议案时，斯图尔特说："本委员会已经充分考虑了这个问题，鉴于本委员会的现状，委员会委托我将该议案提交给参议院大会，并且没有提出任何支持或反对该议案的建议。"① 虽然公共土地委员会没发表意见，但是从日后该委员会委员的投票行动中，我们可以看出该委员会多数议员是支持该议案通过的。从日后决定提交参议院全院讨论，以及 1859 年 2 月 7 日投票决定该议案通过与否的历次投票中可以看出，支持该议案的有斯图尔特、福斯特、哈兰、布鲁德里克，反对该议案的有鲍夫、安德鲁·约翰逊、罗伯特·约翰逊。

支持该议案的 4 名成员中，从党派分布来看，共和党有 2 人，分别是哈兰、福斯特，民主党有 2 人，分别是斯图尔特和布鲁德里克；从地域分布来看，有 1 人来自北部，3 人来自西部。而反对该议案的 3 名成员，从党派分布来看全部是民主党成员；而从地域分布来看，有 1 人来自西部，2 人来自南部。

2. 参议院反对与赞成赠地学院议案通过的议员

第 35 届国会参议院共有 64 名参议员，其中民主党议员 36 人，共和党议员 20 人，第三党议员 8 人。② 1859 年 2 月 7 日，参加投票决定赠地学院议案通过与否的国会参议员人数为 47 人，其中 25 人投了赞成票，22 人投了反对票。投赞成票的议员，从党派角度来看，来自共和党的 16 名议员全部投赞成票，来自第三党的 5 名议员全部投赞成票，来自民主党的 26 名议员有 4 人投赞成票，民主党议员赞成票占比

① John C. Rives, *The Congressional Globe* (Washington, D. C. : John C. Rives Office, 1858), p. 1989.

② 参见王希《原则与妥协：美国宪法的精神与实践》，北京大学出版社，2000，第 507 页。

16%；从地域角度来看，来自北部的 13 名议员全部投了赞成票，来自西部的议员有 8 人投了赞成票，来自南部的 22 名议员有 4 人投了赞成票，南部议员赞成票占比 16%。

而投反对票的 22 名国会参议员，从党派角度来看，全部是民主党议员；从地域角度来看，有 18 人来自南部，4 人来自西部。

从参与表决赠地学院议案是否通过的第 35 届国会议员的党派和地域特征分析可以得出两点结论。第一，与党派属性相比，地域特征对议员的投票行为具有更大的影响力，南部地区民众及其代理人更加坚决反对赠地学院议案的通过；第二，西部地区与北部地区的联盟并不稳固，只不过在面对与南部的利益冲突时，西部地区与北部地区才有更多的联系和共同点。

二、第 37 届国会反对与赞成赠地学院议案的议员及其政治经济特征

（一）第 37 届国会参议院

1. 参议院公共土地委员会反对与赞成赠地学院议案的议员

美国第 37 届国会参议院公共土地委员会共由 7 名成员构成，他们分别是来自艾奥瓦州的共和党人詹姆斯·哈兰，来自密歇根州的共和党人金斯利·宾海姆（Bingham，Kinsley Scott），来自新罕布什尔州的共和党人丹尼尔·克拉克（Clark，Denial），来自堪萨斯州的共和党人塞缪尔·波莫瑞，来自田纳西州的民主党人安德鲁·约翰逊，来自明尼苏达州的民主党人亨利·赖斯和来自俄勒冈州的民主党人詹姆斯·纳史密斯（Nesmith，James W.）。这 7 名成员，从党派属性来看，有 4 名共和党议员，3 名民主党议员；从地域属性来看，有 1 名北部议员，有 5 名西部议员，还有 1 名原南部州的安德鲁·约翰逊。在 1862 年 6 月 10 日投票决定该议案通过与否的投票中，这 7 人除了金斯利·宾海

姆和安德鲁·约翰逊没有参加投票外，其余 5 人全部投了赞成票。这 5 人从党派属性来看，有 3 人是共和党议员，有 2 人是民主党议员；从地域属性来看，1 人来自北部，4 人来自西部。

2. 参议院反对与赞成赠地学院议案通过的议员

美国第 37 届国会参议院共有 49 名参议员，共和党在参议院是多数党，共有 31 名议员，民主党是少数党，共有 10 名议员，第三党议员共有 8 名。[①] 参加 1862 年 6 月 10 日投票的参议员共有 39 人，其中 32 人投的是赞成票，7 人投的是反对票。[②]

投赞成票的议员，从党派属性来看，有 22 人是共和党人，有 4 人是第三党议员，有 6 人是民主党人；从地域属性来看，有 17 人来自北部，12 人来自西部，3 人来自南部。投反对票的议员，从党派属性来看，有 5 人是共和党人，有 2 人是民主党人；从地域属性来看，有 1 人来自北部，1 人来自南部，5 人来自西部。

（二）第 37 届国会众议院

第 37 届国会众议院共有 178 名众议员，其中共和党议员有 105 人，民主党议员有 43 名，第三党议员有 30 人。[③] 参加 1862 年 6 月 17 日投票的众议员共有 116 名，其中 91 人投赞成票，25 人投反对票。[④]

投赞成票的议员，从党派属性来看，有 56 人是共和党议员，有 22

---

① 参见王希《原则与妥协：美国宪法的精神与实践》，北京大学出版社，2000，第 507 页。

② See Senate of the United States, *Journal of the Senate of the United States Being the Second Session of the Thirty Seventh Congress* (Washington, D. C. : Government Printing Office, 1861), p. 628.

③ 参见王希《原则与妥协：美国宪法的精神与实践》，北京大学出版社，2000，第 507 页。

④ See House of Representatives of the United States, *Journal of the House of Representatives of the United States Being the Second Session of the Thirty Seventh Congress* (Washington, D. C. : Government Printing Office, 1862), p. 880.

人是第三党议员，有13人是民主党议员；从地域分布来看，有58名议员来自北部地区，有6名议员来自南部地区，有27名议员来自西部地区。投反对票的25名议员，从党派属性来看，有16人是共和党议员，有2人是第三党议员，有7人是民主党议员；从地域分布来看，有5名议员来自北部地区，其余20名议员均来自西部地区。

通过分析第37届国会参与对赠地学院议案投票的国会两院议员的社会特征可以得出以下结论，第一，与党派属性相比，地域属性在投票中的影响力更大；第二，那些没有追随南部诸州退出联邦国会的部分南部地区国会议员，在赠地学院议案的问题上完全站到了北部地区的立场上。

三、两任总统的政治经济特征

（一）布坎南总统的政治经济特征

1859年2月26日，布坎南总统否决了国会于2月18日提交给他的编号为H. R. 2的议案，并且附上一份否决咨文。在这份否决咨文中，布坎南总统提出了自己否决该议案的理由，用他自己的话来说就是："我认为它（指这份议案）既不合时宜，又不符合宪法规定。"[①] 而这两点具体化为六条理由："第一，该议案通过的不是时候，因为此时我们须以极大的努力才能征集到足够的税收以维持政府日常的用度，如果该议案通过成为法律，出售公共土地的收入将全部，或几乎全部被占用，仅仅在下一个财政年度，这项收入估计在500万美元……第二，现在我们先将宪法权利问题放在一边，这份议案将对早已建立起来的联邦与州之间的关系产生难以预估的影响……第三，如果这项议

① House of Representative of the United States, *Journal of the House of Representative of the United States Being the Second Session of the Thirty-Fifth Congress* (Washington, D. C. : James B. Steedman Printer, 1858), p. 502.

案通过成为法律，它将极大地伤害新州的利益……第四，这项议案若是通过，能否对农业和机械艺术的发展起到作用，这一点是值得怀疑的，而对这一目标我们是不能期望太高的……第五，这项议案将伤害现存于各州的学院，在这些学院中有许多学院都将农学作为一门学科来教授，并且在所有这些学院中，农学都应该作为一门学科来教授……第六，在宪法的指导下，国会是否有权向联邦各州捐赠公共土地，用以建立旨在教育各州人民的学院，这一点值得怀疑。”①

从党派的角度来看，布坎南总统坚定的民主党立场是他否决该议案的重要原因。布坎南从 1814 年当选为州议会众议院议员开始，就是一位民主党议员②，并且是民主党把他从州议会议员送到国会议员的位置上，进而把他送到波尔克总统的内阁中来，后来把他送到美国驻英国大使的位置上，最终把他送进了白宫。布坎南也不负民主党的美意，他坚定地支持民主党的利益，是民主党忠诚的儿子，他坚定地否决了共和党支持的赠地学院议案。

从地域角度来看，布坎南总统深厚的南方情节使他最终否决了该议案。虽然布坎南总统生于宾夕法尼亚州，但他却是一位在内心深处有着深厚南方情结的北方人。在他的骨子里，有一种典型的奴隶制扩张的倾向，1854 年《奥斯坦德宣言》（“Ostend Manifesto”）③ 的签订

---

① House of Representative of the United States, *Journal of the House of Representative of the United States Being the Second Session of the Thirty Fifth Congress* (Washington, D. C.: James B. Steedman Printer, 1858), pp. 502-505.

② See U. S. Senate Historical Office, “Buchanan, James 1791-1868,” accessed Dec. 26, 2006, http://bioguide. congress. gov/scripts/biodisplay. pl? index=B001005.

③ 《奥斯坦德宣言》是 19 世纪中期的一份扩张主义宣言。1853 年 4 月 7 日，富兰克林·皮尔斯（Pierce, Franklin）总统任命皮埃尔·苏莱（Soulé Pierre）为特使赴西班牙洽谈购买古巴的问题，苏莱彻底失败，于是他于 1854 年 10 月与詹姆斯·布坎南、约翰·梅森（Mason, John Y.）在比利时的奥斯坦德会晤，于 10 月 18 日签署了这个臭名昭著的宣言。这一宣言实质上是宣布西班牙拒绝出售古巴是违反美国国家利益的，武力夺取古巴完全正当，这一事件遭到强烈的谴责，美国否认有此宣言。

就是一个很好的例子。1857年在总统的就职演说中，他公开支持人民主权原则①，他说："全部准州的问题应该在人民主权这一原则的基础上解决，这一原则与我国自由政府拥有一样悠久的历史，每一件事情在本质上都是在这一原则的基础上解决的。"② 1859年他否决了对北部有利的赠地学院议案，这也是以路易斯安那州国会参议员约翰·斯利德尔（Slidell, John）为首的南部参议员游说的结果。克劳斯在他的《贾斯廷·史密斯·莫雷尔：赠地学院之父》（*Justin Smith Morrill: Father of the Land-Grant Colleges*）一书中写道："1859年2月24日，来自纽约州的众议员丹尼尔·希克斯（Sickles, Daniel E.）向莫雷尔要一份他的演讲内容，希克斯在布坎南做英国大使时曾是他的秘书，他想要以此来提醒布坎南在这个问题上布坎南以前的立场，并试图劝说他签署该议案。希克斯带着这份演说匆忙到了白宫求见布坎南，但不久就败兴而归。他告诉莫雷尔他晚了一步，民主党参议员们在路易斯安那州参议员斯利德尔的带领下已经说服布坎南否决该议案了。"③

（二）林肯总统的政治经济特征

从党派的角度来看，林肯总统隶属于共和党，并且也是共和党成立以来首任共和党总统。共和党对赠地学院议案的立场是明确支持的，因此从党派的角度来看，林肯总统签署该议案是有理的。

从地域的角度来看，林肯祖籍是肯塔基州，后迁至伊利诺伊州，他是一个北方人，是一个西部人。在总统竞选中，"林肯赢得了除新泽

① 这是南北战争前流行的一种关于奴隶制问题的政治学说，此说主张加入联邦的各州可以废奴，也可以蓄奴，由各州人民自己决定。这种理论加剧了蓄奴派和反奴隶派的斗争，最后引发南北战争。

② Joint Congressional Committee on Inaugural Ceremonies, *Inaugural Addresses of the Presidents of the United States* (Washington, D. C.: Government Printing Office, 1989), p. 127.

③ Coy F. Cross, *Justin Smith Morrill: Father of the Land-Grant Colleges* (East Lansing, Michigan: Michigan State University Press, 1999), p. 83.

西外全部自由州的选举人票（在新泽西，他获 4 票，道格拉斯获 3 票）和北部 54％的普选票，在北部各州（除加利福尼亚、俄勒冈、新泽西三州外），获得了超过其联合对手的绝对多数。……林肯没有赢得蓄奴州的选举人票，也几乎没有获得边境各州除一些县镇以外的普选票”①。林肯签署一项北部州和大部分西部州都赞同的议案，从地域角度来看，对于林肯是有利的。并且，在 1860 年总统大选之前，林肯在伊利诺伊学院的老师、产业大学计划的提出者乔纳森·特纳告诉林肯，他这位来自西部大草原的律师，有可能被提名为共和党的总统候选人并有可能当选为美国总统，而林肯回复特纳说，如果他当选为美国总统，他将签署特纳的产业大学议案。② 因此，林肯签署一项自己老师奔走多年的议案也是有节的。

四、《1862 年美国赠地学院法案》的利益分析

通过以上对参与《1862 年美国赠地学院法案》表决的国会议员及总统的政治经济特征的统计分析可以发现，从党派属性的角度来看，共和党是《1862 年美国赠地学院法案》的支持者，而民主党则是反对者；从地域的角度来看，北部地区是《1862 年美国赠地学院法案》的支持者，而南部地区的部分蓄奴州是坚决的反对者，西部地区则发生了由原先的支持者向后来的反对者的立场转变。为什么会出现这种对立呢？只要分析出不同党派和不同地域的利益诉求，以及《1862 年美国赠地学院法案》的利益倾向就能理解这种对立。

---

① 詹姆斯·麦克弗森：《火的考验：美国南北战争及重建南部》（上册），陈文娟等译，商务印书馆，1993，第 170 页。

② See John R. Campbell, *Reclaiming a Lost Heritage: Land-Grant and Other Higher Education Initiatives for the Twenty-First Century* (Ames, Iowa: Iowa State University Press, 1995), p. 16.

（一）共和党与民主党的利益诉求分析

随着 19 世纪 50 年代奴隶制问题所引起的日益尖锐的矛盾，各政党进行了重大的分化与改组，改组的结果就是辉格党的衰落与共和党的形成。从而，在政坛上斗争的双方就由此前的民主党与辉格党转为民主党与共和党。

共和党形成的一个重要契机就是《堪萨斯-内布拉斯加法案》[①]，它加剧了民主党的分裂、辉格党的瓦解并且促成了共和党的出现。参加共和党的社会政治力量主要有“废奴主义的自由土壤党和自由党人，北方辉格党人和部分北方民主党人。它的社会阶级成分十分广泛，是由北方工商业资本家、中产阶级和工人，北部和西部农场主、农民以及废奴主义者组成的一个反奴隶制的政治同盟”[②]。由于共和党的社会基础广泛，又打着限制奴隶制的旗号，因此既代表了北方资产阶级的政治要求，又在一定程度上表达了人民的愿望，因此深得民心，迅速发展壮大，成为继辉格党之后，但远远强于辉格党的与民主党相抗衡的一个全新的政党。在奴隶制问题上，共和党反对将奴隶制扩张到未加入联邦的领地上；在中央与地方的权力上，共和党主张加强联邦政府的权力；在劳动制度上，共和党主张自由雇佣资本主义；在关税问题上，共和党人为了团结前民主党人和辉格党人而语焉不详，1860 年竞选纲领中纳入了一条温和的保护主义关税条款；在宅地法方面，共和党人同意给西部移民提供宅地。

《堪萨斯-内布拉斯加法案》不仅促成了共和党的出现，而且加剧了

---

① 《堪萨斯-内布拉斯加法案》是南北战争前有关新地区是否实行奴隶制问题的一项法案，提出者是参议院准州委员会主席斯蒂芬·道格拉斯（Douglas，Stephen A.）。法案的主要内容是密苏里河以西和北纬 37°以北地区组成堪萨斯和内布拉斯加两个准州，各准州是否实行奴隶制由居住在该地区的人民决定，即所谓“人民主权论”。道格拉斯因提出此法案而遭到反奴隶制派的激烈攻击。

② 张兹署：《美国两党制发展史》，河北教育出版社，2003，第 220 页。

民主党的分裂，继该法案之后的堪萨斯内战和德雷德·斯科特案件进一步加剧了民主党的分化。经过分化与削弱的民主党与原来南部的辉格党一起，在以下一些政策上达成一致：在奴隶制向西部领地的扩张上，他们持积极的态度；在内陆改进方面，他们反对联邦政府对西部进行内陆改进，这主要体现在 1854 年与 1855 年皮尔斯总统否决了授予各州土地以资助修建铁路、改进联邦的河流和港口，以及制定鼓励移民的宅地法等方面；在关税问题上，仍然坚持低关税政策；在中央与地方的权力关系上，主张国会无权处理各州的奴隶制度；在劳动制度上，主张奴隶制的强迫劳动制度。

（二）北部、西部与南部的地域利益诉求分析

《堪萨斯-内布拉斯加法案》及随后的堪萨斯内战和德雷德·斯科特案件，促使民主党与共和党重新按照地域进行排队，这样地域利益与党派利益就紧密地结合起来了。

不同地域由于产业结构不同，其利益诉求是不同的，北部主要是工商业、银行业、制造业、小农、航海业等，而西部主要是农业、畜牧业、面粉加工业、罐头制造业等。由于连接北部与西北部的运河和铁路的修通，降低了农副产品的运价，使得北部与西部的利益更加紧密地联系到了一起。在奴隶制问题上，这一区域反对奴隶制在未加入联邦的西部地区继续蔓延；在中央和地方的关系上，主张加强联邦政府的权力；在内陆改进方面，主张联邦政府推进西部河流、港口和铁路的修建；在推进西部的拓殖方面，要求通过宅地法案以促进西部地区的拓殖；在关税方面，要求设置保护性质的高关税。

南部地区这一时期是棉花生产与出口的黄金时期，为了提高棉花的生产与出口量，在奴隶制问题上，南部地区进一步要求西部地区向奴隶制开放；在劳动制度上，继续奉行奴隶劳动制；在中央和地方的关系上，要求加强地方分权制度；在关税制度上，要求取消保护性质的关税。

随着南部诸州脱离联邦，国会中的斗争就转为东部和西部之间的了。此前 10 年间由于奴隶制扩张问题一直是美国政治的主要问题，因此在奴隶制的大背景下，北部与西部之间的地域利益差异暂时居于次要地位。但此时由于南部诸州脱离联邦，联邦国会内争论的问题就集中在东部与西部之间的地域利益之争了。而随着西进运动的进一步进行，东西部之间的产业地域分工越来越明显，东部诸州越来越倾向于发展工商业、航海业、造船业、制造业和银行业，并使其越来越成为这一地区的主导产业，对于西进运动所导致的劳动力流失问题，进而导致的劳动力价格高涨的问题越来越引起东部资本家的关注。"《新英格兰农民》和《俄亥俄种植者》等刊物都纷纷发表文章和消息报道当地农民对缺乏劳动力的忧虑和要求改变这种状况的呼吁。"①

西部地区的主导产业是农业、畜牧业，以及与农业和畜牧业相关的面粉加工业和食品罐头业等行业。随着西进移民数量的不断增加，西部移民对能获得属于自己的合法的小块土地问题及与此相关的问题一直非常关心，他们非常渴望能通过一部宅地法案以实现他们的愿望，而 1860 年布坎南总统否决了国会通过的宅地法案，将西部人民彻底推向了林肯，推向了共和党。

（三）《1862 年美国赠地学院法案》的利益倾向分析

1857 年莫雷尔向国会提交的赠地学院议案的全称是《向联邦各州及领地捐赠公共土地，旨在资助其建立为实现农业和机械艺术之利益的学院》，1858 年众议院通过该议案时，议案的名称仍然是这个。在莫雷尔的议案中，对在这类学院中所要传授的科目也进行了规定，"不排除科学和古典学科，其他的主要学科有农学和机械学"②。对这类学院

---

① 张友伦：《美国西进运动探要》，人民出版社，2005，第 252 页。

② House of Representatives of the United States, *H. R. 2 in Bills and Resolutions Being the First Session of Thirty-Fifth Congress* (Washington, D. C. : Robert Armstrong Printer, 1858), p. 1.

资金的规定是，向每一个州的国会议员提供2万英亩的土地，向每个准州提供6万英亩的土地，在没有公共土地的州，由内政部长提供数量相同的土地券。与此相应，每个按照该议案的规定接受联邦补助的州和领地政府要在5年内建立一所这样的学院。

从党派的角度来看，《1862年美国赠地学院法案》是一部有利于共和党的法案。从地域的角度来看，《1862年美国赠地学院法案》是一部更有利于北部地区的法案。因为联邦政府向地方、个人捐赠土地及土地券会导致土地投机现象，这一点已为19世纪上半叶的历史所证实。而在土地投机过程中，最大的受益人却是东部银行家等大资本家集团，而西部移民则是这一投机现象的利益受损者。

第三节 《1862年美国赠地学院法案》的主要内容

《1862年美国赠地学院法案》条文内容并不多，共八条十五款，详细规定了法案的目的，联邦政府赠地的数量、赠地的方式、赠地的管理与使用，各州获得联邦赠地的条件，土地券的使用，以及联邦与州的关系等内容。

一、《1862年美国赠地学院法案》制定的目的

《1862年美国赠地学院法案》开门见山地提出："本法的目的是向州和准州赠予公地，以使其能开设重视农业和工艺教育的学院。"① 第四条对法案的目的做了进一步的说明，捐赠、支持和维护至少一所学院的首要目的应是，"在不排除其他科学和古典学科并包括军事战术学

① George P. Sanger, *The Statutes at Large , Treaties and Proclamations of the United States of America from Dec. 5, 1859 to Mar. 3, 1863* (Boston, Massachusetts: Little, Brown and Company, 1863), p. 503.

科的情况下，教授与农业和机械技术相关的知识领域，在实施中，州立法者可自行确定，以提高工人阶层在追求生活和职业发展中的自由和实用教育”①。看起来《1862 年美国赠地学院法案》的目的似乎是简单而明确的，但实际上，其目的远比字面意思复杂得多，更耐人寻味。

莫雷尔本人的一些演讲也许能更清楚地表明《1862 年美国赠地学院法案》的意图。1867 年，莫雷尔与谢菲尔德科学学院（当时的谢菲尔德科学学院是康涅狄格州的赠地学院）的教师谈到立法的目的时说：“希望这个法律足够广泛，以便各州可利用它达到最佳的效果，因此适用的广泛性和自由度是必需的。因为不同州的民众需求和当地条件不同，为了更好地利用这笔资金，必须允许细节上的多样化，但在精神（理念）上，所有学院必须是一致的，即在学院层面上，是科学而不是古典学科应是学院的主导思想……希望学院是科学学院（schools of science），而不是古典学院；在实践中，是学院（colleges）层次的，而不是低等级的机构……但最首要的、最显著的特征是教授‘有用的科学’，这些科学可使学生自然而然地远离对纯文学、专业和商业的追求。”②

1887 年，莫雷尔在马萨诸塞农业学院的演讲中，对《1862 年美国赠地学院法案》的一般目的进行了更为明确的阐释。他指出：“赠地学院是建立在如下理念之上的：每一个州都应该建立一所高等的和广泛的教育机构，在那里，命运掌握在人们自己手中，人们勇于选择能为国家创造财富的工业等职业；在那里，先进的文明将呈现其舒适性。更多的人需要获得这种更为广泛的教育所带来的好处，迫不及待地期

① George P. Sanger, *The Statutes at Large, Treaties and Proclamations of the United States of America from Dec. 5, 1859 to Mar. 3, 1863* (Boston, Massachusetts: Little, Brown and Company, 1863), p. 504.

② George A. Works, *The Land-Grant Colleges* (Washington, D. C.: Government Printing Office, 1939), p. 9.

待这种教育。这项计划利用低廉的费用为各阶层打开了封闭的自由教育的大门，不仅可提供有意义的自由教育，而且通过向各阶层提供更有实用价值的教育而吸引人们。但如果认为这项计划试图使每一个学生都成为农民或机械师，则是错误的。这项计划应被理解为，不单纯是手握犁头或做生意的教育，而是对任何人所需的教育——不排除古典教育和可供所有人选择的世界。”①

从《1862 年美国赠地学院法案》的文本和莫雷尔的阐述中，可以看到，《1862 年美国赠地学院法案》至少包括了三个方面的主要目的。第一，利用联邦政府所掌握的西部地区的公共土地，促进各州兴办新型的高等院校，以发展高等教育事业；第二，与现有的高等教育机构不同，这种新型的高等教育机构不是以造就绅士为主要目的，不是以自由教育为主要内容，而是以培养直接从事工农业生产的高级人才为目的，以传授与国民经济发展直接相关联的现代科学知识为主要内容；第三，这种新型的高等教育机构将主要面向各州普通民众开放。

需要指出的是，与一些教科书上所强调的不尽相同的是，《1862 年美国赠地学院法案》虽然强调为从事工农业生产的社会阶层提供与生产、生活和职业相关的课程内容，但这种课程并不是狭隘的农业教育和工业教育，而是包括自由教育在内的、广泛的高层次教育。同时，《1862 年美国赠地学院法案》虽然注重科学课程的教学，但并不排斥包括古典学科在内的自由学科。也就是说，《1862 年美国赠地学院法案》所主张的是一种不同于殖民地学院的新型的高等教育形式，而不是有的论者所认为的是一种高等农业教育、工业教育或职业教育。

---

① Charles K. Adams, *Address Delivered at the Massachusetts Agricultural College* (Amherst, Massachusetts: J. E. Williams, Book and Job Printer, 1887), p. 20.

二、赠地的数量、方式、管理和使用

《1862 年美国赠地学院法案》明确规定了联邦政府赠地的数量、方式，以及所赠土地的管理和使用方式。

（一）赠地的数量

关于向各州捐赠土地的数量，《1862 年美国赠地学院法案》第一条有明确的规定："根据 1860 年人口统计结果分配给各州的联邦国会参议员、众议员名额数，每有一个联邦国会参议员、众议员名额，该州就将获得 3 万英亩联邦拨付的公共土地。"① 不过，矿区土地不在该法案土地拨付的范围之内。

（二）赠地的方式

《1862 年美国赠地学院法案》第二条从三个方面规定了赠地的方式。第一，从土地的面积上规定赠地的方式，即全部赠地是整片全部一次性拨付或分块拨付，该条规定："经过勘测后，所赠之土地将以地块或不少于四分之一地块为单位拨付给各州。"② 第二，从土地的价值上规定赠地的方式，即所赠之土地将具有较高的市场价值，该条规定："一旦本州内有市值为每英亩 1.25 美元的公共土地，该州则从中选出应获数量的赠地。"③ 第三，由于各州开发时间和速度的差异，各州内高

① George P. Sanger, *The Statutes at Large, Treaties and Proclamations of the United States of America from Dec. 5, 1859 to Mar. 3, 1863* (Boston, Massachusetts: Little, Brown and Company, 1863), p. 503.

② George P. Sanger, *The Statutes at Large, Treaties and Proclamations of the United States of America from Dec. 5, 1859 to Mar. 3, 1863* (Boston, Massachusetts: Little, Brown and Company, 1863), p. 503.

③ George P. Sanger, *The Statutes at Large, Treaties and Proclamations of the United States of America from Dec. 5, 1859 to Mar. 3, 1863* (Boston, Massachusetts: Little, Brown and Company, 1863), p. 503.

市值公共土地数量不等，对于那些没有充足数量的高市值公共土地的州，该法则要求联邦政府内政部长以等值土地券补齐赠地的不足部分。

（三）各州所获联邦赠地的管理方式

《1862年美国赠地学院法案》第三条规定了各州对联邦赠地的管理方式。在选出高市值土地之后，在出售之前，各州要负责管理所选之赠地，“各州自选好赠地到出售赠地之前，赠地管理、保护、纳税之全部费用，以及在赠地出售所得资金的管理与分配时所发生的一切费用均由各州财政部承担”①。

（四）各州所获赠地收入的使用方式

《1862年美国赠地学院法案》第四条从赠地的使用方式和赠地收入的使用目的两个方面对各州所获之联邦赠地的使用做出了规定。第一，在联邦赠地的使用方式上，该条规定：“各州出售所获联邦赠地及土地券之全部收入需投资于联邦或各州发行的各种安全的股票，以期收获不低于其票面价值5%的股息。”② 第二，在赠地收入的使用目的上，该条规定：“遵守并执行该法案之诸州不得使用投资于各种股票的所有本金，并要用所获之利息至少建立或维持一所学院，该类学院主要教授农业、工业和军事战略方面的知识，此外也传授古典知识和科学知识。”③

---

① George P. Sanger, *The Statutes at Large , Treaties and Proclamations of the United States of America from Dec. 5, 1859 to Mar. 3, 1863* (Boston, Massachusetts: Little, Brown and Company, 1863), p. 504.

② George P. Sanger, *The Statutes at Large , Treaties and Proclamations of the United States of America from Dec. 5, 1859 to Mar. 3, 1863* (Boston, Massachusetts: Little, Brown and Company, 1863), p. 504.

③ George P. Sanger, *The Statutes at Large , Treaties and Proclamations of the United States of America from Dec. 5, 1859 to Mar. 3, 1863* (Boston, Massachusetts: Little, Brown and Company, 1863), p. 504.

三、各州获得联邦赠地的条件

《1862年美国赠地学院法案》第五条明确提出了各州获得联邦赠地的条件，概括起来，可归纳为如下七条。

第一，“如果由于各州自身的失误，致使投资于各种股票的本金及所产生的利息流失或消失，各州要负责赔偿”①。这一条可以说是对赠地管理方面规定的补充，而南卡罗来纳州是这一条法律的首个适用案例。

第二，“赠地收入不得用于建设校舍……，但可将其收入的10%用于购买建校的校址和实验农场”②。这一条是对赠地收入使用目的的进一步补充。

第三，“遵守并执行该法的各州必须在宣布接受该法之后的5年内至少建立一所学院，学院讲授课程要符合该法第四条的规定。否则，联邦将停止向该州拨付土地，该州也必须将此前出售的赠地收入返还联邦，但该州内已经发生的赠地购买仍然有效”③。

第四，“每年要为每所学院撰写一份年度进展报告，包括学院的建设情况、实验的开展情况、该州产业和经济统计结果，以及其他任何有用的信息，并要向其他赠地学院和联邦政府内政部长免费提供一份

① George P. Sanger, *The Statutes at Large, Treaties and Proclamations of the United States of America from Dec. 5, 1859 to Mar. 3, 1863* (Boston, Massachusetts: Little, Brown and Company, 1863), p. 504.

② George P. Sanger, *The Statutes at Large, Treaties and Proclamations of the United States of America from Dec. 5, 1859 to Mar. 3, 1863* (Boston, Massachusetts: Little, Brown and Company, 1863), p. 504.

③ George P. Sanger, *The Statutes at Large, Treaties and Proclamations of the United States of America from Dec. 5, 1859 to Mar. 3, 1863* (Boston, Massachusetts: Little, Brown and Company, 1863), pp. 504-505.

该报告”①。

第五，“由于铁路赠地所带来的土地价值的升值，如果所选赠地的价值高于本法规定最低的 1.25 美元每英亩，各州所获得的相应赠地数量将相应减少”②。

第六，“南方叛变各州没有资格享受该法案之利益”③。该条件主要是根据当时南北战争的情况而定的，因为早在该法案通过的一年之前就已经爆发了南北战争。

第七，“自总统签署该法之日起两年内，只有各州议会立法明确表示接受该法案的相关规定，否则不能享受该法案之相关利益”④。这一条规定实际上涉及各州的权利问题。根据美国宪法第十条修正案规定，“宪法未授予合众国、也未禁止各州行使的权力，由各州各自保留，或由人民保留”⑤。因此，除非得到州的同意，联邦政府无权直接干预各州教育事务。联邦政府对各州教育事务的影响只能采取这种“太公钓鱼，愿者上钩”的方式。而《1862 年美国赠地学院法案》则是美国联邦政府自成立以来第一次如此大规模地运用土地赠予方式影响或干预各州教育事务。

---

① George P. Sanger, *The Statutes at Large , Treaties and Proclamations of the United States of America from Dec. 5, 1859 to Mar. 3, 1863* (Boston, Massachusetts: Little, Brown and Company, 1863), p. 505.

② George P. Sanger, *The Statutes at Large , Treaties and Proclamations of the United States of America from Dec. 5, 1859 to Mar. 3, 1863* (Boston, Massachusetts: Little, Brown and Company, 1863), p. 505.

③ George P. Sanger, *The Statutes at Large , Treaties and Proclamations of the United States of America from Dec. 5, 1859 to Mar. 3, 1863* (Boston, Massachusetts: Little, Brown and Company, 1863), p. 505.

④ George P. Sanger, *The Statutes at Large , Treaties and Proclamations of the United States of America from Dec. 5, 1859 to Mar. 3, 1863* (Boston, Massachusetts: Little, Brown and Company, 1863), p. 505.

⑤ 刘绪贻、李世洞主编《美国研究词典》，中国社会科学出版社，2002，第 1170 页。

四、土地券的使用时限和管理

《1862 年美国赠地学院法案》在解决了赠地的相关问题后，也对土地券的使用时限和管理做了相关规定。第六条明确规定了土地券的使用时限："在本法案规定下，于 1863 年 1 月 1 日起，本法案规定所签发之土地券的持有人方可选择土地。"①

在美国建国后百余年的历史中，联邦政府针对军功、铁路建设、运河建设等通过了一系列的"赠地法案"，其中都有土地券的"身影"。土地券持有人要想将土地券变现，必须经过土地管理官员，而土地管理官员在办理土地券持有人选择土地时要收取一定的费用。关于土地管理官员在办理《1862 年美国赠地学院法案》土地券过程中应收取多少费用，第七条有明确的规定："土地管理官员在办理该法案所涉及之土地券事宜时收取的费用与办理以往军功赠地土地券费用相同。"②

为了加强对土地券的管理，《1862 年美国赠地学院法案》要求那些必需领取一部分土地券以补偿本州内公共土地不足的部分州的州长每年要向联邦国会提交一份土地券出售情况的报告，即"本法规定，那些领取土地券之诸州州长每年要向联邦国会提交一份报告，报告该州土地券的出售情况（直至全部出售完毕为止）、出售土地券的收入及收

---

① George P. Sanger, *The Statutes at Large, Treaties and Proclamations of the United States of America from Dec. 5, 1859 to Mar. 3, 1863* (Boston, Massachusetts: Little, Brown and Company, 1863), p. 505.

② George P. Sanger, *The Statutes at Large, Treaties and Proclamations of the United States of America from Dec. 5, 1859 to Mar. 3, 1863* (Boston, Massachusetts: Little, Brown and Company, 1863), p. 505.

入的使用情况"[1]。

可以说，《1862 年美国赠地学院法案》是一部既详细又宽泛的法律，却缺乏相应的监督条文。之所以缺乏监督条文，是因为莫雷尔坚信各州人民的需求和各地情况不同，为了使法律能在各州顺利实施，应当为各州的实施预留很大的空间和余地，以便各州能采取符合自身需求的措施，建立符合法律基本思想的高等教育机构。

五、《1862 年美国赠地学院法案》中的法律关系主体

法律关系主体又称"权利主体"，是指法律关系中权利的享受者和义务的承担者，即法律关系的参与者。法律关系主体一般可以分为三种，第一种是个人主体，主要指自然人；第二种是集体主体，主要指国家机关和社会组织；第三种是社会主体，主要指作为一个整体的国家、省、市、县、民族、全体人民。对于各个法律关系主体而言，其都享有一定的权利，同时也承担一定的义务。

《1862 年美国赠地学院法案》所涉及的法律关系主体主要是联邦国会和各州议会，其都是集体主体中的国家机关。

（一）国会的权利和义务

1. 国会的权利

概括起来，《1862 年美国赠地学院法案》授予联邦国会如下四项权利。

第一，土地测量和赠予权。自 1789 年建国以来，国会一直是未开发西部土地的所有者。西部土地也是联邦国会最大的"资本"，但凡国

---

① George P. Sanger, *The Statutes at Large, Treaties and Proclamations of the United States of America from Dec. 5, 1859 to Mar. 3, 1863* (Boston, Massachusetts: Little, Brown and Company, 1863), p. 505.

会要实施重大工程，如修建运河、铁路，发动战争等都以此作为经济基础。国会要对其无权过问的教育事务进行干预，也只能以土地作为基本手段。《1862 年美国赠地学院法案》准许联邦国会测量公共土地，然后将其赠送给联邦各州，即“经过勘测后，所赠之土地将以地块或不少于四分之一地块为单位拨付给各州”[①]。

第二，授权联邦政府内政部长签署土地券。各州加入联邦的时间有先后之分，各州面积和开发的速度也各不相同，这就决定了各州未开发的公共土地面积是不同的。对那些公共土地已经没有或所剩无几的州而言，联邦国会只能要求联邦政府内政部长给予其相应数量的土地券作为补偿。

第三，对所办学院的性质提出要求，这是联邦政府通过赠地学院法案所要达到的目的。正如前文所言，联邦国会没有直接管理各州教育事务的法律权利，要干预各州教育事务，就只能通过这种“太公钓鱼，愿者上钩”的方式进行。联邦国会在赠予各州土地和等值土地券的同时，规定接受赠予的各州要开办符合该法案要求的高等教育机构，即“要用所获之利息至少建立或维持一所学院，该类学院主要教授农业、工业和军事战略方面的知识，此外也传授古典知识和科学知识”[②]。

第四，规定获得赠地的州的资格。并不是所有州都能获得赠地，只有满足该法案第五条中规定的七个条件的州才能获得联邦赠地。

2. 国会的义务

《1862 年美国赠地学院法案》要求联邦国会承担的义务可以概括

---

① George P. Sanger, *The Statutes at Large , Treaties and Proclamations of the United States of America from Dec. 5, 1859 to Mar. 3, 1863* (Boston, Massachusetts: Little, Brown and Company, 1863), p. 505.

② George P. Sanger, *The Statutes at Large , Treaties and Proclamations of the United States of America from Dec. 5, 1859 to Mar. 3, 1863* (Boston, Massachusetts: Little, Brown and Company, 1863), p. 504.

为，促进联邦范围内农业科学研究、农业教育和提高美国民众工农业方面的素养，改变美国农业教育和农业生产水平落后的局面。而联邦国会之所以承担该义务在于法案通过的目的是“促进产业阶级在人生各个领域都能获得博雅教育与实用教育”①。

（二）各州的权利与义务

1. 各州的权利

《1862年美国赠地学院法案》赋予各州议会的权利可以概括为以下三项。

第一，决定接受赠予与否的权利。联邦各州议会有权不接受联邦国会赠予的土地，也无须接受该法案规定的建立农工学院的要求，这是联邦宪法第十条修正案赋予各州的权利，任何法案都无权否决州的这项权利。

第二，利用赠地资金产生的利息购买校址和实验农场的权利。

第三，如何组建学院的选择权。《1862年美国赠地学院法案》只是规定了新建学院应该教授哪些学科，但这些学科如何组织院系等具体问题则授权给各州议会，即“促进产业阶级在人生各个领域都能获得博雅教育与实用教育，各州议会有权决定（新）学院的学科设置”②。

2. 各州议会的义务

《1862年美国赠地学院法案》要求，如果州议会决定接受联邦国会的土地赠予，就等于放弃了联邦宪法修正案赋予他们的权利，同时要履行联邦国会赋予的相应义务。具体包括以下三项义务。

---

① George P. Sanger, *The Statutes at Large , Treaties and Proclamations of the United States of America from Dec. 5, 1859 to Mar. 3, 1863* (Boston, Massachusetts: Little, Brown and Company, 1863), p. 504.

② George P. Sanger, *The Statutes at Large , Treaties and Proclamations of the United States of America from Dec. 5, 1859 to Mar. 3, 1863* (Boston, Massachusetts: Little, Brown and Company, 1863), p. 504.

第一，负责管理赠地及其收入，并为管理赠地及赠地出售所得支付一定的费用，即“各州自选好赠地到出售赠地之前，赠地管理、保护、纳税之全部费用，以及在赠地出售所得资金的管理与分配时所发生的一切费用均由各州财政部承担”①。此外，如果在资金管理过程中由于各种原因导致资金流失或消失，各州必须负责赔偿资金损失的部分，即“如果由于各州自身的失误，使投资于各种股票的本金及所产生的利息流失或消失，各州负责赔偿”②。

第二，在接受赠地5年之内，提供建设学院所需一切校舍和实验室。《1862年美国赠地学院法案》从时间和配套资金两方面规定了各州的义务，一是在时间上规定“各州必须在宣布接受该法之后的5年内至少建立一所学院，学院讲授课程要符合该法第四条的规定。否则，联邦将停止向该州拨付土地，该州也必须将此前出售的赠地收入返还联邦”③。二是在配套资金方面规定“赠地收入不得用于建设校舍”④。这一条也隐含指出，如果各州想要得到联邦的学院赠地，必须自己出资建设学校所需一切校舍和实验室。

第三，向其他赠地学院及联邦内政部长公布学院建设情况和各州改进状况。

---

① George P. Sanger, *The Statutes at Large, Treaties and Proclamations of the United States of America from Dec. 5, 1859 to Mar. 3, 1863* (Boston, Massachusetts: Little, Brown and Company, 1863), p. 504.

② George P. Sanger, *The Statutes at Large, Treaties and Proclamations of the United States of America from Dec. 5, 1859 to Mar. 3, 1863* (Boston, Massachusetts: Little, Brown and Company, 1863), p. 504.

③ George P. Sanger, *The Statutes at Large, Treaties and Proclamations of the United States of America from Dec. 5, 1859 to Mar. 3, 1863* (Boston, Massachusetts: Little, Brown and Company, 1863), pp. 504-505.

④ George P. Sanger, *The Statutes at Large, Treaties and Proclamations of the United States of America from Dec. 5, 1859 to Mar. 3, 1863* (Boston, Massachusetts: Little, Brown and Company, 1863), p. 504.

第四节 《1862 年美国赠地学院法案》的性质

下面所谈论的赠地学院法案的性质是指赠地学院法案所属的部门法，也就是说法律所调节的社会关系。

一、法律的性质

法律的性质是由法律所调整的对象决定的，任何一个法律部门都有自己独特的调整对象，根据不同的调整对象①，法律可分为刑法、民法、交通法、教育法、经济法和知识产权法等不同的法律部门。由于对赠地学院法案的性质有不同的解说，有的学者认为该法案是一部教育法案，有的学者认为该法案是一部经济法案，有的学者认为该法案是一部联邦高等教育法案，有的学者认为该法案是一部联邦职业教育法案。其中教育法和经济法是独立的法律部门，而高等教育法和职业教育法是教育法这个部门内部的单行法，其本身是否是一门独立的部门法还有很大争议，所以以下笔者将主要对教育法和经济法的调整对象进行分析，简要分析高等教育法和职业教育法的调整对象。

（一）教育法的调整对象

我国学者对于教育法的调整对象的主流观点是，教育法的调整对象是教育行政法律关系和教育民事法律关系。劳凯声教授在其《教育法学》一书中指出："教育法所调整的对象是国家机关行使教育行政权力以及公民行使受教育权利的过程中所发生的各种社会关系，这些社会关系尽管错综复杂，但是就其性质的不同可以分为两类。一类是纵

---

① 法律上所讲的调整对象是指一个法律部门所规范、调整的社会关系，现实社会中的关系复杂多样，不同的社会关系由不同的法律部门来规范调整，各个不同的法律部门对社会关系的调整构成了适应社会有序、健康运转的一套完备法律体系。

向型的法律关系，一般也称为行政法律关系或行政关系。另一类是横向型的法律关系，一般也称为民事法律关系或民事关系。”① 郑良信教授在其《教育法学通论》一书中指出：“教育法的调整对象是教育社会关系，即在教育活动中人们之间所发生的各种社会关系。……主要涉及以下几个方面：各级政府之间在教育行政方面的职权分工关系、学校与行政机关的关系、学校与教职员工的关系、学校与学生的关系、学校与社会的关系等，这里的学校泛指一切教育机构。虽然这些关系错综复杂，但依据其不同的特征可以分为两类，即具有纵向隶属特征的教育行政关系和具有横向平等特征的教育民事关系。”② 对于教育法学调整对象的这种两分法，也可见于日本的教育法学著作中，劳凯声教授说：“这种归类方法可见于日本的教育法学著作中，他们一般将教育法所确认和调整的社会关系分为第一法律关系和第二法律关系。第一法律关系是指国家、自治体（即地方政府当局）、教育行政机关、学校、教员、社会教育机关教职员以及与教育有关的机关之间权能、权限与责任、义务所构成的法律关系，这类关系一般都属于行政法律关系；第二法律关系包括国家、自治体、教育行政机关、教育机关与青少年、学生、父母、国民、研究者、出版社之间矛盾纷争所构成的法律关系，这类关系中的相当一部分属于民事法律关系。”③

同时，也有一些青年学者提出了一些不同于主流观点的观点，这种观点的代表人物是重庆师范大学的陈太红。这种观点认为，主流观点首先未能揭示教育活动中各种社会关系的主要方面，其次未能界定清楚学校在什么情况下实施的管理行为所产生的社会关系是教育行政

---

① 劳凯声：《教育法学》，辽宁大学出版社，2000，第37页。

② 郑良信：《教育法学通论》，广西教育出版社，2000，第25—26页。

③ 劳凯声：《教育法学》，辽宁大学出版社，2000，第37—38页。

关系。[1] 在对主流的关于教育法调整对象的批判之后，陈太红提出他自己的关于教育法调整对象的观点，他认为："教育法作为社会法，应规范教育机构、教师和受教育者三者之间的权利义务关系，因此其调整对象最主要、最基本的是教育关系。……教育法作为以社会责任为本位的社会法，它在调整教育教学活动中发生的教育关系时，必须处理好教育活动本身与国家、社会等社会关系，这些社会关系均是从保证育人目标实现为保障教育关系的正常有序而存在，因此，我们称之为与教育关系有密切联系的其他社会关系。"[2]

以上以陈太红为代表的非主流观点对主流观点提出的批判实质上是对主流观点的修正，因此主流观点和非主流观点并不矛盾。笔者认为，经过修正的主流观点是对教育法学作为一门独立的部门法的一种宽容的看法，因此笔者更倾向于经过修正了的主流观点。

我们通过以上的分析可以看出，确定一部法律是否是教育法的必要条件是该法律应该调整以上所指的教育法的调整对象中的一种调整对象，这种调整对象或者是最主要、最基本的教育关系，或者是与这种最主要、最基本的教育关系密切相关的社会关系。

（二）经济法的调整对象

包锡妹教授在 2003 年发表的一篇文章，对中国经济法的调整对象进行了比较细致的综述研究，笔者接受包锡妹教授对经济法调整对象理论的综述研究结果。包锡妹认为，国内学者在如下观点上对经济法的调整对象达成一致："经济法的调整对象是经济关系，是通过物而形成的人与人之间的物质利益关系。……经济法所调整的经济关系并不

---

① 参见陈太红《教育法调整对象辨析》，《重庆工业高等专科学校学报》2002 年第 2 期。

② 陈太红：《教育法调整对象辨析》，《重庆工业高等专科学校学报》2002 年第 2 期。

是一切经济关系，而是特定的经济关系，即一定范围的经济关系。”①对于特定范围的经济关系究竟包括哪些经济关系，包锡妹教授归纳了六种比较权威的观点，这六种观点如下，第一，经济管理与一定范围的经营协调关系说。这种观点认为，中国经济法主要是调整社会生产和再生产过程中，以各种组织为基本参与者所参加的经济管理关系和一定范围的经营协调关系。第二，限定的纵横经济法说。这种观点认为，经济法是调整经济管理关系、维护公平竞争关系、组织管理性的流转和协作关系的法。第三，需要干预经济关系说。这种观点认为，干预与管理不同。过去我们所谓的管理往往是从国家既是行政主体，又是所有权主体的双重身份出发的，所以，它很容易导致国家作为一种内在力量主要采取行政手段对社会经济生活进行直接控制，导致滥用管理权力的现象。而干预的含义比管理要宽泛得多，干预所体现的是国家作为一种外在力量，主要采取间接的法律手段对社会经济生活进行计划、组织、管理、调节和监督。第四，社会整体利益说。这种观点认为，经济法是市场经济的重要法律，它是调整国家从社会整体利益出发对市场干预和调整所产生的经济关系的法律规范总称。第五，国家调节关系说。这种观点认为，经济法是调整在国家调节社会经济过程中发生的各种社会关系，保障国家调节，促进社会经济协调、稳定和发展的法律规范的总称。第六，经济协调关系说。这种观点认为，经济法是调整在国家协调本国经济运行过程中发生的经济关系的法律规范总称。②

(三)高等教育法和职业教育法的调整对象

易凌教授在其《高等教育法学是一门正在崛起的新兴学科》一文中

---

① 包锡妹：《我国经济法调整对象研究综述》，《中国青年政治学院学报》2003年第3期。

② 参见包锡妹《我国经济法调整对象研究综述》，《中国青年政治学院学报》2003年第3期。

指出:"高等教育法是调整高等教育关系的法。但它并不调整所有高等教育关系,而是只调整一定范围内的高等教育关系,它主要调整国家在管理、协调、监督高等教育的过程中发生的高等教育关系。具体言之,高等教育法的调整对象就是高等教育管理关系、高等教育协调关系和高等教育监督关系。高等教育管理关系是国家在管理高等教育过程中发生的纵向社会关系,包括宏观高等教育管理关系和微观高等教育管理关系。……高等教育协调关系是平等教育主体在高等教育活动过程中发生的横向社会关系,包括高等教育联合关系(如高校的联合办学关系)、高等教育协作关系(如高校之间、高校与社会各界的横向合作关系)和高等教育竞争关系(如高校之间的竞争关系)。……高等教育监督关系是在实施高等教育法治过程中所发生的监察和督促关系。其主要内容包括高等教育的立法监督、司法监督、行政监督和社会监督。"①

对于职业教育法的调整对象，目前国内还没有文章对其进行深入研究，只有一些教育法学方面的专著对其有所涉及。郑良信教授在其《教育法学通论》一书中将职业教育法定义为："调整职业学校教育和职业培训活动中发生的各种社会关系的法律规范的总称。"② 劳凯声教授在其《教育法学》中指出："职业教育法是以实施职业教育涉及的社会关系为调整范围的单行法。在我国，职业教育包括各级各类职业学校教育和各种形式的职业培训。"③ 由此可知，劳凯声教授和郑良信教授都认为职业教育法的调整对象是在职业学校教育和职业培训活动中发生的各种社会关系。笔者接受两位教授对于职业教育法调整对象的观点。

---

① 易凌:《高等教育法学是一门正在崛起的新兴学科》,《教育与现代化》2004年第3期。

② 郑良信:《教育法学通论》,广西教育出版社,2000,第370页。

③ 劳凯声:《教育法学》,辽宁大学出版社,2000,第65页。

二、《1862 年美国赠地学院法案》的性质

（一）赠地学院法案的调整对象

1. 联邦和各州共建大学

自从联邦国会批准《权利法案》，就规定了联邦政府在整个教育领域只能处于消极地位，管理教育的最高权力是在州政府而不是联邦政府。《1862 年美国赠地学院法案》主要调整的是联邦和各州在大学建设方面的关系，该法案规定了在农工学院的建设中，联邦政府和州政府的权利，以及联邦政府和州政府的义务。限于篇幅的原因，以下笔者只选取一组对联邦政府和州政府对应的权利与义务的规定。该法案第一条和第二条规定，联邦政府有义务“将一定数量的公有土地授予各州，以供下述目的之用”①，凡一个州在其境内的公有土地数量，在按每英亩 1.25 美元的价格出售给私人的情况下不能满足该州根据本法案规定应得之亩数时，兹指令内政部长按其不足部分发给土地证券。② 该法案第四条同时规定了州政府有义务维持至少一所学院，“所得的利息由可受和应受本法案之权益的各州如实地进行支配，以资助和维持至少一所学院”③。该法案第四条也规定了联邦政府的权利，联邦政府有权决定出售土地或土地券资金的使用问题，“被给予土地的各州由出售此种土地或出售上述土地证券而获得的款额，必须投资于美利坚合众国或各州的债券或其他的某种安全债券”④。该法案第四条也规定了州政府的权利，州政府有权决定大学中农业和机械工艺的讲授方式，“在

① 夏之莲：《外国教育发展史料选粹》（上），北京师范大学出版社，1999，第 489 页。

② 参见夏之莲《外国教育发展史料选粹》（上），北京师范大学出版社，1999，第 489 页。

③ 夏之莲：《外国教育发展史料选粹》（上），北京师范大学出版社，1999，第 490 页。

④ 夏之莲：《外国教育发展史料选粹》（上），北京师范大学出版社，1999，第 490 页。

该学院中不得排除他种科学和经典的学习，并应包括军事战术训练，但其主要课程必须按照各州议会所分别规定之方式讲授与农业和机械工艺有关的知识”①。

2. 各大学之间的联系

《1862年美国赠地学院法案》规定，接受本法案的各州，应至少资助和维持一所学院。对于这些学院之间的关系，该法案也对其有进一步的规定，而不是让这些学院分散、孤立地发展。该法案第五条第四款规定：“每年须将各院校的发展情况和所进行改进、实验、所花费用和取得的成果以及有用的州工业和经济方面的统计资料写成年度报告，分别邮寄其他所有按本法案规定可以得到资助的学院。”②

3. 参加联邦和各州共建大学的资格

在法理上，联邦各州都可以参加《1862年美国赠地学院法案》发起的联邦和各州共建大学项目，享受本法案所带来的益处，但是，1862年7月2日，南北战争已经持续了一年多的时间，原来联邦的南部11个州也脱离联邦另立南部联盟，在法理上，脱离联邦的这11个州就没有权利享受这个法案所带来的益处。为了保障该法案能够在联邦境内有效实施，该法案第五条第六款规定：“不管哪个州，只要它对抗或不服从美利坚合众国政府，它就没有资格享受本法案的权益。”③

4. 土地分配的面积和土地出售的价格

从美国建国以来到宅地法案的颁布，土地分配的面积就一直是国会中争论的焦点问题。对于这一问题，国会里一直存在两种完全相反的意见，来自北部的议员一直主张将西部土地小块出售，这里的小块意指面积小于或等于1个地段的土地（1个地段的土地合计640英亩），他们的理由是小块分配有利于土地移民开发，从而增加国家税收；而

① 夏之莲：《外国教育发展史料选粹》（上），北京师范大学出版社，1999，第490页。
② 夏之莲：《外国教育发展史料选粹》（上），北京师范大学出版社，1999，第491页。
③ 夏之莲：《外国教育发展史料选粹》（上），北京师范大学出版社，1999，第491页。

来自南部的议员强调土地应该按照大面积进行分配，他们的理由是按照大面积分配土地可以增加国家的直接财政收入。但是总的趋势是“土地出售单位面积的不断缩小”[①]。《1862 年美国赠地学院法案》也处理了土地分配的面积问题，该法案强调按照小块分配土地。该法案第二条规定，上述土地经过测量后，按段（1 段为 1 平方英里或 640 英亩，译者）或不小于 1/4 段的地块分配给各州。[②]

伴随着土地分配面积的争论，土地售价问题也一直是困扰国会的一个大问题。联邦国会不断地调整西部土地的售价，1796 年《土地法令》规定的最低出售价格为每英亩 2 美元，到 1820 年降低到每英亩 1.25 美元，并且后来一直基本保持不变。1854 年的《公地分级和降价出售法令》规定的土地价格虽然低于每英亩 1.25 美元的出售价格，但它不是正常条件下出售土地的价格，而且常常是没人购买的土地，故不在此限。[③] 因此，可以看出总的趋势是“土地价格的不断降低”[④]。《1862 年美国赠地学院法案》第二条规定，凡州内有公有土地可以每英亩 1.25 美元的价格出售给私人时，则分配给该州的土地必须从该州境内此类土地中选取。凡一个州在其境内的公有土地数量，在按每英亩 1.25 美元的价格出售给私人的情况不能满足该州根据本法案规定应得之亩数时，兹指令内政部长按其不足部分发给土地证券。[⑤]

5. 防止土地投机

在参议院对该议案进行辩论的过程中，以堪萨斯州参议员詹姆斯·莱恩为代表的一些西部议员就认为该议案的通过会产生土地投机

---

① 孔庆山：《美国早期土地制度研究》，中山大学出版社，2002，第 113 页。

② 参见夏之莲《外国教育发展史料选粹》（上），北京师范大学出版社，1999，第 489 页。

③ 参见孔庆山《美国早期土地制度研究》，中山大学出版社，2002，第 113—114 页。

④ 孔庆山：《美国早期土地制度研究》，中山大学出版社，2002，第 113 页。

⑤ 参见夏之莲《外国教育发展史料选粹》（上），北京师范大学出版社，1999，第 489 页。

问题，这一点在讨论国会辩论主题的相关章节中已经论及，这里不再赘述。为了抑制该议案本身的这种缺陷，莱恩对该议案提出了一项修正案，这项修正案最后获得了通过。该修正案附在该法案的第二条末尾，其规定，代理人在任何一个州内的所勘定的土地数量不得超过100万英亩。①

（二）赠地学院法案的性质

通过上述对《1862年美国赠地学院法案》调整对象的分析，我们可以判定该法案所属的法律部门。

1. 该法案是一部联邦高等教育法案

该法案的调整对象一部分是联邦和各州共建大学、各大学之间的联系及参加联邦和各州共建大学的资格。

联邦和各州共建大学，这属于联邦高等教育管理关系，但是这种管理关系是有限的联邦高等教育管理关系，因为联邦宪法第十条修正案明确规定："宪法未授予合众国、也未禁止各州行使的权利，由各州各自保留，或由人民保留。"②

各大学之间的联系，这属于联邦高等教育协调关系，更确切地说，这属于联邦高等教育协调关系中的高等教育协作关系。

参加联邦和各州共建大学项目的资格，这属于联邦政府调节与最主要、最根本的高等教育关系密切相关的其他社会关系。为了保证《1862年美国赠地学院法案》的顺利有效实施，必须确保该法案得以有效实施的社会环境良好。

因此，从联邦高等教育法案调整对象的角度来看，《1862年美国赠地学院法案》首先是一部联邦高等教育法案。

---

① 参见夏之莲《外国教育发展史料选粹》（上），北京师范大学出版社，1999，第489页。

② 刘绪贻、李世洞主编《美国研究词典》，中国社会科学出版社，2002，第1170页。

2. 该法案是一部联邦经济法案

该法案的调整对象另一部分是土地分配的面积和土地出售的价格，防止土地投机。

土地分配面积和土地出售价格，这属于联邦政府的土地管理关系，也是联邦政府的经济管理关系。因为从美国宣布独立到西进运动的结束，西部公共土地一直是和联邦政府的经济收入紧密相连的，无论是将西部公共土地看作政府直接的财政收入来源还是间接的财政收入来源，都是如此。

防止土地投机，这属于联邦政府在一定范围内的经济协调关系。这主要是联邦政府协调东部、西部人民在西部公共土地上的利益问题，其实也就是协调东部、西部人民的经济利益问题。

因此，从联邦政府经济法调整对象来看，《1862年美国赠地学院法案》也是一项联邦经济法案。

通过以上对《1862年美国赠地学院法案》性质的分析，我们可以说，《1862年美国赠地学院法案》既是一部联邦高等教育法案，又是一部联邦经济法案。但是从《1862年美国赠地学院法案》本身更多的调整对象，以及该法案通过以来美国高等教育的发展成就来看，该法案更多的是一部联邦高等教育法案。因此我们可以说，《1862年美国赠地学院法案》既是一部联邦经济法案，又是一部联邦高等教育法案，但主要还是一部联邦高等教育法案。

第三章 《1862 年美国赠地学院法案》的执行与调整

《1862 年美国赠地学院法案》掀起了一场教育革命，但这场教育革命却不是朝夕之间可以完成的，它将用一个世纪的时间去完成。

——爱德华・艾迪

历时十余年，经历两位总统，《1862 年美国赠地学院法案》才最终成为联邦教育法案。但正如艾迪所言，这仅仅是一个开始，其宏伟的立法目标能否实现取决于赠地学院创建情况，而赠地学院的创建过程更不是《1862 年美国赠地学院法案》的 10 年制定时间所能完成的。如何创建赠地学院，《1862 年美国赠地学院法案》未予规定，完全交由各州自行决定，而各州选择何种模式创建赠地学院的一个最重要影响因素，便是联邦各州赠地或土地券的处理情况。下文中，笔者将分别研究联邦各州赠地学院土地券的处理方式、赠地学院的创建模式，以及联邦政府为推动赠地学院建设而通过的各项补充法案。

第一节 联邦各州赠地学院土地券的处理模式

《1862 年美国赠地学院法案》规定，凡境内拥有公共土地的州，根据该州拥有的参、众两院国会议员总数可在本州境内获得一定数量的公共土地；凡境内没有足量公共土地的州，可获得由联邦政府内政部长签发的相应亩数的土地券，且各州政府需将土地券出售，用其出售所得建立赠地学院基金，并用基金投资收入至少建立或维持一所赠地学院。那么问题便出现了，什么是公共土地？公共土地是如何产生的？当时联邦政府有哪些州拥有公共土地？哪些州没有？是什么原因导致这种状况发生的？联邦政府内政部长为此需要签发多少赠地学院土地券？各州是如何处理赠地学院土地券的？

一、公共土地及其产生

《1862 年美国赠地学院法案》所说的公共土地是指产权属于联邦国会的土地。历史上由于国会获得土地产权的方式不同，公共土地的产生原因可归结为以下两点。

（一）部分州放弃西部土地所有权诉求而来

1778 年美国邦联政府行将成立之际，这个新生国家的国土面积还远没有现在那么大，它西起密西西比河东岸，东到大西洋西岸，北抵五大湖及圣劳伦斯河南岸，南至北纬 31°地区（大致相当于现在佛罗里达州北部边界）。在这片广袤的土地上，纵贯南北的阿拉巴契亚山脉将其分为东西两部分，山脉以东地区散布着 13 个州，山脉以西则是当时的西部地区。

马萨诸塞、康涅狄格、纽约、弗吉尼亚、北卡罗来纳、南卡罗来纳、佐治亚等 7 个州根据殖民地特许状纷纷声称其对西部地区的土地拥有所有权，而其余 6 个州则认为这片土地是 13 个州的共同财产，并联合起来要求上述 7 个州政府放弃各自的西部土地所有权诉求，将其转让给邦联政府，甚至以拒签《邦联条例》来威胁上述 7 个州政府。加之 7 个州各自的西部土地所有权诉求本身也存在边界之争，需要邦联国会通过立法途径予以解决，而这一途径本身又十分烦琐复杂。综合各方面考虑，1781 年 3 月 1 日，纽约州率先通过法律宣布放弃其对西部土地所有权的诉求，并将其转让给邦联政府。在纽约州的示范下，其余 6 个州相继效仿，直至 1802 年 4 月 24 日佐治亚州最后一个完成土地所有权的移交，西部地区土地所有权的移交工作才最终完成。这是邦联国会和联邦国会在 18 世纪末获得土地产权的方式，是早期公共土地产生的方式。

（二）联邦国会通过购买而来

19 世纪后，联邦国会曾多次通过购买法案购买了大量土地，如著名的路易斯安那领地购买、佛罗里达领地购买、墨西哥购地、阿拉斯加购地等，在没有特殊规定的情况下，所购土地产权均归联邦国会所有。这是联邦国会 19 世纪以后获得土地产权的方式，是后期公共土地的产生方式，也是公共土地产生的最主要方式。

二、公共土地州与非公共土地州及其产生原因

（一）什么是公共土地州与非公共土地州

下文中所说的公共土地州是指那些境内拥有足量公共土地用于执行《1862 年美国赠地学院法案》的州，否则便是非公共土地州。虽然公共土地的产权属于联邦国会，但从行政区划的角度来看却散布在各个州的境内。由于前述公共土地产生的原因不同，产生的时期也不同，因而公共土地在各州的存量也不同。

根据以上界定，截至 1862 年 7 月 2 日《1862 年美国赠地学院法案》通过之时，联邦政府当时的 38 个州当中只有 11 个是公共土地州，其余 27 个都是非公共土地州。

（二）为什么有如此多的非公共土地州

1. 历史原因造成的

所谓历史原因是指这类非公共土地州所在地区并不包含在 7 个州转让给国会的西部土地中，国会自始也没有获得这部分土地的所有权，

因而在这片土地上建立的州均是非公共土地州。由这种原因产生的非公共土地州共计 17 个，可分为以下三类。

第一类是组建合众国政府的 13 个州，即马萨诸塞、新罕布什尔、罗得岛、康涅狄格、纽约、新泽西、宾夕法尼亚、特拉华、马里兰、弗吉尼亚、北卡罗来纳、南卡罗来纳、佐治亚。

第二类是与组建合众国政府的 13 个州有土地产权纠纷的州，只有佛蒙特州。纽约州一直声称对佛蒙特州所在土地有所有权，“1764 和 1777 年，佛蒙特先后从新罕布什尔和纽约州的控制中独立出来，并参加了美国独立战争，但在邦联政府成立时却被排除在外，唯一的原因在于纽约州对佛蒙特地区仍提出所有权诉求”①，直到 1790 年，佛蒙特支付给纽约州一部分土地赔偿金后才解决了与其存在多年的土地所有权争议问题，并于 1791 年 3 月 4 日加入联邦。

第三类是当时仍是组建合众国政府的某个州领土的一部分，后来分离出去单独建州，包括肯塔基、西弗吉尼亚、缅因 3 个州。肯塔基原先是弗吉尼亚的一部分，1784 年 3 月 1 日弗吉尼亚放弃所有权的西部地区只包括“俄亥俄河北岸西北地区的土地，这个地区包括后来的俄亥俄、印第安纳、伊利诺伊、密歇根、威斯康星和明尼苏达在密西西比河东岸的部分”②，肯塔基并不在其中，1792 年 6 月 1 日肯塔基从弗吉尼亚分离出去独立建州。西弗吉尼亚原先也是弗吉尼亚的一部分，只是内战时期弗吉尼亚州西部地区反对加入南部邦联政府而宣布独立，并最终于 1863 年 6 月 20 日建州。缅因原先是马萨诸塞州的一部分，1816 年马萨诸塞立法批准缅因区获得独立地位，在此基础上，缅因区于 1820 年 3 月 15 日建州。

---

① Paul W. Gates, *History of Public Land Law Development* (Washington, D. C. : Government Printing Office, 1968), p. 286.

② Benjamin H. Hibbard, *A History of the Public Land Policies* (New York: The Macmillan Company, 1924), p. 10.

2. 部分州在放弃西部土地所有权诉求时的附加条件造成的

7 个州并非都是无条件地放弃对西部土地所有权诉求的，康涅狄格、弗吉尼亚、北卡罗来纳、佐治亚等州都提出了一些附加条件，从而使俄亥俄和田纳西成为非公共土地州。

俄亥俄州本来位于弗吉尼亚宣布放弃有土地所有权诉求的西部地区，但弗吉尼亚设置了严格的附加条件，规定："所有弗吉尼亚公民，或为弗吉尼亚提供军事服务而在这一地区获得土地所有权的个人，不会因为将这片地区土地转让给国会而改变。"[①] 田纳西的情况与俄亥俄类似，该州所在地区原是北卡罗来纳州声称有土地所有权的地区，在其放弃土地所有权诉求时也设置了非常严格的附加条件，即"在即将转让给联邦政府的土地范围内占据土地的各色人等，任何法律授予其的土地所有权继续生效，对于他们而言，本州政府放弃对这片土地所有权的诉求并不影响他们个人的土地所有权"[②]。

正是由于严格的附加条件所限，俄亥俄州在 1803 年 3 月 1 日建州时、田纳西州在 1796 年 6 月 1 日建州时，两州境内几乎所有土地都被各种土地所有权诉求人所占，根本没有足量公共土地，因此也成为非公共土地州。

3. 国会立法造成的

这类非公共土地州包括佛罗里达、亚拉巴马、密西西比、路易斯安那、阿肯色和得克萨斯，共 6 个。

1845 年 12 月 29 日得克萨斯加入联邦政府时，联邦政府在接收法中就给予其巨大的优惠，接收法允诺"该州范围内所有土地不用转让

---

① Benjamin H. Hibbard, *A History of the Public Land Policies* (New York: The Macmillan Company, 1924), p. 10.

② Benjamin H. Hibbard, *A History of the Public Land Policies* (New York: The Macmillan Company, 1924), p. 12.

给联邦政府"[①]，因而得克萨斯从加入联邦之日起就是非公共土地州。

1866 年 6 月 21 日，国会立法规定："自本法通过之日起，除了可以出售以 80 英亩为单位的宅地之外，佛罗里达、亚拉巴马、密西西比、路易斯安那和阿肯色等州公共土地禁止向任何人出售。"[②] 而《1862 年美国赠地学院法案》规定购地的最低亩数是 160 英亩，从而使这 5 个州对于《1862 年美国赠地学院法案》来说也变成了非公共土地州。

4. 多种原因综合造成的

这类非公共土地州包括伊利诺伊和印第安纳。这 2 个州建州时境内原本有公共土地，但由于 19 世纪上半叶联邦政府在该地区连续推进的内陆改进赠地、开垦沼泽地赠地、军功赠地、私人占地、宅地赠地等相关政策，导致该州境内在《1862 年美国赠地学院法案》通过时已没有足量公共土地，从而成了非公共土地州。

三、内政部长需要签发赠地学院土地券的数量

要想回答这个问题，先要知道非公共土地州各有多少国会议员，而《1862 年美国赠地学院法案》规定各州的国会议员人数要基于 1860 年的人口统计结果来确定。

（一）非公共土地州各有联邦国会议员数量

1. 非公共土地州各有联邦国会众议员数量

联邦国会众议员名额分配秉持公平原则，即各州的名额数与各州人口挂钩。早在 1850 年 5 月 23 日，国会就立法规定："自 1853 年 3 月

① Paul W. Gates, *History of Public Land Law Development* (Washington, D. C.: Government Printing Office, 1968), p. 299.

② George P. Sanger, *Statutes at Large, Treaties and Proclamations of the United States of America from Dec. 1863 to Dec. 1865* (Boston, Massachusetts: Little, Brown and Company, 1866), pp. 66-67.

3 日起，联邦国会众议员总数定为 233 个，各州将根据人口统计结果分配到相应名额数。”① 具体分配方式为，联邦内政部长用最近一次人口普查结果除以 233，得到的商是每名国会众议员的人口基数，然后用各州最近一次人口普查结果除以人口基数的商就是各州国会众议员的名额数。下表 3-1-1 就是内政部长根据美国人口普查局发布的第八次人口普查结果（1860 年）计算出的非公共土地州国会众议员名额数。

表 3-1-1　基于 1860 年人口统计结果的非公共土地州国会众议员名额数统计表②

州名	众议员人数	州名	众议员人数	州名	众议员人数
亚拉巴马	6	路易斯安那	5	俄亥俄	18
阿肯色	3	缅因	5	宾夕法尼亚	23
康涅狄格	4	马里兰	5	罗得岛	1
特拉华	1	马萨诸塞	10	南卡罗来纳	4
佛罗里达	1	密西西比	5	田纳西	8
佐治亚	7	新罕布什尔	3	得克萨斯	4
伊利诺伊	13	新泽西	5	佛蒙特	2
印第安纳	11	纽约	31	弗吉尼亚	11
肯塔基	8	北卡罗来纳	7		

但 1850 年国会众议员名额数计算方法存在一个重大的问题，那就是随着全国人口的不断增加，国会众议员的人口基数会不断变大，同

① George Minot, *Treaties and Proclamations of the United States of America from Dec. 1, 1845 to Mar. 3, 1851* (Boston, Massachusetts: Little, Brown and Company, 1862), p. 432.

② Jos O. C. Kennedy, *Preliminary Report on the Eighth Census 1860* (Washington, D. C.: Government Printing Office, 1862), p. 20.

时各州人口差异比较大，用各州最近一次人口普查结果除以这个变大的人口基数得到的余数差异也会比较大，这可能导致某些州的余数逐渐趋于人口基数，从而影响国会众议员在这个州的代表性。为了解决这个问题，1862 年 3 月 4 日，国会立法规定："自 1863 年 3 月 3 日起，联邦国会众议员名额数量上调至 241，多出来的 8 个名额分别给予宾夕法尼亚、俄亥俄、肯塔基、伊利诺伊、艾奥瓦、明尼苏达、佛蒙特和罗得岛等 8 个州。"[①] 其中有 6 个州是非公共土地州（见表 3-1-2）。

表 3-1-2 基于 1862 年法案调整后的非公共土地州国会众议员人数统计表[②]

州名	众议员人数	州名	众议员人数	州名	众议员人数
亚拉巴马	6	路易斯安那	5	俄亥俄	19
阿肯色	3	缅因	5	宾夕法尼亚	24
康涅狄格	4	马里兰	5	罗得岛	2
特拉华	1	马萨诸塞	10	南卡罗来纳	4
佛罗里达	1	密西西比	5	田纳西	8
佐治亚	7	新罕布什尔	3	得克萨斯	4
伊利诺伊	14	新泽西	5	佛蒙特	3
印第安纳	11	纽约	31	弗吉尼亚	11
肯塔基	9	北卡罗来纳	7		

2. 非公共土地州各有联邦国会议员数量

联邦参议员名额分配秉持平等原则，即各州无论人口多少，都有 2

① George P. Sanger, *The Statutes at Large, Treaties and Proclamations of the United States of America from Dec. 5, 1859 to Mar. 3, 1863* (Boston, Massachusetts: Little, Brown and Company, 1863), p. 353.

② Jos O. C. Kennedy, *Preliminary Report on the Eighth Census 1860* (Washington, D. C.: Government Printing Office, 1862), p. 21.

个参议员名额。这样，基于 1860 年人口统计结果及 1862 年国会立法制定的国会众议员分配调整方案，各个非公共土地州的国会议员人数就一目了然了，可详见表 3-1-3。

表 3-1-3 基于 1862 年法律调整后的非公共土地州联邦国会议员人数统计表

州名	国会议员数	州名	国会议员数	州名	国会议员数
亚拉巴马	8	路易斯安那	7	俄亥俄	21
阿肯色	5	缅因	7	宾夕法尼亚	26
康涅狄格	6	马里兰	7	罗得岛	4
特拉华	3	马萨诸塞	12	南卡罗来纳	6
佛罗里达	3	密西西比	7	田纳西	10
佐治亚	9	新罕布什尔	5	得克萨斯	6
伊利诺伊	16	新泽西	7	佛蒙特	5
印第安纳	13	纽约	33	弗吉尼亚	13
肯塔基	11	北卡罗来纳	9		

美国内战时期，西弗吉尼亚从弗吉尼亚独立出去，从而分走了弗吉尼亚 3 个国会众议员名额。因此，重返联邦后的弗吉尼亚就只剩下 8 个国会众议员名额，加上 2 个国会参议员名额，共计 10 个国会议员名额。而西弗吉尼亚在 3 个国会众议员名额基础上加上 2 个国会参议员名额，则共有 5 个国会议员名额。

（二）内政部长需要签发的赠地学院土地券数量

根据《1862 年美国赠地学院法案》规定，非公共土地州每有 1 名国会议员，将会获得 3 万英亩土地券。因此，根据以上所列各州国会议员人数，便能计算出内政部长法律意义上应该签发的赠地学院土地券数，详见表 3-1-4。

表 3-1-4 内政部长法律意义上应该签发的赠地学院土地券数量统计表

州名	国会议员数	土地券数量（英亩）	州名	国会议员数	土地券数量（英亩）
亚拉巴马	8	240000	密西西比	7	210000
阿肯色	5	150000	新罕布什尔	5	150000
康涅狄格	6	180000	新泽西	7	210000
特拉华	3	90000	纽约	33	990000
佛罗里达	3	90000	北卡罗来纳	9	270000
佐治亚	9	270000	俄亥俄	21	630000
伊利诺伊	16	480000	宾夕法尼亚	26	780000
印第安纳	13	390000	罗得岛	4	120000
肯塔基	11	330000	南卡罗来纳	6	180000
路易斯安那	7	210000	田纳西	10	300000
缅因	7	210000	得克萨斯	6	180000
马里兰	7	210000	佛蒙特	5	150000
马萨诸塞	12	360000	弗吉尼亚	10	300000
西弗吉尼亚	5	150000			
法律意义上应该签发的土地券总数：7830000					

由于《1862 年美国赠地学院法案》规定，各州在赠地的选择上以"160 英亩为最小单位"①，因此内政部长签发给非公共土地州土地券的单张面额就是 160 英亩。这样内政部长实际签发的赠地学院土地券数量是用法律上应该获得的土地券数量除以 160 的商，余数则是各州损失的

① George P. Sanger, *The Statutes at Large, Treaties and Proclamations of the United States of America from Dec. 5, 1859 to Mar. 3, 1863* (Boston, Massachusetts: Little, Brown and Company, 1863), p. 503.

数量，只有那些法律上应获得的赠地学院土地券数量是 160 的整数倍时才不会有这个损失。具体数据，详见表 3-1-5。

表 3-1-5 内政部长实际签发的赠地学院土地券数量统计表

州名	国会议员数	土地券数量（英亩）	州名	国会议员数	土地券数量（英亩）
亚拉巴马	8	240000	密西西比	7	209920
阿肯色	5	149920	新罕布什尔	5	149920
康涅狄格	6	180000	新泽西	7	209920
特拉华	3	89920	纽约	33	989920
佛罗里达	3	89920	北卡罗来纳	9	270000
佐治亚	9	270000	俄亥俄	21	629920
伊利诺伊	16	480000	宾夕法尼亚	26	780000
印第安纳	13	389920	罗得岛	4	120000
肯塔基	11	329920	南卡罗来纳	6	180000
路易斯安那	7	209920	田纳西	10	300000
缅因	7	209920	得克萨斯	6	180000
马里兰	7	209920	佛蒙特	5	149920
马萨诸塞	12	360000	弗吉尼亚	10	300000
西弗吉尼亚	5	149920			
实际签发的土地券总数：7828800					

四、赠地学院土地券的实际处理方式

《1862 年美国赠地学院法案》规定："自该法通过后的一年内，任何人都不得用赠地学院土地券购买土地。”[①] 加上该法案通过时正值内战，因此直到1864年3月2日才由佛蒙特掀起了赠地学院土地券处理的序幕。

（一）无偿转赠给各自指定的赠地学院

《1862年美国赠地学院法案》对土地券使用主体曾做出明确规定：“获得土地券之各州不得到任何州或领地用土地券认购土地，只有这些土地券的购买者才可以。”[②] 但在赠地学院土地券的实际处理时，罗得岛和伊利诺伊并没有严格遵守这一规定，这在当时还引起了一定的争论。

1863年1月，罗得岛州议会在立法接受《1862年美国赠地学院法案》后，就指定布朗大学为联邦学院赠地的接受者，并将土地券无偿转赠给布朗大学，而不是法律规定的出售，并规定：“由布朗大学在规定时间过后，在允许用赠地学院土地券购地的公共土地州选购公共土地，并以最好的价格将其出售。”[③] 1867年伊利诺伊州议会在接受《1862年美国赠地学院法案》后，就指定新建立的伊利诺伊产业大学为学院赠地的接受者，并直接将赠地学院土地券无偿转赠而不是出售给该大学。

实际上，两州并不是无条件地将赠地学院土地券免费转赠给该州赠地学院，接受捐赠的这两所大学需要承担起赠地学院土地券的具体处理工作及赠地学院基金的建立和运作管理工作。因此，两州政府实

---

① George P. Sanger, *The Statutes at Large, Treaties and Proclamations of the United States of America from Dec. 5, 1859 to Mar. 3, 1863* (Boston, Massachusetts: Little, Brown and Company, 1863), p. 504.

② George P. Sanger, *The Statutes at Large, Treaties and Proclamations of the United States of America from Dec. 5, 1859 to Mar. 3, 1863* (Boston, Massachusetts: Little, Brown and Company, 1863), p. 504.

③ Senate of the State of New York, *Documents (No. 103) of the Senate of the State of New York 1874* (Albany, New York: Weed, Parsons and Company Printers, 1875), p. 386.

际上是将联邦政府在《1862 年美国赠地学院法案》中施加给自己的责任和义务转嫁给了该州的赠地学院。

（二）大额交易给土地券经纪人或土地投机商

由于《1862 年美国赠地学院法案》有“各州必须在宣布接受该法之后的 5 年内至少建立一所学院”① 的规定，因此各个非公共土地州都急于将自己手中的赠地学院土地券变现，但由于宅地法的实施及内战的爆发，绝大多数真正的定居者（settler）当时并未出现在赠地学院土地券市场上，而现身其中的只有土地券经纪人及土地投机商。

这里先简要解释一下土地券经纪人（dealer）和土地投机商（speculator）两个概念。土地券经纪人是指那些在市场上低价大量收购各种类型的土地券，包括军功赠地地券、铁路赠地地券、赠地学院地券等，然后通过自己的代理人系统高价零售给其他人的人。土地投机商是指在市场上低价大量收购各种类型的土地券，然后通过代理人持土地券到公共土地州认购潜在价值高的土地，如适合耕种的肥沃土地、适合放牧的水草丰美的草地，或林木资源储量巨大的林地，然后坐等土地升值后转售，或直接进行林木、畜牧业经营开发的人。

1. 大额交易给少数土地券经纪人

这是绝大多数非公共土地州的做法，因为这样能在最短的时间内将手中大量的赠地学院土地券变现，之所以说是大额是因为单笔交易额度巨大，单笔额度至少都在 3 万英亩以上。

在当时众多的土地券经纪人中，最著名的当属俄亥俄州的格里森·刘易斯（Lewis，Gleason F.），他自诩自己是“运作各种政府发放

① George P. Sanger, *The Statutes at Large, Treaties and Proclamations of the United States of America from Dec. 5, 1859 to Mar. 3, 1863* (Boston, Massachusetts: Little, Brown and Company, 1863), p. 504.

的土地券的经纪人"[1]，在其他类型土地券交易市场上的作为如何这里暂且不予评论，在赠地学院土地券交易市场上刘易斯是绝对的统治者。至于刘易斯到底收购了多少赠地学院土地券，印第安纳州国会众议员乔治·朱利安（Julian,George W.）1868年3月6日在国会众议院辩论中曾透露："一家克利夫兰的土地券投机公司[2]，宣称其已经购买了9个州的赠地学院土地券，合计2 482 000英亩。"[3] 作为政治演说，朱利安表述的准确性有待详细考证。通过分析散布于各州及联邦内政部的统计资料，便可以分析刘易斯到底收购了多少赠地学院土地券。具体统计数据，详见表3-1-6。

表3-1-6 非公共土地州出售给刘易斯赠地学院土地券统计表

出售方	出售时间	出售数量（英亩）
俄亥俄	1865年9月25日	400000
肯塔基	1866年7月	330000
宾夕法尼亚	1866年8月15日、1867年4月10日与1867年6月28日前后三次	673440
纽约	1868年4月、1868年12月	381920
新罕布什尔	1867年1月	150000
马萨诸塞	1867年	220000
马里兰	1867年3月22日和4月9日前后两次	210000
印第安纳	1867年4月9日	95580
北卡罗来纳	1867年8月22日	270000

① Paul W. Gates, *The Wisconsin Pine Lands of Cornell University* (Ithaca, New York: Cornell University Press, 2011), p. 30.

② 这家土地券投机公司就是刘易斯开的。

③ F. G. Rives, *The Congressional Globe* (Washington, D. C.: Government Printing Office, 1868), p. 1715.

续表

出售方	出售时间	出售数量（英亩）
田纳西	1869 年 1 月 16 日	300000
特拉华	1869 年 5 月 1 日	90000
伊利诺伊	1867 年 11 月、1869 年 12 月先后两次	150080
缅因	1870 年	16320
路易斯安那	1871 年 4 月 6 日	210000
得克萨斯	1871 年 4 月	150000
亚拉巴马	1871 年 6 月 23 日	240000
密西西比	1871 年 7 月 26 日	210000
佐治亚	1872 年 1 月	270000
弗吉尼亚	1872 年 5 月 1 日	300000
阿肯色	1872 年 9 月 23 日	150000
佛罗里达	1873 年 4 月 14 日	90000
合计		4907340

资料来源：Senate of the State of New York, *Documents (No. 103) of the Senate of the State of New York 1874* (Albany, New York: Weed, Parsons and Company Printers, 1875), pp. 366-367, 372-374, 376, 379-380, 414; Bureau of Education, *The Land Grant of 1862 and the Land-Grant Colleges* (Washington, D. C.: Government Printing Office, 1918), p. 47; Senate of the State of New York, *Documents (No. 103) of the Senate of the State of New York 1874* (Albany, New York: Weed, Parsons and Company Printers, 1875), p. 364; Illinois Industrial University, *First Annual Report of the Board of Trustees of Illinois Industrial University* (Springfield, Illinois: State Journal Printing Office, 1869), p. 129; Illinois Industrial University, *Third Annual Report of the Board of Trustees of Illinois Industrial University* (Springfield, Illinois: State Journal Printing Office,

1870), p. 92; Senate of the State of New York, *Documents (No. 103) of the Senate of the State of New York 1874* (Albany, New York: Weed, Parsons and Company Printers, 1875), pp. 369, 372; Bureau of Education, *The Land Grant of 1862 and the Land-Grant Colleges* (Washington, D. C.: Government Printing Office, 1918), p. 48; Senate of the State of New York, *Documents (No. 103) of the Senate of the State of New York 1874* (Albany, New York: Weed, Parsons and Company Printers, 1875), pp. 363, 365, 373.

经统计发现，刘易斯总共收购了来自21个州总量为4 907 340英亩土地券，占联邦政府签发的7 828 800英亩土地券的63%，可以说他是土地券市场的绝对的垄断者。其中，肯塔基、新罕布什尔、马里兰、北卡罗来纳、田纳西、特拉华、路易斯安那、得克萨斯、亚拉巴马、密西西比、佐治亚、弗吉尼亚、阿肯色和佛罗里达等14个州将全部的赠地学院土地券都出售给了刘易斯，而俄亥俄、宾夕法尼亚、纽约、马萨诸塞等4个州也将六成以上的赠地学院土地券出售给了刘易斯。

除了刘易斯之外，赛勒斯·伍德曼（Woodman, Cyrus）、乔治·伍德曼（Woodman, George）兄弟、约翰·汤普森（Thompson, John）、弗朗西斯·霍兰德（Howland, Francis）、希拉姆·斯拉科姆（Slocum, Hiram）、大卫·普莱斯顿（Preston, David）、约翰逊·阿特金森（Atkinson, Johnson H.）和汤普森·麦凯恩（McCann, Thompson K.）等土地券经纪人也收购了大量的赠地学院土地券。1864年3月、4月，佛蒙特先后6次"将149 920英亩赠地学院土地券出售，各笔交易额分别是48 000英亩、5920英亩、24 000英亩、8000英亩、37 120英亩、26 880英亩"①，而买方分别是伍德曼兄弟和汤普森。从1864年12月8

① Senate of the State of New York, *Documents (No. 103) of the Senate of the State of New York 1874* (Albany, New York: Weed, Parsons and Company Printers, 1875), p. 400.

日到1865年10月28日，新泽西州“分4次将36 000英亩赠地学院土地券出售给斯拉科姆，将173 920英亩赠地学院土地券出售给霍兰德”①。1866年3月1日，缅因州“分别出售给乔治·伍德曼6万英亩、大卫·普莱斯顿96 000英亩赠地学院土地券”②，出售给两人的土地券占该州所得赠地学院土地券209 920英亩的74%。1866年4月10日，西弗吉尼亚州“分别出售给阿特金森8万英亩、麦凯恩6万英亩赠地学院土地券”③，出售给两人的土地券占该州所得赠地学院土地券149 920英亩的93%。1870年10月，南卡罗来纳“将该州所得的180 000英亩赠地学院土地券一次性全部出售”④，而买方正是汤普森。

2. 大额交易给大土地投机商

纽约州是将赠地学院土地券大额交易给大土地投机商的典型，该州议会将赠地学院土地券大额交易给了伊兹拉·康奈尔（Cornell, Ezra），他使用“521 120英亩土地券到威斯康星、堪萨斯和明尼苏达认购土地”⑤，而其中最著名的土地投机活动当属在威斯康星州认购了432 000英亩松林地，从而使其成为当时最著名的土地投机商。

除了康奈尔之外，当时还有几名大的土地投机商曾使用赠地学院土地券到公共土地州认购了2万英亩以上的公共土地，如威廉·奇普曼（Chapman, William S.）在加州认购了210 000英亩土地，艾萨克·弗

---

① Senate of the State of New York, *Documents (No. 103) of the Senate of the State of New York 1874* (Albany, New York: Weed, Parsons and Company Printers, 1875), p. 375.

② Senate of the State of New York, *Documents (No. 103) of the Senate of the State of New York 1874* (Albany, New York: Weed, Parsons and Company Printers, 1875), p. 372.

③ Senate of the State of New York, *Documents (No. 103) of the Senate of the State of New York 1874* (Albany, New York: Weed, Parsons and Company Printers, 1875), p. 402.

④ Bureau of Education, *The Land Grant of 1862 and the Land-Grant Colleges* (Washington, D. C.: Government Printing Office, 1918), p. 45.

⑤ Paul W. Gates, *The Wisconsin Pine Lands of Cornell University* (Ithaca, New York: Cornell University Press, 2011), p. 57.

里兰德（Friedlander，Issac）在加州认购了 192 000 英亩土地，卢克斯·米勒（Miller，Lux）在加州认购了 79 000 英亩土地，约翰·闵采尔（Mitchell，John W.）在加州认购了 32 000 英亩土地，约翰·克劳修斯（Crothers，John）在内布拉斯加州认购了 29 000 英亩土地，德里格斯·帕尔默（Palms，Driggs）在密歇根州认购了 103 000 英亩土地，赛特勒·道奇（Dodge，Satterlee）在密歇根州认购了 85 000 英亩土地，贝亚德·汉塞尔（Hansell，Bayard）在密歇根州认购了 72 000 英亩土地，基奥·弗罗斯特（Frost，Geo E.）在密歇根州认购了 34 000 英亩土地，加尔文·豪（Howe，Calvin）在明尼苏达州认购了 89 000 英亩土地，莱斯·哈珀（Harper，Rice）在明尼苏达州认购了 45 000 英亩土地，阿莫斯·劳伦斯（Lawrence，Amos A.）在堪萨斯州认购了 62 000 英亩土地。不同于康奈尔，以上各大土地投机商使用的赠地学院土地券并不是从各州直接买来的，而是从土地券经纪人手中买来的，这一点从缅因、俄亥俄、马萨诸塞、印第安纳 4 个非公共土地州土地券购买者名单（见表 3-1-7）就可以看出来，因为只有这 4 个州赠地学院土地券的出售对象多于 3 个。

表 3-1-7 部分非公共土地州赠地学院土地券购买者名单

出售方	购买者
缅因	伍德曼兄弟、普莱斯顿、刘易斯、詹姆斯·麦克劳（McClure，James A.）、温特沃什·兰西（Lancy，Wentworth K.）、富兰克林·史密斯（Smith，Franklin）、约翰·金博尔（Kimball，John）
俄亥俄	乔尔·梅耶斯（Myers，Joel）、摩西·乌克哈特（Urquhart，Moses）、约西娅·辛克莱尔（Sinclaire，Josiah）、约翰·摩尔（Moore，John）、威廉姆森·贝克尔（Baker，Williamson C. M.）、约翰·希尔（Hill，John E.）、约翰·米勒（Miller，John）、贝特勒兄弟（Bitler，Samuel & Bitler，Daniel）、伊沙·艾默生（Emerson，Isa）、希尔加德·舒尔茨（Schultz，Hilgard H.）、雅各布·莱特兹（Reltz，Jacob）、小亨利·莱特兹（Reltz，Henry，Jr.）、亚当·斯雷纳（Schreiner，Adam）、

续表

出售方	购买者
	罗伯特·考莱特（Corlett,Robert）、约瑟夫·斯普林格（Springer, Joseph）、沃伦·柯菲（Keifer,J. Warren）、兰德尔·罗斯（Ross, Randall）、西拉斯·格里森（Gleason,Silas）、特罗布里奇·罗宾逊（Robinson,Trowbridge J.）、塔兹韦尔·哈金斯（Harkins,Tazewell H.）、托马斯·赖特（Wright, Thomas H.）、贾维斯·沃农（Vernum,Jarves C.）、埃利亚斯·沃纳（Warner,Elias L.）、刘易斯·李（Lee,Lewis）、亨利·布朗（Brown,Henry Y.）、贝内特·克拉克（Clark,Bennett F.）、刘易斯、约翰斯通·小布里克德福（Blickensderfer,Johnstone Jr.）、怀尔德曼·比特（Beatty,Wildman G.）、玛丽·罗杰斯（Rogers,Mary L.）、尼尔森·特尼（Turney, Nelson G.）、乔治·盖格（Geiger, George）、基甸·理查德斯（Richards,Gideon）
马萨诸塞	众多小额购买者(名单不详)、刘易斯
印第安纳	罗伯特·考克斯(Cox,Robert)、约翰·莫里森（Morrison,John I.）、莱兹·诺贝尔（Nobel,Laz）、狄金森·怀特（White,Dickinson E.）、刘易斯

资料来源：Senate of the State of New York, *Documents*（*No. 103*）*of the Senate of the State of New York 1874*（Albany, New York: Weed, Parsons and Company Printers, 1875）, pp. 366, 372-373, 379.

（三）小额交易给土地券经纪人或小土地投机商

还有少数州主要通过小额交易方式将赠地学院土地券出售给土地券经纪人或小土地投机商，俄亥俄州是这种类型的代表。

从 1865 年 8 月 5 日到 1866 年 11 月 8 日，俄亥俄州通过 41 笔交易处理该州得到的 629 920 英亩土地券，其中只有 5 笔单笔额度在 2 万英亩以上的交易，交易伙伴都是土地券经纪人。其余 36 笔均是小额度的交易，其中绝大部分单笔交易额度在 1000 英亩以下，其交易伙伴都是小土地投机商。

第二节 各州赠地学院的创建模式

《1862 年美国赠地学院法案》规定各州议会需用出售联邦赠地资金投资利息至少建立或维持一所学院，却没有规定如何建立或维持这样一所学院。同时，由于联邦政府没有教育管理权，这就给各州是否接受并如何执行该法案留下了充分的选择空间，也必然导致各州赠地学院不可能按统一模式建立。那么，《1862 年美国赠地学院法案》通过后，各州议会有何反应？在各州议会通过接受《1862 年美国赠地学院法案》的相关法律后，各州赠地学院是以什么模式创建的呢？

一、各州议会对《1862 年美国赠地学院法案》的反应及联邦国会的回应

（一）各州议会对《1862 年美国赠地学院法案》的反应

《1862 年美国赠地学院法案》第五条第七款规定："自总统签署该法之日起两年内，只有各州议会立法明确表示接受该法案的相关规定，否则不能享受该法案之相关利益。"[①] 林肯总统 1862 年 7 月 2 日签署该法案，也就是说各州可以考虑接受该法案与否的截止日期是 1864 年 7 月 2 日。

由于该法案通过的时间正值南北战争进行之际，因此到截止日，联邦共有 35 个州，除去"南方叛变各州（共 11 个州）没有资格享受该

---

① George P. Sanger, *The Statutes at Large, Treaties and Proclamations of the United States of America from Dec. 5, 1859 to Mar. 3, 1863* (Boston, Massachusetts: Little, Brown and Company, 1863), p. 505.

法案之利益"① 外，其余24个有权获得《1862年美国赠地学院法案》规定的联邦赠地的州，有19个州议会按《1862年美国赠地学院法案》规定的截止日期接受了1862年联邦国会赠地，下表3-2-1是各州议会通过接受《1862年美国赠地学院法案》的时间表。

表3-2-1　1864年7月2日前各州接受《1862年美国赠地学院法案》时间表

州名	接受时间	州名	接受时间
康涅狄格	1862年12月24日	新罕布什尔	1863年7月9日
艾奥瓦	1862年9月11日	新泽西	1863年3月21日
堪萨斯	1863年2月3日	纽约	1863年5月5日
肯塔基	1863年1月27日	俄亥俄	1864年2月9日
缅因	1863年3月25日	宾夕法尼亚	1863年4月1日
马里兰	1864年2月17日	罗得岛	1863年1月
马萨诸塞	1863年4月18日	佛蒙特	1862年10月29日
密歇根	1863年2月15日	西弗吉尼亚	1863年10月3日
明尼苏达	1863年1月27日	威斯康星	1863年4月2日
密苏里	1863年3月10日		

资料来源：Benjamin F. Andrews, *The Land Grant of 1862 and the Land Grant Colleges* (Washington, D. C.: Government Printing Office, 1918), pp. 14, 19, 23-25, 28, 34-35, 39, 43, 50, 52-53; Bureau of Education, *General Laws Relating to Agricultural and Mechanical Land-Grant Colleges* (Washington, D. C.: Government Printing Office, 1905), pp. 40, 47.

---

① George P. Sanger, *The Statutes at Large, Treaties and Proclamations of the United States of America from Dec. 5, 1859 to Mar. 3, 1863* (Boston, Massachusetts: Little, Brown and Company, 1863), p. 505.

（二）《1862 年美国赠地学院法案修正案》及各州议会的反应

由于仍有部分北方州议会尚未接受《1862 年美国赠地学院法案》，联邦国会于 1864 年 4 月 14 日通过《1862 年美国赠地学院法案修正案》，规定："联邦任何一州或领地，只要在本修正案签署通过之日起两年内立法接受《1862 年美国赠地学院法案》的相关规定，就有资格获得联邦国会提供的相关利益。"① 这样，留给北方各州议会考虑是否接受联邦国会赠地的截止日期就从 1864 年 7 月 2 日顺延到 1866 年 4 月 14 日。到截止日期前，又有 4 个州议会立法接受 1862 年联邦国会赠地。下表 3-2-2 为 4 个州接受《1862 年美国赠地学院法案》的时间表。

表 3-2-2 1864 年 4 月 14 日到 1866 年 4 月 14 日各州接受《1862 年美国赠地学院法案》时间表

州名	接受时间	州名	接受时间
加利福尼亚	1866 年 3 月 31 日	内华达	1864—1865 年
印第安纳	1865 年 3 月 6 日	北卡罗来纳	1866 年 2 月 22 日

资料来源：Benjamin F. Andrews, *The Land Grant of 1862 and the Land Grant Colleges* (Washington, D. C.: Government Printing Office, 1918), pp. 13, 18, 32, 36.

到 1866 年 4 月 14 日，联邦 36 个州已有 23 个州先后立法接受赠地学院法案，剩下的 13 个州包括原南部邦联 10 个州、北部自由州的俄勒冈和伊利诺伊，以及忠于联邦的蓄奴州特拉华仍然没有立法接受《1862 年美国赠地学院法案》。

此时内战已经结束，已经不存在法案中所说的"南方叛变各州"，

① George P. Sanger, *Statutes at Large of the United States of America from Dec. 1863 to Dec. 1865* (Boston, Massachusetts: Little, Brown and Company, 1866), p. 47.

为了使该法案利益能够惠及联邦更多州，联邦国会于1866年7月23日再次通过赠地学院法案修正案，规定："为了使各州能够获得《1862年美国赠地学院法案》之利益，现将各州接受联邦赠地的时限延长，只要各州在本法通过之日起3年内立法明确表示接受，就可以获得联邦赠地。"① 该修正案将截止日顺延到了1869年7月23日，到截止日，除佛罗里达和弗吉尼亚州议会在1870年立法接受了《1862年美国赠地学院法案》外，其余各州议会均立法接受了《1862年美国赠地学院法案》，具体接受时间可见表3-2-3。

表3-2-3 1866年7月23日到1869年7月23日各州接受《1862年美国赠地学院法案》时间表

州名	接受时间	州名	接受时间
亚拉巴马	1867年2月13日	密西西比	1866年10月30日
阿肯色	1867年1月31日	俄勒冈	1868年10月27日
特拉华	1867年	南卡罗来纳	1868年
佐治亚	1866年12月12日	田纳西	1868年2月1日
伊利诺伊	1867年	得克萨斯	1866年11月1日
路易斯安那	1869年		

资料来源：Benjamin F. Andrews, *The Land Grant of 1862 and the Land Grant Colleges* (Washington, D. C.: Government Printing Office, 1918), pp. 11-12, 15-17, 20, 26, 41, 44, 47-48.

虽然《1862年美国赠地学院法案》在法案标题中将领地政府也包括在内，但法案正文却对其只字未提，这样领地政府如何获得1862年

① George P. Sanger, *Statutes at Large of the United States of America from Dec. 1865 to Mar. 1867* (Boston, Massachusetts: Little, Brown and Company, 1868), p. 208.

联邦国会赠地则变成一个“历史遗留”问题，而 1866 年通过的《1862 年美国赠地学院法案修正案》则彻底解决了这一问题，该修正案规定：“领地政府只要建州加入联邦，并在加入联邦后 3 年内立法接受 1862 年联邦赠地，同时在此后 5 年内至少建立一所赠地学院就能享受《1862 年美国赠地学院法案》的利益。”① 下表 3-2-4 为 1866 年 7 月 23 日以后领地政府加入联邦政府及接受《1862 年美国赠地学院法案》的时间表。

表 3-2-4 1866 年 7 月 23 日后领地政府加入联邦政府及接受《1862 年美国赠地学院法案》时间表

州名	加入联邦时间	接受时间
阿拉斯加	1959 年 1 月 3 日	—
亚利桑那	1912 年 2 月 14 日	1912 年
科罗拉多	1876 年 8 月 1 日	1879 年 1 月 27 日
夏威夷	1959 年 8 月 21 日	1961 年 7 月 8 日
爱达荷	1890 年 7 月 3 日	1891 年 1 月 23 日
蒙大拿	1889 年 11 月 8 日	1889 年 2 月 22 日
内布拉斯加	1867 年 3 月 1 日	1869 年 2 月 13 日
新墨西哥	1912 年 1 月 6 日	1910 年 6 月 20 日
北达科他	1889 年 11 月 2 日	1889 年 2 月 22 日
俄克拉荷马	1907 年 11 月 16 日	1906 年 6 月 16 日
南达科他	1889 年 11 月 2 日	1889 年 10 月 1 日
犹他	1896 年 1 月 4 日	1894 年
华盛顿	1889 年 11 月 11 日	1889 年 2 月 22 日
怀俄明	1890 年 7 月 10 日	1890 年

① George P. Sanger, *Statutes at Large of the United States of America from Dec. 1865 to Mar. 1867* (Boston, Massachusetts: Little, Brown and Company, 1868), pp. 208-209.

资料来源：Henry S. Brunner, *Land Grant Colleges and Universities 1862-1962* (Washington, D. C.: Government Printing Office, 1966), pp. 9, 11, 15-16, 25, 28, 30, 32, 36, 38, 40, 42.

1866 年制定的《1862 年美国赠地学院法案修正案》通过后，加入联邦的 14 个州主要通过两种方式接受《1862 年美国赠地学院法案》。一种方式是建州并加入联邦后，各州议会通过专项法案接受《1862 年美国赠地学院法案》，采用这种方式的州有 5 个，即亚利桑那、科罗拉多、夏威夷、爱达荷和内布拉斯加，这种方式也是 1866 年制定的《1862 年美国赠地学院法案修正案》通过前联邦所有 36 个州接受《1862 年美国赠地学院法案》的方式；另一种方式是各州议会在其州宪法中明确表示接受《1862 年美国赠地学院法案》，采用这种方式的州有 8 个，即蒙大拿、新墨西哥、北达科他、俄克拉荷马、南达科他、犹他、华盛顿和怀俄明。然而，目前尚没有史料表明阿拉斯加州议会到底是采用哪种方式接受的《1862 年美国赠地学院法案》。

由此可见，在面对联邦政府自成立以来力度最大、范围最广的高等教育赠地，各州议会的反应有所不同。新英格兰地区各州、大西洋沿岸中部各州、环五大湖地区各州、中西部各州、远西部各州的反应都非常积极，其或是在《1862 年美国赠地学院法案》规定的两年截止日期内立法接受，或是按照《1862 年美国赠地学院法案修正案》规定的截止日期内立法接受。而原南部邦联 11 个州和太平洋沿岸诸州对 1862 年联邦赠地的反应则不那么积极，在联邦国会 1864 年、1866 年两次修正案的敦促下，其才迟迟立法接受《1862 年美国赠地学院法案》。

二、赠地学院的创建模式

《1862 年美国赠地学院法案》第五条第三款规定：“各州必须在宣

布接受该法之后的 5 年内至少建立一所学院，学院讲授课程要符合该法第四条的规定。否则，联邦将停止向该州拨付土地，该州也必须将此前出售联邦赠地所获得的收入返还联邦，但该州内已经发生的联邦赠地买卖行为仍然有效。”[①] 换言之，虽然各州有权获得 1862 年联邦国会赠地，但必须承担相应义务。具体来说，在赠地学院创建过程中，各州需承担如下三项义务。第一，赠地及其出售资金的管理。“各州自选好赠地到出售赠地之前，赠地管理、保护、纳税之全部费用，以及在赠地出售所得资金的管理与分配时所发生的一切费用均由各州财政部承担。”[②] 第二，损失的赔偿。“如果由于各州自身的失误，使投资于各种股票的本金及所产生的利息流失或消失，各州要负责赔偿。”[③] 第三，提供赠地学院所需校舍。这是因为各州不得使用“出售联邦赠地收入建校舍”[④]，至多可以使用“该收入的 10％购买校址和实验农场”[⑤]。三项义务中最困难的是第三项，并且还有 5 年的时间限制。故对于各州而言，1862 年联邦国会的慷慨赠地与其说是天上掉下的馅饼，还不如说是一块烫手山芋。某些州纵然犹豫再三，最后还是接受了《1862 年美

① George P. Sanger, *The Statutes at Large, Treaties and Proclamations of the United States of America from Dec. 5, 1859 to Mar. 3, 1863* (Boston, Massachusetts: Little, Brown and Company, 1863), pp. 504-505.

② George P. Sanger, *The Statutes at Large, Treaties and Proclamations of the United States of America from Dec. 5, 1859 to Mar. 3, 1863* (Boston, Massachusetts: Little, Brown and Company, 1863), p. 504.

③ George P. Sanger, *The Statutes at Large, Treaties and Proclamations of the United States of America from Dec. 5, 1859 to Mar. 3, 1863* (Boston, Massachusetts: Little, Brown and Company, 1863), p. 504.

④ George P. Sanger, *The Statutes at Large, Treaties and Proclamations of the United States of America from Dec. 5, 1859 to Mar. 3, 1863* (Boston, Massachusetts: Little, Brown and Company, 1863), p. 504.

⑤ George P. Sanger, *The Statutes at Large, Treaties and Proclamations of the United States of America from Dec. 5, 1859 to Mar. 3, 1863* (Boston, Massachusetts: Little, Brown and Company, 1863), p. 504.

国赠地学院法案》。我们可借用伊利诺伊大学农学院院长达文波特的话描述各州的复杂心情："为了能从联邦财政部得到1美元，各州甚至愿意掏出2美元，这是人类的一种奇怪的情结，但这种情结却给我们带来了好运。"①

各州根据实际情况，分别选择了不同的赠地学院创建模式，这些模式可归纳为以下六种。在探讨1862年赠地学院创建模式之前，先来讨论一下区分各州赠地学院创建模式的标准。

（一）赠地学院创建模式的划分标准

这里所说的模式就是种类的意思，而赠地学院的创建模式就是赠地学院创建方式的种类。

要划分赠地学院的创建模式，需要明确两个变量。第一个变量是时间，即各州通过接受《1862年美国赠地学院法案》的法律的时间（以下简称为"时间A"）与各州被指定为赠地学院之院校的创建时间（以下简称为"时间B"），这里的创建时间指学院建校法或特许状的通过时间；第二个变量是类型，即各州或领地指定为本州赠地学院之院校的类型。与当今美国高等教育类型之复杂相比，19世纪中期美国高等教育类型还比较简单，大体上可分为私立教派学院、私立世俗文理学院、州立大学和农学院四类。综合运用时间和类型两个变量，便能归纳出赠地学院的六种创建模式。

（二）赠地学院的创建模式

1. 创建新的赠地学院

以时间变量为标准，如果时间A早于时间B，那么赠地学院的创建模式就是建立新的农工学院。当时，各州在运用这种模式创建赠地学院的过程中又出现了三种不同做法，第一种是由州议会出资建立赠

---

① Edward D. Eddy, Jr., *College for Our Land and Time: The Land Grant Idea in American Education*(New York: Harper & Brothers, 1957), p. 142.

地学院，这是普遍做法；第二种是州议会在出资建立赠地学院的过程中得到了私人的慷慨资助，如纽约和印第安纳；第三种做法是州议会原先指定本州已建学院（例如康涅狄格原先指定耶鲁学院、罗得岛原先指定布朗学院和北卡罗来纳原先指定北卡罗来纳大学）为赠地学院，但在实践一段时间后，又重新建立独立的农工学院。下表 3-2-5 为各州新建赠地学院的名单。

表 3-2-5 新建赠地学院诸州及学院名称

州名	时间 A	建校时校名	时间 B	现在校名
阿肯色	1867 年 1 月 31 日	阿肯色产业大学	1871 年 3 月 27 日	阿肯色大学
康涅狄格	1862 年 11 月 24 日	斯托尔农业学校	1881 年 4 月 6 日	康涅狄格大学
佛罗里达	1870 年	佛罗里达农学院	1884 年	佛罗里达大学
伊利诺伊	1867 年	伊利诺伊产业大学	1862 年 2 月 28 日	伊利诺伊大学厄巴纳-香槟分校
印第安纳	1865 年 3 月 6 日	珀杜大学	1869 年 5 月 6 日	珀杜大学
肯塔基	1863 年 1 月 27 日	肯塔基农工学院	1865 年	肯塔基大学
路易斯安那	1869 年	路易斯安那州农工学院	1873 年 4 月 7 日	路易斯安那州立大学
缅因	1863 年 3 月 25 日	缅因农工学院	1865 年 2 月 25 日	缅因大学
蒙大拿	1889 年 2 月 22 日	蒙大拿农工学院	1893 年 2 月 16 日	蒙大拿州立大学
内布拉斯加	1869 年 2 月 13 日	内布拉斯加大学	1869 年 2 月 15 日	内布拉斯加大学
内华达	1864—1865 年	内华达农工学院	1873 年 3 月 7 日	内华达大学

续表

州名	时间 A	建校时校名	时间 B	现在校名
新罕布什尔	1863 年 7 月 9 日	新罕布什尔农工学院	1866 年 6 月 7 日	新罕布什尔大学
纽约	1863 年 5 月 5 日	康奈尔大学	1865 年 4 月 27 日	康奈尔大学
北卡罗来纳	1866 年 2 月 22 日	北卡罗来纳农工学院	1887 年	北卡罗来纳州立大学
北达科他	1889 年 2 月 22 日	北达科他农学院	1890 年 3 月 22 日	北达科他州立大学
俄亥俄	1864 年 2 月 9 日	俄亥俄农工学院	1870 年 3 月 22 日	俄亥俄州立大学
罗得岛	1863 年 1 月	罗得岛农业学校	1888 年 3 月 23 日	罗得岛大学
得克萨斯	1866 年 11 月 1 日	得州农工学院	1871 年 4 月 17 日	得州农工大学
弗吉尼亚	1870 年	弗吉尼亚农工学院	1872 年 3 月 19 日	弗吉尼亚科技大学
华盛顿	1889 年 2 月 22 日	华盛顿州农科院	1890 年 3 月 28 日	华盛顿州立大学
西弗吉尼亚	1863 年 10 月 3 日	西弗吉尼亚农学院	1866 年 2 月 7 日	西弗吉尼亚大学

资料来源：Henry S. Brunner, *Land Grant Colleges and Universities 1862-1962* (Washington, D. C. : Government Printing Office, 1966), pp. 9, 11, 13, 16, 18-20, 25-27, 29-31, 34, 37, 39-41.

2. 改造私立教派学院为赠地学院

综合运用时间和类型两个变量，如果时间 A 晚于时间 B，说明该州通过接受《1862 年美国赠地学院法案》的法律后，指定为赠地学院的学院已经创建，如果所指定的学院为私立教派学院，那么该州赠地学院的创建模式则是通过改造私立教派学院而来。当时，各州具体的改造方式是将这些私立教派学院改组为州立农学院或农工学院。下表3-2-6为通过这种方式创建的赠地学院名单。

表3-2-6 改造私立教派学院为赠地学院诸州及学院名称

州名	时间A	原私立教派学院名	时间B	现在校名
亚拉巴马	1867年2月13日	东亚拉巴马男子学院	1856年	奥本大学
堪萨斯	1863年2月3日	布鲁蒙特中央学院	1858年2月9日	堪萨斯州立大学

资料来源：Henry S. Brunner, *Land Grant Colleges and Universities 1862-1962* (Washington, D. C.: Government Printing Office, 1966), p. 7; J. T. Willard, "Bluemont Central College: The Forerunner of Kansas State College," *Kansas Historical Quarterly*, (May 1945): 327.

3. 改造私立世俗文理学院为赠地学院

如果时间A晚于时间B，同时指定的赠地学院又为私立世俗文理学院，那么该州赠地学院的创建模式则是通过改造私立世俗文理学院而来。当时，各州改造的具体方式是将这些私立世俗文理学院改组为州立大学，并在其中组建农学院或农工学院。下表3-2-7为通过这种方式创建的赠地学院名单。

表3-2-7 改造私立世俗文理学院为赠地学院诸州及学院名称

州名	时间A	原私立世俗文理学院名	时间B	现在校名
加利福尼亚	1866年3月31日	加州学院	1855年4月13日	加州大学伯克利分校

续表

州名	时间 A	原私立世俗文理学院名	时间 B	现在校名
特拉华	1867 年	特拉华学院	1833 年 2 月 5 日	特拉华大学
新泽西	1863 年 3 月 21 日	罗格斯学院	1825 年	新泽西州大学 · 罗格斯大学
俄勒冈	1868 年 10 月 27 日	考维利斯学院	1858 年	俄勒冈州立大学

资料来源：Henry S. Brunner, *Land Grant Colleges and Universities 1862-1962* (Washington, D. C.: Government Printing Office, 1966), pp. 10, 12, 27, 32.

4. 改造州立大学为赠地学院

如果时间 A 晚于时间 B，同时指定的赠地学院为州立大学，那么该州赠地学院的创建模式则是通过改造州立大学而来。当时，各州具体的改造方式是在州立大学内组建农学院或工学院。下表 3-2-8 为通过这种模式创建的赠地学院名单。

表 3-2-8　改造州立大学为赠地学院诸州及学院名称

州名	时间 A	原州立大学名	时间 B	现在校名
亚利桑那	1912 年	亚利桑那大学	1885 年	亚利桑那大学
佐治亚	1866 年 12 月 12 日	佐治亚大学	1785 年 1 月 27 日	佐治亚大学
爱达荷	1891 年 1 月 23 日	爱达荷大学	1889 年 1 月 30 日	爱达荷大学
明尼苏达	1863 年 1 月 27 日	明尼苏达大学	1851 年 2 月 13 日	明尼苏达大学
密苏里	1863 年 3 月 10 日	密苏里大学	1839 年 2 月 11 日	密苏里大学

续表

州名	时间 A	原州立大学名	时间 B	现在校名
田纳西	1868 年 2 月 1 日	东田纳西大学	1807 年	田纳西大学
佛蒙特	1862 年 10 月 29 日	佛蒙特大学	1791 年 11 月 2 日	佛蒙特大学
威斯康星	1863 年 4 月 2 日	威斯康星大学	1848 年 7 月 26 日	威斯康星大学麦迪逊分校
怀俄明	1890 年	怀俄明大学	1886 年 3 月 4 日	怀俄明大学

资料来源：Henry S. Brunner, *Land Grant Colleges and Universities 1862-1962* (Washington, D. C.: Government Printing Office, 1966), pp. 9, 13, 15, 22, 24, 36, 38, 42.

5. 认定州农学院或农工学院为赠地学院

如果时间 A 晚于时间 B，同时指定的赠地学院为本州已有农学院或农工学院，那么该州赠地学院的创建模式则是通过认定州农学院或农工学院而来。当时，各州的具体做法是将出售 1862 年联邦赠地收入投资利息资助该州农学院或农工学院。下表 3-2-9 为通过这种方式创建的赠地学院名单。

表 3-2-9 认定州农学院或农工学院为赠地学院诸州及学院名称

州名	时间 A	原农学院或农工学院名	时间 B	现在校名
阿拉斯加	—	阿拉斯加农业和矿业学院	1917 年	阿拉斯加大学
科罗拉多	1879 年 1 月 27 日	科罗拉多农学院	1870 年 2 月 11 日	科罗拉多州立大学

续表

州名	时间 A	原农学院或农工学院名	时间 B	现在校名
夏威夷	1961 年 7 月 8 日	夏威夷农工学院	1907 年 3 月 25 日	夏威夷大学
艾奥瓦	1862 年 9 月 11 日	艾奥瓦农学院	1858 年 3 月 22 日	艾奥瓦州立大学
马里兰	1864 年 2 月 17 日	马里兰农学院	1856 年	马里兰大学
密歇根	1863 年 2 月 15 日	密歇根农学院	1855 年 2 月 12 日	密歇根州立大学
新墨西哥	1910 年 6 月 20 日	新墨西哥农学院	1889 年 2 月 28 日	新墨西哥州立大学
俄克拉荷马	1906 年 6 月 16 日	俄克拉荷马农工学院	1890 年 12 月 25 日	俄克拉荷马州立大学
宾夕法尼亚	1863 年 4 月 1 日	宾夕法尼亚农学院	1862 年 5 月 1 日	宾夕法尼亚州立大学
南达科他	1889 年 10 月 1 日	南达科他农学院	1881 年 2 月 21 日	南达科他州立大学
犹他	1894 年	犹他农学院	1888 年 3 月 8 日	犹他州立大学

资料来源：Henry S. Brunner, *Land Grant Colleges and Universities 1862-1962* (Washington, D. C.: Government Printing Office, 1966), pp. 8, 11, 15, 17, 20, 22, 28, 31, 33, 36, 38.

6. 创建私立赠地学院与建立新的赠地学院

以上五种赠地学院建立模式有一个共同特征，就是各州只建立一所赠地学院，从而满足《1862 年美国赠地学院法案》规定的“至少建立或维持一所学院”① 的最低要求。除此之外，还有一种赠地学院建立模式就是建立两所赠地学院，这样的州有三个。

这三个州赠地学院的创建模式可以分为以下两类。

第一类以马萨诸塞为代表，它创建赠地学院的模式可以概括为创建私立赠地学院与建立新的赠地学院的双重变奏。所谓创建私立赠地学院而不是改造私立世俗文理学院模式是指，马萨诸塞州议会将1862年联邦国会赠地出售资金投资利息的三分之一划拨给此前已建立的私立麻省理工学院，但并未将其改造为州立大学。所谓建立新的赠地学院是指，马萨诸塞州议会运用剩余的三分之二资金创建新的麻省农学院。这两种模式是同步进行的，此谓双重变奏。

第二类以密西西比和南卡罗来纳为代表，它们完全是以创建新的赠地学院模式创建它们的赠地学院，只不过它们将1862年联邦国会赠地出售资金投资利息分成两份，先后创建两所赠地学院而已。下表3-2-10为通过以上两类模式创建的赠地学院名单。

表3-2-10 创建私立赠地学院与建立新的赠地学院诸州及学院名称

州名	原学校名称	成为赠地学院后的名称	现在校名
马萨诸塞	麻省理工学院	麻省理工学院	麻省理工学院
	—	麻省农学院	马萨诸塞大学
密西西比	—	阿尔考恩大学	阿尔考恩农工大学
	—	密西西比农工学院	密西西比州立大学
南卡罗来纳	—	克莱门森学院	克莱门森农学院
	—	南卡罗来纳有色人种师范、工业和农业学院	南卡罗来纳州立大学

① George P. Sanger, *The Statutes at Large, Treaties and Proclamations of the United States of America from Dec. 5, 1859 to Mar. 3, 1863* (Boston, Massachusetts: Little, Brown and Company, 1863), p. 504.

资料来源：Henry S. Brunner, *Land Grant Colleges and Universities 1862-1962* (Washington, D. C.: Government Printing Office, 1966), pp. 21, 23, 35.

第三节 《1862 年美国赠地学院法案》的后续法案

《1862 年美国赠地学院法案》通过之时，正值美国南北战争之际，当时各州所面临的主要任务就是战争和战备物资的供应。与此同时，在美国，《1862 年美国赠地学院法案》所要求教授的农业科学、工业领域和军事领域的知识尚未得到充分的发展，在这些知识领域中受过专业训练的教师奇缺。此外，在学院中讲授这些“实用”知识的教师不仅遭到教授古典学科教师的冷眼，就连他们自己也怀疑自己所讲授科目的价值。因此，虽然《1862 年美国赠地学院法案》在联邦国会和联邦政府中取得了胜利，但要想将这种胜利转化为普遍的现实，却不是朝夕之间就可以完成的。诚如赠地学院研究专家爱德华·艾迪（Eddy, Edward D, Jr.）所言：“《1862 年美国赠地学院法案》掀起了一场教育革命，但这场教育革命却不是朝夕之间可以完成的，它将用一个世纪的时间去完成。”① 而且，《1862 年美国赠地学院法案》本身存在的一些缺陷（例如为各州设定的期限过短，条款内容的宽泛性，以及法律规定提供的赠地款只解决了创办赠地学院的启动资金的问题等），也为它的进一步实施设置了大量的障碍。为此，美国国会随后颁布了一系列的后续法律以保证该法的实施，进而保障赠地学院理念的延续和赠地学院的顺利运行。《1862 年美国赠地学院法案》的后续法律主要包括《1887 年农业实验站法案》《1890 年赠地学院法案》《1907 年尼尔森修

---

① Edward D. Eddy, Jr., *College for Our Land and Time: The Land Grant Idea in American Education* (New York: Harper & Brothers, 1957), p. 46.

正案》《1914 年史密斯-利弗法案》和《1935 年班克黑德-琼斯法案》。

一、《1887 年农业实验站法案》

（一）《1887 年农业实验站法案》通过的历史背景

19 世纪六七十年代是赠地学院发展史上最艰难的时期，对于农业学科发展来说更是如此，在这时候还没有系统的农业科学知识，农业科学知识的获得和传授只是通过各州建立的实验站来进行。据统计，截止到 1887 年联邦农业实验站法案通过，“亚拉巴马、印第安纳、肯塔基、路易斯安那、缅因、马萨诸塞、明尼苏达、内布拉斯加、新罕布什尔、新泽西、纽约、北卡罗来纳、俄亥俄、田纳西、佛蒙特和威斯康星等州已经建立了农业实验站”①。但是，这些早期的实验站由于缺乏足够的训练有素的人员，以及由于州资助的特色，故只能解决当地人民面临的一些眼前问题，而无心也无力解决一些全国范围内的长远问题。当时美国农业面临的一个重大难题就是地力的破坏及农场的废弃，而这些问题早在 1858 年赠地学院法案在国会辩论阶段莫雷尔就已经提到了。

在这种情况下，1882 年、1883 年美国农业部长两度召集赠地学院代表到华盛顿开会，而会议的主要议题就是为农业实验站争取联邦资助。从 1882 年到 1887 年，各种关于资助农业实验站的议案如雪片般飞入联邦国会。1887 年，来自密苏里州的国会众议员威廉·海奇（Hatch，William H.）率先在国会众议院提交农业实验站议案，海奇是众议院农业委员会主席，更重要的是海奇拥有出色的辩才，在海奇的努力下，1887 年农业实验站法案在国会众议院顺利通过。随后，来自

---

① Edward D. Eddy，Jr.，*College for Our Land and Time：The Land Grant Idea in American Education*（New York：Harper & Brothers，1957），p. 94.

密西西比州的国会参议员詹姆斯·乔治（George,James Z.）在国会参议院提交该议案，并促使其在国会参议院通过，民主党总统克利夫兰随即签署了该法案。农业实验站法案的通过，标志着“对国家信仰科学是解决困扰农民的所有问题手段的认可”①。

（二）《1887年农业实验站法案》的主要内容

1. 法案的主要目标

该法案在第一条中明确指出其主要目标就是在各州赠地学院指导下建立农业实验站，即“为了获得，以及向全美人民普及农业方面的实用知识，同时也为了促进农业科学理论与应用的探索和实验，将在各州、各领地已建赠地学院，或在《1862年美国赠地学院法案》及后续法案资助下即将建立的赠地学院领导下，建立农业实验站”②。同时，对于那些存在两所获得1862年联邦赠地资助学院的州，该法案第一条还规定了联邦资助的分配方式，“如果任何一州或领地有两所或即将建立两所赠地学院，本法案所提供的联邦资助将在这两所学院中平分。如果该州议会有其他分配方式，以该州议会分配方式为准”③。

2. 农业实验站的义务

该法案第二条明确指出农业实验站要完成哪些目标、承担哪些义务，“农业实验站要就如下领域的课题，即动植物生理学、影响动植物生长的重大疾病及治疗方法、重要植物不同生长阶段时的化学成分构成、不同植物交替种植的比较价值、新植物或树种的适应力、土壤和水的分析、人造肥料和自然肥料的化学成分及其对不同植物的效果、

---

① Edward D. Eddy, Jr., *College for Our Land and Time: The Land Grant Idea in American Education* (New York: Harper & Brothers, 1957), p. 98.

② Bureau of Education, *General Laws Relating to Agricultural and Mechanical Land-Grant Colleges* (Washington, D. C.: Government Printing Office, 1905), p. 2.

③ Bureau of Education, *General Laws Relating to Agricultural and Mechanical Land-Grant Colleges* (Washington, D. C.: Government Printing Office, 1905), pp. 2-3.

各种不同牧草的适应力及价值、各种食物的成分及对家畜的可消化性、黄油和奶酪生产中涉及的科学与经济问题、对美国农业有直接关系的各种问题，以及是否适应各州或各领地的需要与状况等各种问题，开展原创性科学研究或实验证明”①。

3. 联邦农业部长与农业实验站的义务

该法案第三条分别规定了联邦政府农业部长和实验站各自的义务。为了使各实验站的研究方法和研究结果在格式上保持统一，联邦政府农业部长有义务“为各实验站的研究和实验结果提供可行的标准格式，并随时要求各实验站研究他认为的最重要的研究领域”②。农业实验站不仅在研究内容上要受到该法案的规定，而且在其运转和成果交流上也要受到该法案的约束。“各实验站必须在每年的 2 月 1 日或此之前，向所在州或领地的州长或总督提交一份实验站运行的全面详细的报告，同时还要附上实验站在该年的财政收支情况。此外，该实验站还要将此报告的副本分别寄给其他各实验站、联邦政府农业部长和财政部长各一份。”③

4. 向社会定期公布建设情况

该法案第四条要求农业实验站分季度定期向当地报纸和农民公布实验站研究进展情况。“各实验站至少每季度出版一份该实验站建设情况的公告或报告，并且送给该州或领地所有报纸一份；同时，在实验站财力许可的情况下，如果该州或领地的农民前来索要报告，也提供

① Bureau of Education, *General Laws Relating to Agricultural and Mechanical Land-Grant Colleges* (Washington, D. C. : Government Printing Office, 1905), p. 3.

② Bureau of Education, *General Laws Relating to Agricultural and Mechanical Land-Grant Colleges* (Washington, D. C. : Government Printing Office, 1905), p. 3.

③ Bureau of Education, *General Laws Relating to Agricultural and Mechanical Land-Grant Colleges* (Washington, D. C. : Government Printing Office, 1905), p. 3.

给他们一份。”① 为了减少实验站传递年度报告、季度报告的财政负担，该法案还从免除邮费方面给予支持。“实验站年度报告、季度报告均通过邮寄方式传递。为此，联邦邮政部长要及时制定法规免除其邮费。”②

5. 联邦政府拨款金额及支出项目的规定

为了充分支持农业实验站的工作，联邦国会向各州实验站拨款 15 000 美元，拨款的方式为每年分四次分期支付。“为了提供实验站开展实验研究、出版年度报告和季度报告所必需的费用，联邦国会将向各州或领地拨款 15 000 美元。该资助由国会每年的财政拨款拨付，拨款将分别在每年的 1 月 1 日、4 月 1 日、7 月 1 日和 10 月 1 日分四次等额拨付给赠地学院财务处长或赠地学院董事会所任命的其他官员，1887 年 10 月 1 日将划拨第一笔款项。”③

《1862 年美国赠地学院法案》规定，联邦赠地出售所得不得用于修建校舍，但《1887 年农业实验站法案》就取消了这方面的规定。“任何一所实验站可使用第一年拨款的五分之一用于修建、扩建、维修开展实验站各项工作必需的房屋。此后，每年拨款的 5%都可以用于该项目的花费。”④

6. 尚未花费的联邦拨款计入下一年

相比《1862 年美国赠地学院法案》，《1887 年农业实验站法案》要慷慨得多，这样就可能出现联邦国会每年拨给农业实验站的资金超出其实际所需的情况，对于超出的这部分拨款，法案规定将其计入下一

① Bureau of Education, *General Laws Relating to Agricultural and Mechanical Land-Grant Colleges* (Washington, D. C. : Government Printing Office, 1905), p. 3.

② Bureau of Education, *General Laws Relating to Agricultural and Mechanical Land-Grant Colleges* (Washington, D. C. : Government Printing Office, 1905), p. 3.

③ Bureau of Education, *General Laws Relating to Agricultural and Mechanical Land-Grant Colleges* (Washington, D. C. : Government Printing Office, 1905), p. 3.

④ Bureau of Education, *General Laws Relating to Agricultural and Mechanical Land-Grant Colleges* (Washington, D. C. : Government Printing Office, 1905), p. 3.

年的联邦拨款中。也就是说，“从实验站提交给联邦财政部长的年度收支报告中，如果财政部长发现上一年的联邦拨款没有用完，下一年联邦国会给该实验站的拨款中将扣除没有用完的这部分，从而使联邦国会每年拨给实验站的资金总额不超过各个实验站实际运转与维持所必需的金额”①。这样既能保证实验站的正常运转，也不会导致联邦国会资金流失。

7. 重新界定赠地学院是州的学院

联邦宪法第十条修正案规定联邦政府是没有教育权的，《1862 年美国赠地学院法案》通过过程中就曾有国会议员质疑该法案违反联邦宪法相关修正案的规定，而许多人也将赠地学院称为联邦的学院。1887 年联邦政府又通过农业实验站法案，而农业实验站又与 1862 年赠地学院联系到一起，这无形中又给许多人有关联邦政府干预各州教育的口实。为了澄清联邦国会没有干预各州教育的企图，《1887 年农业实验站法案》第七条明确指出：“该法案中的任何内容不得解释为削弱或颠覆赠地学院与所在各州或领地之间的法律关系。”②

8. 联邦资助只能拨给独立的农业实验站

《1862 年美国赠地学院法案》通过之后，各州对所得联邦赠地的处理方式是不同的，按照爱德华·艾迪的观点，各州的处理方式可以分为三种：第一种是建立独立的赠地学院，第二种是拨给已有的州立大学，第三种是拨给本州的教派学院。针对后两种情况，该法案第八条规定：“在《1862 年美国赠地学院法案》的资助下，如果某些州在本质上并非农业性质的大学、学院或机构中建立农业系或农业实验站，这些州需要建立一所独立的农业学院或学校，并要建设附属的农业实验

① Bureau of Education, *General Laws Relating to Agricultural and Mechanical Land-Grant Colleges* (Washington, D. C.: Government Printing Office, 1905), p. 3.

② Bureau of Education, *General Laws Relating to Agricultural and Mechanical Land-Grant Colleges* (Washington, D. C.: Government Printing Office, 1905), p. 3.

站或农场，这些州议会要根据本法的规定将联邦拨款全部或部分拨给这些独立的农业学院或学校。州议会不得根据明显或隐含的法令逃避这项义务。”①

根据爱德华·艾迪的统计，截至《1887年农业实验站法案》通过，亚拉巴马等16个州已经建立了农业实验站。如果某些州既有独立的农工赠地学院，又有独立的农业实验站，则该法案规定联邦资助应该拨给独立的农业实验站。也就是说，“如果某些州已有学院符合本法要求能够获得联邦资助，同时也拥有依法建立的独立于这些学院的农业实验站，这些州须将联邦资助拨给独立的农业实验站”②。

9. 各州需明确同意方能获得联邦之资助

与《1862年美国赠地学院法案》相同，各州只有明确表示同意接受联邦资助，各州农业实验站才能获得联邦政府《1887年农业实验站法案》的资助，正如该法案第九条规定：“本法所批准之联邦国会的拨款，只有经过各州或领地议会明确接受该拨款后，方能（为各州农业实验站）获得。”③

10. 联邦国会而非联邦财政部为拨款方

《1887年农业实验站法案》最后一条是规定其适用范围，就是为资助农业实验站每年分期等额拨付一定的专项资金。“本法案不得解释为要求联邦政府从财政部为本法案所提各州或机构继续提供其他拨款，但联邦国会有权随时修订、停止、废除该法案部分及全部内容。”④

---

① Bureau of Education, *General Laws Relating to Agricultural and Mechanical Land-Grant Colleges* (Washington, D. C.: Government Printing Office, 1905), pp. 3-4.

② Bureau of Education, *General Laws Relating to Agricultural and Mechanical Land-Grant Colleges* (Washington, D. C.: Government Printing Office, 1905), p. 3.

③ Bureau of Education, *General Laws Relating to Agricultural and Mechanical Land-Grant Colleges* (Washington, D. C.: Government Printing Office, 1905), p. 4.

④ Bureau of Education, *General Laws Relating to Agricultural and Mechanical Land-Grant Colleges* (Washington, D. C.: Government Printing Office, 1905), p. 4.

《1862年美国赠地学院法案》通过的25年后，联邦政府终于承认了赠地学院的价值。随着《1887年农业实验站法案》的通过，联邦政府与赠地学院进入了一个全新的系统合作时期。

二、《1890年赠地学院法案》

1862年，在推动赠地学院法案通过后，莫雷尔并没有放弃对赠地学院的关注。1872年，莫雷尔又向国会众议院提交了一份议案，要求联邦政府进一步向赠地学院拨款，该议案在1873年以失败告终。据艾迪统计，“从1872年到1890年，期间只有6年莫雷尔没有向联邦国会提交进一步向赠地学院拨款的议案”①。莫雷尔对赠地学院的执着信念不仅值得尊敬，也是令人惊奇的。在他的不懈努力下，在全国农民组织格兰奇（National Grange）的支持下，以及赠地学院本身逐渐赢得公众认可的情况下，1890年8月30日，本杰明·哈里森（Harrison, Benjamin）总统签署通过了赠地学院法案。

（一）《1890年赠地学院法案》的主要内容

1. 为赠地学院追加联邦拨款

赠地学院自19世纪60年代成立之日起的20多年时间，联邦政府只在1862年法案通过后给予各州一次土地资助，赠地学院在19世纪60—70年代一直处于挣扎之中，其中一个原因就是办学资金不足。联邦政府在《1887年农业实验站法案》中给赠地学院第二次拨款，但此次拨款主要是给农业实验站的专项资金，赠地学院本身的财政状况没有得到根本的改善。1890年第二个赠地学院法案的通过，极大地解决了困扰赠地学院多年的财政问题。

---

① Edward D. Eddy, Jr., *College for Our Land and Time: The Land Grant Idea in American Education* (New York: Harper & Brothers, 1957), p. 101.

该法案第一条明确规定了联邦政府对各赠地学院的资助力度和年限、资助用途及获得资助的条件。

在资助力度和年限上，该条规定："由联邦政府财政部出资，1890 年 6 月 30 日之前向在《1862 年美国赠地学院法案》规定下各州或领地建立的农工学院拨款 15 000 美元，并在未来 10 年每年的拨款在前一年基础上追加 1000 美元，直到年度拨款额达到 25 000 美元。"①

在资助用途上，该条规定："所资助资金只能用于传授农业、工业、英语、数学、物理、自然科学、经济学知识及其在生活中方方面面的应用。"②

在获得资助的条件上，该条规定："如果任何一州或领地所建赠地学院在入学标准上存在种族歧视问题，该学院将不能获得本法规定的联邦资助，但如果这些州或领地为白人和有色人种分别建立赠地学院，则符合本法的规定，联邦资助将在白人赠地学院和有色人种赠地学院间平均分配。"③

2. 由谁拨款、何时拨款及拨给谁

该法案第二条中明确规定了联邦资金由谁拨付、什么时候拨付及拨付给谁的问题，该条规定："在每年 7 月 31 日或此之前，在联邦内政部长批准后，由联邦财政部长从财政部将每年资助赠地学院的拨款拨付给各州或领地的财政部长或州法律所指定的接收人，而州或领地的财政部长或接收人即刻将联邦资助金转交给赠地学院董事会财务手中。"④

---

① Bureau of Education, *General Laws Relating to Agricultural and Mechanical Land-Grant Colleges* (Washington, D. C.: Government Printing Office, 1905), p. 4.

② Bureau of Education, *General Laws Relating to Agricultural and Mechanical Land-Grant Colleges* (Washington, D. C.: Government Printing Office, 1905), p. 4.

③ Bureau of Education, *General Laws Relating to Agricultural and Mechanical Land-Grant Colleges* (Washington, D. C.: Government Printing Office, 1905), p. 4.

④ Bureau of Education, *General Laws Relating to Agricultural and Mechanical Land-Grant Colleges* (Washington, D. C.: Government Printing Office, 1905), p. 4.

此外，该条还规定了受资助人的义务，要求“在每年 9 月 1 日或此之前，赠地学院董事会财务要向联邦政府财政部长和内政部长详细报告联邦资助的年度使用情况”①。

3. 赠地学院院长的义务、资金的用途及损失赔偿

该法案第三条中详细规定了赠地学院院长的义务、资金的用途及损失赔偿等问题。

在赠地学院院长义务方面，该条规定：“赠地学院院长每年须向联邦政府内政部长与农业部长提交一份年度报告，报告要包括该学院在本年度的各种状况，如财政收支的统计数据、图书馆馆藏量、师生人数、农业实验站开展实验的情况、实验站的年度收支及其他他认为有用的经济和产业统计数据。同时，要向联邦所有其他赠地学院免费提供一份该报告副本。”②

在资金的用途上，与《1862 年美国赠地学院法案》的规定相同，该法案同样禁止联邦资助“直接或间接、有意或无意用于购买、建设、保持和维修学院楼宇”③。

州或领地法律指定的联邦资助的接收人如果在资金管理上由于疏忽等原因导致资金流失或消失，则必须由所在州或领地负责赔偿，否则“将停止向该州或领地继续拨付联邦资助”④。

4. 联邦政府内政部长的义务

该法案第四条和第五条详细规定了联邦政府内政部长的义务。第

① Bureau of Education, *General Laws Relating to Agricultural and Mechanical Land-Grant Colleges* (Washington, D. C.: Government Printing Office, 1905), p. 4.

② Bureau of Education, *General Laws Relating to Agricultural and Mechanical Land-Grant Colleges* (Washington, D. C.: Government Printing Office, 1905), p. 5.

③ Bureau of Education, *General Laws Relating to Agricultural and Mechanical Land-Grant Colleges* (Washington, D. C.: Government Printing Office, 1905), p. 5.

④ Bureau of Education, *General Laws Relating to Agricultural and Mechanical Land-Grant Colleges* (Washington, D. C.: Government Printing Office, 1905), p. 5.

四条中规定："本法通过之后，在每年 7 月 1 日或此之前，内政部长将确认并向财政部长证明各州或领地是否有资格接受本法案规定的联邦年度资助及资助的数额。如果内政部长拒绝为某些州或领地提供证明，那么他要向该赠地学院院长说明情况并陈述理由，所涉拨款金额暂存于财政部至下届国会闭会……如果下届国会没有要求将该金额拨款拨给该州或领地，则此部分资金归还财政部。"①

此外，第五条中规定："内政部长每年要向联邦国会提交年度报告，报告联邦资金在所有州或领地的分配情况，以及是否停止向某些州或领地提供联邦资助，如果停止资助，其原因是什么……"②

（二）《1890 年赠地学院法案》的主要特征

相比较《1862 年美国赠地学院法案》与《1887 年农业实验站法案》，《1890 年赠地学院法案》表现出如下几个特征。

1. "隔离但平等"式的黑人受教育权得到保障

1865 年，联邦国会通过宪法第十三条修正案，该修正案规定："在合众国境内受合众国管辖的任何地方，奴隶制和强制劳役都不得存在，但作为对于依法判罪的人的犯罪的惩罚除外。"③ 1869 年，联邦国会通过宪法第十五条修正案，该修正案规定："合众国公民的选举权，不得因种族、肤色或以前是奴隶而被合众国或任何一州加以拒绝或限制。"④两条修正案不仅废除了奴隶制，而且赋予黑人选举权。

由于南部白人长期处于统治地位，解放后的黑人也没有享受到平等的受教育权，在《1862 年美国赠地学院法案》规定下成立的南方赠

---

① Bureau of Education, *General Laws Relating to Agricultural and Mechanical Land-Grant Colleges* (Washington, D. C. : Government Printing Office, 1905), p. 5.

② Bureau of Education, *General Laws Relating to Agricultural and Mechanical Land-Grant Colleges* (Washington, D. C. : Government Printing Office, 1905), p. 5.

③ 刘绪贻、李世洞主编《美国研究词典》，中国社会科学出版社，2002，第 1171 页。

④ 刘绪贻、李世洞主编《美国研究词典》，中国社会科学出版社，2002，第 1172 页。

地学院也没有为黑人提供受教育的机会。《1890 年赠地学院法案》的通过，要求南部诸州或者将其赠地学院向黑人开放，或者为黑人单独组建赠地学院，并要求南部诸州“要将本法所规定的联邦资助在黑人赠地学院和白人赠地学院之间平等分配”①。这条规定可以说是 1896 年普莱西诉弗格森案所确立的“隔离但平等”原则的起源。

在《1890 年赠地学院法案》的这条规定下，各州采取不同的方式满足该法案的规定，“其中 5 个州将现有的州立黑人教育机构指定为黑人赠地学院，6 个州建立了新的州立黑人赠地学院，还有 6 个州或是指定现有私立学院为黑人赠地学院或是接管现有学院”②。由于《1890 年赠地学院法案》给黑人高等教育带来了重大影响，因而学术界也有学者将其称为《黑人赠地学院法案》。

2. 时间长、力度大的联邦资助

在《1890 年赠地学院法案》通过之前，联邦政府只在《1862 年美国赠地学院法案》与《1887 年农业实验站法案》中给予赠地学院一定的支持。在资助方式上，两次都是一次性付清全部捐赠；在资助形式上，1862 年是公共土地实物捐赠，1887 年是现金资助。由于联邦各州只能使用赠地收入的投资利息，因而其收入是不稳定的。而《1890 年赠地学院法案》则是一次规模大、覆盖面广、持续时间长、资助力度大的联邦资助。

3. 对学院讲授内容的严格规定

《1890 年赠地学院法案》对资金用途做了严格规定，即所资助资金只能用于传授农业、工业、英语、数学、物理、自然科学、经济学知识及其在生活中方方面面的应用，这要比《1862 年美国赠地学院法案》

---

① Bureau of Education, *General Laws Relating to Agricultural and Mechanical Land-Grant Colleges* (Washington, D. C.: Government Printing Office, 1905), p. 4.

② Edward D. Eddy, Jr., *College for Our Land and Time: The Land Grant Idea in American Education* (New York: Harper & Brothers, 1957), p. 103.

的规定严格得多。这样做主要是为了获得全国农民组织——格兰奇的支持，因为“格兰奇非常担忧这笔用于资助赠地学院农业教育的巨款会被挪用到其他方面”①。

下表3-3-1为1890—1899年联邦各州通过《1862年美国赠地学院法案》所得与《1890年赠地学院法案》所得统计表。

表3-3-1 1890—1899年联邦各州通过《1862年美国赠地学院法案》所得与《1890年赠地学院法案》所得 （单位：美元）

年份	《1862年美国赠地学院法案》所得	《1890年赠地学院法案》所得
1890	643000	660000
1891	449000	704000
1892	467000	782000
1893	633000	864000
1894	581000	912000
1895	506000	960000
1896	618000	1008000
1897	599000	1056000
1898	595000	1104000
1899	618000	1152000

资料来源：Henry S. Brunner, *Land Grant Colleges and Universities 1862-1962* (Washington, D. C. : Government Printing Office, 1966), p. 5.

4. 联邦政府影响力的凸显

与《1862年美国赠地学院法案》相比，《1890年赠地学院法案》

---

① Edward D. Eddy, Jr. , *College for Our Land and Time : The Land Grant Idea in American Education* (New York: Harper & Brothers, 1957), p. 101.

凸显了联邦政府（这里是在狭义上使用政府的概念，即指政府行政部门）对各州教育的影响力，尤其是扩大了联邦政府内政部长和财政部长的权力。而在《1862年美国赠地学院法案》中，联邦政府内政部长的权力仅仅是在联邦国会授权下，为那些没有公共土地的州签署等额土地券而已，而联邦政府其他官员则完全没有权力份额。

《1890年赠地学院法案》是赠地学院发展史上的一座里程碑，它不仅使赠地学院的利益惠及黑人群体，也使赠地学院的发展获得了稳定的财政来源，从而走上了稳定发展的道路。

三、《1907年尼尔森修正案》

1907年，在向联邦农业部拨款的修正案中，来自明尼苏达州的国会参议员克努特·尼尔森（Nelson, Knute）提议在修正案中加入向赠地学院拨款的条款，尼尔森的提议得到国会认可，并于1907年3月4日随着农业部拨款修正案的通过而最终通过。《1907年尼尔森修正案》主要由以下两方面内容组成。

（一）逐年递增拨款

《1907年尼尔森修正案》规定联邦以现金资助方式资助赠地学院，该法案规定："为了更完全更彻底地资助已经建立的或即将建立的赠地学院，联邦财政部需在1908年6月30日前向各州或领地拨款5000美元，并在此后连续4年中，财政部将在前一年拨款金额基础上每年再向各州或领地追加5000美元，直到每年拨款达到25 000美元。"①

（二）培养中学农工学科教师

《1907年尼尔森修正案》要求："各赠地学院可使用本修正案拨给

---

① Henry S. Brunner, *Land Grant Colleges and Universities 1862-1962* (Washington, D.C.: Government Printing Office, 1966), p. 61.

各州之资金开设专门课程，以培养能讲授农业和工业学科课程的教师。”[①] 那么，该修正案要求各赠地学院开设专门课程培养的农工学科教师是为谁培养的呢？对于这个问题，艾迪经研究指出，这是为农工课程进入中学而培养的教师，“农业课程进入中学，导致中学需要大量经过农业教育培训的教师，《1907 年尼尔森修正案》则是对这种需求的回应”[②]。同时，要求赠地学院培养中学农工学科教师也是《1907 年尼尔森修正案》不同于以往赠地学院法案的独特之处。

四、《1914 年史密斯-利弗法案》

自赠地学院建立以来，如果算上《1862 年美国赠地学院法案》，联邦政府已经连续 4 次向赠地学院提供联邦财政资助。从大学职能角度来看，《1862 年美国赠地学院法案》《1890 年赠地学院法案》及《1907 年尼尔森修正案》主要是资助赠地学院教学职能的实现；《1887 年农业实验站法案》主要是资助赠地学院科研职能的实现；而《1914 年史密斯-利弗法案》则是资助赠地学院社会服务职能的实现。早在《1914 年史密斯-利弗法案》通过之前，各州赠地学院就通过各种推广方式开展其各自的社会服务职能，但这些社会服务职能的实现都是自发的、无组织的，而《1914 年史密斯-利弗法案》就是要将赠地学院已有的农业知识推广服务进一步组织化和系统化，并“进一步消除各赠地学院、联邦农业部和政府其他机构在农业推广上所做的重复工作”[③]。

---

① Henry S. Brunner, *Land Grant Colleges and Universities 1862-1962* (Washington, D. C. : Government Printing Office, 1966), p. 62.

② Edward D. Eddy, Jr. , *College for Our Land and Time : The Land Grant Idea in American Education* (New York: Harper & Brothers, 1957), p. 120.

③ Edward D. Eddy, Jr. , *College for Our Land and Time : The Land Grant Idea in American Education* (New York: Harper & Brothers, 1957), p. 142.

(一)《1914年史密斯-利弗法案》的主要内容

1. 联邦农业部出面组织各赠地学院的农业推广工作

《1914年史密斯-利弗法案》在第一条中就明确地指出，该法案“为了帮助美国人民普及农业和家政学方面的实用知识，并鼓励美国人民运用这些实用知识，将在联邦农业部协调组织下会同各州赠地学院开展农业推广工作”①。对于那些拥有两所或两所以上赠地学院的州，则由“各州议会制定规则，赠地学院直接负责管理该法案所拨联邦资金”②。

2. 对农业合作推广对象和推广方式的规定

《1914年史密斯-利弗法案》第二条明确规定了农业合作推广工作的对象和推广方式。在推广对象上，该法案规定：“向那些无法来赠地学院学习或居住地不在赠地学院所在地的居民传播农业和家政学方面的知识。”③ 在推广方式上，该法案规定：“农业合作推广工作将通过现场演示、发放小册子或其他方式实施，具体实施方式由联邦农业部长和各州赠地学院具体协商而定。”④《1914年史密斯-利弗法案》对农业合作推广工作对象和方式的规定实际上是对赠地学院现行的农业推广对象和方式在法律上的肯定。

---

① Bureau of Education, *Federal Legislation, Regulations, and Rulings Affecting Cooperative Extension Work in Agriculture and Home Economics* (Washington, D. C.: United States Department of Agriculture, 1937), p. 6.

② Bureau of Education, *Federal Legislation, Regulations, and Rulings Affecting Cooperative Extension Work in Agriculture and Home Economics* (Washington, D. C.: United States Department of Agriculture, 1937), p. 6.

③ Bureau of Education, *Federal Legislation, Regulations, and Rulings Affecting Cooperative Extension Work in Agriculture and Home Economics* (Washington, D. C.: United States Department of Agriculture, 1937), p. 7.

④ Bureau of Education, *Federal Legislation, Regulations, and Rulings Affecting Cooperative Extension Work in Agriculture and Home Economics* (Washington, D. C.: United States Department of Agriculture, 1937), p. 7.

3. 联邦国会拨款方式、拨款金额及拨款条件

《1914 年史密斯-利弗法案》第三条详细规定了联邦国会向各州赠地学院的拨款方式、拨款金额及各州获得拨款的条件。

在拨款方式上，此次联邦拨款分为永久性的固定金额拨款、阶段性的追加金额拨款、等额拨款和比例拨款四种方式，并且四种方式嵌套运用。在这里，所谓的永久性的固定金额拨款是指在该法通过后，联邦国会每年都从联邦财政部向各州拨付的定额资金。所谓的阶段性的追加金额拨款是指在该法通过后的一段时间内，联邦国会每年将在前一年的基础上向各州追加一定金额的拨款，《1890 年赠地学院法案》中所使用的拨款方式就是这种阶段性的追加金额拨款。所谓等额拨款是指以州为单位，不论人口多少，均获得相等金额的联邦拨款，而与之对应的就是比例拨款。《1914 年史密斯-利弗法案》中的比例拨款所依据的比例是联邦政府下一次人口普查所显示的各州农业人口占全国农业人口的比例，比例拨款在《1862 年美国赠地学院法案》中运用过，只不过所依据的比例是各州在联邦国会两院中的议员数量。

在拨款金额上，该法规定："从此以后，每年联邦国会从联邦财政部向各州拨款 48 万美元，即每年向各州拨款 1 万美元。在各州获得联邦国会第一笔拨款后的下一财年，联邦国会从财政部再向各州追加拨款 60 万美元。从各州获得联邦国会 60 万美元拨款的下一财年起的 7 年间，联邦国会每年再从财政部向各州追加较上一财年拨款多 50 万美元的拨款。在这 7 年的阶段性的追加金额拨款之后，联邦国会在每年向各州拨款 48 万美元基础之上，将永久性地每年向各州共追加拨款 410 万美元。"① 由此可见，与此前联邦国会向赠地学院的拨款相比，此次拨款不仅金额大，而且持续时间长。

---

① Bureau of Education, *Federal Legislation , Regulations , and Rulings Affecting Cooperative Extension Work in Agriculture and Home Economics* (Washington, D. C. : United States Department of Agriculture, 1937), p. 7.

在获得联邦国会如此大规模拨款的情况下，各州要具备三个条件。第一个条件就是各州议会必须明确表示接受《1914年史密斯-利弗法案》的规定和相关资助，这个条件是之前所有赠地学院法案都规定的，是由于美国联邦政府没有管辖各州教育事务而制定的条件。第二个条件是："各赠地学院每财年在获得此法案提供的联邦国会资助之前，各学院负责人及联邦农业部长所指派之人须提交将要展开的农业合作推广工作计划。"① 第三个条件是："每年联邦国会在追加拨款之前，各州议会或各州内部各县、各学院、各地方当局或个人须提供与联邦国会追加拨款相等的金额，否则各州将无法得到联邦国会提供的追加拨款。"② 第三个条件是《1914年史密斯-利弗法案》的一项发明，即各州要想得到联邦国会促进教育的拨款，各州就要承担起促进教育的责任，也就是提供与联邦资助等额的配套资金。

4. 联邦政府财政部长、农业部长与州财政部长的义务

该法案第四条规定了联邦政府财政部长、农业部长与各州财政部长或相关负责人在该法案实施过程中应该承担的义务，即"在联邦农业部长担保下，每年1月1日和7月1日，联邦政府财政部长从财政部分两次向各州财政部长或州法律所指定的负责人拨付资金，每次拨付各州应得联邦资金的50%"③。同时，该法案第六条规定了联邦农业部长每年要负责考察各学院获得联邦农业合作推广资金的资格，并定期

---

① Bureau of Education, *Federal Legislation, Regulations, and Rulings Affecting Cooperative Extension Work in Agriculture and Home Economics* (Washington, D. C.: United States Department of Agriculture, 1937), p. 7.

② Bureau of Education, *Federal Legislation, Regulations, and Rulings Affecting Cooperative Extension Work in Agriculture and Home Economics* (Washington, D. C.: United States Department of Agriculture, 1937), p. 7.

③ Bureau of Education, *Federal Legislation, Regulations, and Rulings Affecting Cooperative Extension Work in Agriculture and Home Economics* (Washington, D. C.: United States Department of Agriculture, 1937), p. 7.

向财政部长确认，即“联邦农业部长在该法案通过后每年的7月1日或此之前，向联邦财政部长确认各州是否有资格继续接受本法规定的联邦农业合作推广资金，以及各州可以得到的具体数额。如果联邦农业部长拒绝提供证明，他要将此事的原因报告联邦总统，所涉及拨付的联邦资金将保留在联邦财政部到下届国会休会，以便各州需要的话有时间向联邦国会提出拨款请求。如果下届国会不要求将资金拨给该州，那么这些资金将返还联邦财政部”①。

此外，该法案第七条还规定了联邦农业部长在农业合作推广联邦资助上要向联邦国会负责，“联邦农业部长每年要向联邦国会提交年度报告，详细报告在该法规定下各州所获联邦资助的收支情况，各州农业合作推广工作开展情况，以及是否停止了向某些州的联邦资助及其原因等”②。

该法案第五条还规定了州财政部长或负责接收联邦资助的负责人的义务，即在每年9月1日之前，要向联邦农业部长详细报告上一财年在该法规定下该州所获联邦资助总额及支出情况，报告的具体格式由联邦农业部长规定。

5. 资助的使用途径及州和学院的义务

在第五条中，该法案严格规定了联邦资助的用途及州和学院的义务。与《1862年美国赠地学院法案》和《1890年赠地学院法案》相似，《1914年史密斯-利弗法案》严格规定联邦资金只能用于农业合作推广工作及相关资料的打印上，不得直接或间接将其用于“购买、修

---

① Bureau of Education, *Federal Legislation, Regulations, and Rulings Affecting Cooperative Extension Work in Agriculture and Home Economics* (Washington, D. C.: United States Department of Agriculture, 1937), p. 8.

② Bureau of Education, *Federal Legislation, Regulations, and Rulings Affecting Cooperative Extension Work in Agriculture and Home Economics* (Washington, D. C.: United States Department of Agriculture, 1937), p. 8.

建、保护或维修学院建筑，或购买、租赁土地，或资助学院课程的讲授，或其他任何本法案没有规定的方面”①。

在对州义务的规定上，该法案与前面几部赠地学院法案的规定类似，就是如果由于负责监督州的财政部长或州指定的接收联邦资助的负责人的联邦资金管理行为“不当而使资金流失或消失，或者将其用于其他方面，该州将负责赔偿所损失之联邦资金，否则联邦将停止向该州农业合作推广工作提供进一步的财政资助”②。

在对赠地学院义务的规定上，该法案主要是要求各赠地学院“在每年 1 月 1 日之前，向所在州州长详细汇报上一年该学院农业合作推广工作的财政收支情况，以及在该法案规定下农业合作推广工作开展的具体情况。同时，要将报告的副本提交给联邦农业部长和财政部长各一份”③。对赠地学院义务的规定是为了满足各州获得如此大规模联邦农业合作推广资助的条件而定的。

（二）《1914 年史密斯-利弗法案》的主要特点及意义

与《1862 年美国赠地学院法案》《1887 年农业实验站法案》《1890 年赠地学院法案》及《1907 年尼尔森修正案》相比，《1914 年史密斯-利弗法案》的主要特点在于它明确要求各州提供与联邦追加资金相同数目的资金，用于支持农业合作推广工作，并将这一原则作为联邦各州继续获得联邦资助的前提条件。可以说，这一原则是《1914 年史密

---

① Bureau of Education, *Federal Legislation, Regulations, and Rulings Affecting Cooperative Extension Work in Agriculture and Home Economics* (Washington, D. C.: United States Department of Agriculture, 1937), p. 7.

② Bureau of Education, *Federal Legislation, Regulations, and Rulings Affecting Cooperative Extension Work in Agriculture and Home Economics* (Washington, D. C.: United States Department of Agriculture, 1937), p. 7.

③ Bureau of Education, *Federal Legislation, Regulations, and Rulings Affecting Cooperative Extension Work in Agriculture and Home Economics* (Washington, D. C.: United States Department of Agriculture, 1937), p. 7.

斯-利弗法案》的创造，在此之前的联邦赠地学院法案中从没有出现过这样的原则。伊利诺伊大学农学院院长尤金·达文波特曾指出该法案对农业推广运动所发挥的作用：“为了能从联邦财政部得到 1 美元，各州甚至愿意掏出 2 美元，这是人类的一种奇怪的情结，但这种情结却给我们带来了好运。”① 并且，联邦国会在今后向各州提供财政资助时也越来越频繁地运用这一原则。因而，从这个意义上说，《1914 年史密斯-利弗法案》所确立的这一原则，其意义已经远远超出了农业合作推广工作本身，甚至超出了其教育意义本身，它的意义更是其法律上的意义。

显然，《1914 年史密斯-利弗法案》并没有创造农业推广运动，它仅仅是在国家层面上对已经存在多年的农业推广运动予以承认并为其提供坚实的财政基础而已。

五、《1935 年班克黑德-琼斯法案》

1935 年联邦国会通过《1935 年班克黑德-琼斯法案》。该法对每年赠地学院的追加资助进行了法律上的权威界定，除了对赠地学院的日常教学进行拨款外，还涵盖原先授权的拨款。根据《1935 年班克黑德-琼斯法案》，联邦政府对赠地学院的拨款在 1936 年为 98 万美元，1937 年为 148 万美元，1938 年为 198 万美元，1939 年为 248 万美元，1940 年则达到 248 万美元。如果再加上各种授权，联邦政府对各个州和地区的资助每年将近 600 万美元。②

从《1862 年美国赠地学院法案》的颁布到《1935 年班克黑德-琼斯

---

① Edward D. Eddy, Jr., *College for Our Land and Time: The Land Grant Idea in American Education* (New York: Harper & Brothers, 1957), p. 142.

② See George A. Works, *The Land-Grant Colleges* (Washington, D. C.: Government Printing Office, 1939), p. 15.

法案》的通过，前后历经 70 多年，相继出台了 4 部相关法律和 4 个修正案。正是这些后续的立法工作保证了大批赠地学院的生存和发展，确保了《1862 年美国赠地学院法案》中所包含的高等教育理念在美国成为普遍的现实，进而在根本上对美国高等教育的宗旨、定位和结构产生革命性的影响。如果没有后续的一系列修正案或法律，依据《1862 年美国赠地学院法案》创办的赠地学院根本就无法存活，更不可能发挥实际的作用。

第四章 《1862 年美国赠地学院法案》的影响

1962 年，赠地学院授予全美 21.5%的学士学位、25.8%的硕士学位和 38.3%的博士学位。并且，曾在美国大学受教育的 42 位健在的诺贝尔奖获得者中，有 25 位在赠地学院获得过学位。此外，美国军队每年招募的军官和后备军官有一半以上是赠地学院培养的。

——杰伊·里奇特

时值《1862 年美国赠地学院法案》通过 100 周年之际，里奇特从人才培养方面对赠地学院的贡献进行了全面点评。从里奇特的点评中我们可以发现，《1862 年美国赠地学院法案》的影响固然由于其高等教育法案的属性使然，表现为培养规模巨大的高素质人才，但从其为军队培养军官和后备军官这点便可看出其影响已经不仅局限于高等教育领域。下文中，笔者将详细考察《1862 年美国赠地学院法案》对美国社会、经济和高等教育的影响。

第一节 《1862 年美国赠地学院法案》对美国社会和经济的影响

《1862 年美国赠地学院法案》的影响力已经远远超出了高等教育领域，已经对当时的美国社会和经济产生了重要影响。下文中，社会影响指的是对城市化进程的影响，经济影响指的是为经济发展提供智力支撑。

一、为本地提供了大量就业岗位，并进一步推动了美国城市化进程

《1862 年美国赠地学院法案》通过后，创建的赠地学院不仅为普通民众提供了接受高等教育的机会，而且为当地社会提供了大量的就业机会，1912 年巴特勒·黑尔的统计数据表明："在《1862 年美国赠地学院法案》影响下建立的赠地学院提供的就业岗位为：预备性的古典课程提供就业岗位 626 个，农工学院提供就业岗位 3569 个。"[①]

赠地学院不仅为本地提供了大量的就业岗位，而且由于大量师生员工汇集于此，也对各种生产生活用品产生了巨大需求，这个巨大的需求市场带动了本地工商业和服务业的发展，继而成为推动美国城市化的一股巨大力量，而赠地学院创建的时代也正是美国城市化勃兴的时代，美国教育史学家劳伦斯·克雷明（Cremin, Lawrence A.）甚至将 1876 年至 1976 年的美国教育史称为"城市化时期的历程"。黑尔 1912 年的统计结果显示，当时美国已经组建了 67 所赠地学院，而这些赠地学院绝大多数都建在当时的乡村地区，仅有少数赠地学院建在大城市或州府所在地[②]。建在乡村的赠地学院带动了本地经济的发展，继而成为推动本地城市化进程的重要因素。如今，这些赠地学院所在地

① U. S. Department of Agriculture, *Annual Report of the Office of the Experiment Stations for the Year Ended June 30, 1912* (Washington, D. C.: Government Printing Office, 1913), p. 234.

② 建在州府所在地的学院有 7 所，分别是建在火奴鲁鲁的夏威夷学院、建在巴吞鲁日的路易斯安那州立大学、建在波士顿的麻省理工学院、建在东兰辛的密歇根州立大学、建在林肯的内布拉斯加大学、建在哥伦布的俄亥俄州立大学、建在麦迪逊的威斯康星大学（威斯康星大学在《1862 年美国赠地学院法案》通过之前就已建立）。

已经发展成为独具特色的美国城镇。

大学型城市不同于美国其他类型城市，布莱克·贡普雷希特（Gumprecht, Black）曾详细概括了美国大学型城市的独特特征："大学型城市都是比较年轻化的城市，……大学型城市的人口平均教育水平高，……大学型城市的人口更多在教育机构而不是企业就职，……大学型城市居民家庭收入水平更高，失业率更低，……大学型城市人口流动率比较高，……大学型城市的居民更倾向于租房居住而非买房，同时倾向于住在集体公寓中，……大学型城市往往不是保守的地方，……大学型城市往往聚居着来自世界各地的民众。"① 如加州大学所在地伯克利、康奈尔大学所在地伊萨卡、珀杜大学所在地西拉菲耶特，以及堪萨斯州立大学所在地曼哈顿等都是非常典型的大学型城市。甚至有些城镇就以其所在地区的赠地学院而命名，如德州农工学院所在地为学院站（College Station）、马里兰大学所在地为学院公园（College Park）等。"大学型城市也成为美国的一道独特的风景线，世界上还没有哪个国家有如此多的城市是由所在其中的大学推动形成的。"②

二、为美国经济发展提供了重要的智力支撑

赠地学院为美国经济发展提供的智力支撑表现在三方面，一是通过科学研究解决工农业生产中遇到的技术问题，二是通过专家为州政府提供技术服务，三是通过教学和推广活动向民众普及工农业生产和生活所需的科学知识。

---

① Black Gumprecht, "The American College Town," *Geographical Review*, (Jan. 2003): 54-55.

② Black Gumprecht, "The American College Town," *Geographical Review*, (Jan. 2003): 55.

（一）科学研究：解决工农业生产遇到的技术问题

在创建之初，赠地学院并不具备系统的科学研究能力，尤其是那些以“创建新的赠地学院模式”建立的赠地学院更是如此，只有少数由原来的州立大学改造而来的赠地学院（如威斯康星大学）才具备一定的科学研究能力。直到《1887 年农业实验站法案》的通过，为各州赠地学院建立农业实验站，各赠地学院才开始具备系统的科学研究能力，从而为美国工农业发展中遇到的各种技术问题提供智力支撑，推动美国工农业在下一个世纪取得了巨大的进步。

1905 年，威斯康星大学校长查尔斯·范·海斯（Van Hise, Charles R.）在威斯康星大学校友会上做的报告中指出：“在调查中，威斯康星大学农学院已经为州产出了难以估计的价值。……亨利院长指出农学院进行的调查工作已经给州带来了巨大的财富，其生产的财富是用于调查的资金的许多倍。例如，由于应用班科考克牛奶测试法，不考虑这种方法在改进本州牛群质量的间接影响外，每年还能为州带来 100 多万美元的收益；威斯康星凝乳测试法的发现每年能为本州带来 10 多万美元的收益；由于引进瑞典燕麦，每年也能为本州农民带来 100 多万美元的收益；在过去 10 年间对燕麦黑穗病的研究也为本州每年带来 450 多万美元的收益。而以上这些只是农学院所进行的能够给州带来财政收益的调查中的有限的几种调查。”[①] 1961 年联邦农业部长奥维里·弗里曼（Freeman, Orville L.）指出：“20 世纪 50 年代比上一个年代农业产量增长了 28%，……赠地学院和美国农业部有资格共享这一成就。”[②]

1962 年，西弗吉尼亚大学为纪念《1862 年美国赠地学院法案》通过 100 周年，组织专题研讨会讨论该法案的影响，与会专家讨论了该法

① Charles R. Van Hise, "Biennial Report of President Van Hise and the Deans," *The Wisconsin Alumni Magazine*, (Jan. 1905): 146-147.

② Robert J. Muckenhirn, "The Development of Basic Soil Sciences," *West Virgina University Bulletin*, (May 1963): 32.

案对土壤科学、植物科学、动物科学、林业科学、农业工程学和家政学发展产生的深远影响。西弗吉尼亚大学校长保罗·米勒（Miller, Paul A.）从宏观和微观两个层面全方位分析赠地学院对美国农业产生的深远影响，在宏观的社会层面上，米勒总结的影响包括“第一，将人力资源从直接手工生产食品到专业化、机械化生产食品及提供服务，……第二，通信和交通的速度得到了显著的提升，……第三，所有领域的生产过程被分割为众多环节，并对每个生产环节进行科学管理以保证生产过程的精确性，……第四，规模庞大的企业和人口的大量积聚的可能性变得越来越大，……第五，原来的城乡居民流动的障碍逐渐消失，……出现了大规模的食品加工企业”①。在微观的农场、企业和家庭层面上，米勒总结的影响包括“第一，在人类历史上，乡村民众第一次与城市居民在生活标准、生活方式和拥有的闲暇时间方面大致相同，……第二，农村民众早期的家庭、农场和职业不分的现象逐渐让位于家庭与农场的分离”②。

（二）专家服务：推动科学行政与科学立法

这里的专家主要指大学教师，服务的方式主要是大学教师到州政府各部门任职，为其提供技术知识与专业建议。专家服务是赠地学院为当地社会发展提供智力支撑的重要方式，而在这方面，威斯康星大学是典型代表。

威斯康星大学校长范·海斯在就职演讲中就提到这种服务方式。威斯康星州时任州长罗伯特·拉福莱特（La Follette, Robert M.）也热衷于邀请威斯康星大学教师到政府任职，“为了能将大学的知识和灵感更充分的用于服务本州民众，任命威斯康星大学教师到州政府的重要

① Paul A. Miller, "The Impact of Technology Advances in Agriculture," *West Virgina University Bulletin*, (May 1963): 18-20.

② Paul A. Miller, "The Impact of Technology Advances in Agriculture," *West Virgina University Bulletin*, (May 1963): 21.

委员会，如铁路委员会和公务员委员会任职，将成为一项政策"①。其中部分参与这种服务方式的大学教师既能得到政府职位，又能得到经济补贴，其他人至少能获得政府职位或政府补贴。威廉·哈德（Hard, William）发现："1907年时有25名至30名威斯康星大学教师在威斯康星州政府任职。"② 查尔斯·麦卡锡（McCarthy,Charles）统计发现："1910年到1911年共有46名专家供职于州政府各部门。"③ 霍华德·麦克莫里（McMurray,Howard J.）统计发现："从1905年到1940年，共有110名威斯康星大学教师到州政府各个委员会任职。"④

甚至有些专家同时到州政府多个部门任职，如威斯康星大学校长范·海斯就同时任职于林业委员会、地质调查委员会、环保委员会和公共图书馆委员会。在麦卡锡统计的数据中，有29名威斯康星大学教师获得州政府的职位，绝大部分普通教师都只为一两个政府部门提供服务，只有少数居领导地位的专家如威斯康星大学校长、农学院院长亨利·拉塞尔（Russell, Henry L.）、文理学院院长爱德华·伯奇（Birge,Edward A.）、工程学院院长弗雷德里克·特纳劳尔（Turneaure, Frederick E.）等人同时为多个政府部门提供咨询服务。其中，一些专家在州政咨询中发挥了重要作用，如托马斯·亚当斯（Adams,Thomas S.）帮助起草了威斯康星州个人所得税法案，约翰·康芒斯（Commons, John R.）帮助起草了州劳工赔偿法，巴萨萨·迈耶（Meyer,Balthasar H.）帮助起草了威斯康星州铁路票价法案，等等。

---

① Robert M. La Follette, *Autobiography* (Madison, Wisconsin: The Robert M. La Follette Co., 1913), p. 31.

② William Hard, "A University in Public Life," *The Outlook*, (Jul. 1907): 662.

③ Charles McCarthy, *The Wisconsin Idea* (New York: The Macmillan Company, 1912), pp. 313-317.

④ Howard J. McMurray, "Some Influences of the University of Wisconsin on the State Government of Wisconsin" (PhD diss., University of Wisconsin, 1940).

（三）教学和推广：普及科学的工农业生产知识

1872 年，密苏里大学的农业学院院长揭示了赠地学院讲授的内容："我们应该教授能提高产量的科学，我们的学院应是一个生动的和多样化的力量，它促使我们的农场更加富裕和幸福，使农场能够和城市竞争国家最好的天才。"①

赠地学院不仅在学校为在校生开设农业和工业类等的实用课程，也通过推广活动向各个阶层的普通民众普及实用科学知识，而校外推广活动对民众科学知识普及的作用甚至超过校内课堂教学的作用。美国大学推广活动的发展大致可以分为两个阶段，一是移植英国大学推广范式阶段；二是在英国大学推广范式逐渐在美国衰亡后，探索全新的适合美国社会文化和教育背景的推广范式阶段。

1. 大学推广的英国模式的形成

大学推广的英国模式（后文简称为"英国模式"）兴起于 19 世纪 70 年代的剑桥大学（University of Cambridge），之后牛津大学（University of Oxford）和伦敦地区大学推广教学协会（London Society for the Extension of University Teaching）也加入其中，其目的是"为英国各界男女青年提供高等教育"②。英国模式包括巡回教学课程、暑期集会和联邦制组织管理体制等要素。

（1）巡回教学课程

1873 年，剑桥大学率先确立巡回教学课程的基本模式，而这一模式的确立要归功于詹姆斯·斯图亚特（Stuart，James）。在斯图亚特的推动下，1872 年，剑桥大学专门成立研究巡回教学课程模式的机构——大学推广联合体（Extension Syndicate of the University of Cambridge），并

---

① Frederick Rudolph, *The American College and University: A History* (Athens, Georgia: University of Georgia Press, 1990), p. 252.

② Richard G. Moulton, *Address on University Extension Movement* (Philadelphia, Pennsylvania: American Society for the Extension of University Teaching, 1900), p. 3.

任命斯图亚特为其负责人。1873年，斯图亚特向剑桥大学当局提交报告，建议大学当局“派遣大学教师到英格兰各城市开展巡回教学工作，其具体事宜由大学推广联合体负责，实验为期3年，3年后就实验结果向大学当局提供说明”①。斯特亚特的建议得到剑桥大学当局的批准。

1873年10月，剑桥大学率先在英格兰的诺丁汉（Nottingham）开设巡回教学课程，文森特·斯坦顿（Stanton, Vincent H.）、特里普胡克·哈定（Harding, Triphook O.）和爱德华·博克斯（Birks, Edward B.）等3位授课教师均来自剑桥大学三一学院。

实质上，巡回教学课程是以某一主题为核心的系列讲座，讲座长度一般为6讲或12讲，每周1讲，每讲1—2小时，12讲相当于大学1个学期1门课程的长度。巡回教学课程的运作模式相当稳定，构成要素也基本不变，其有四个构成要素：第一，教学大纲。一般包括“授课教师对全部课程内容的基本概括”②。第二，家庭作业。在教学大纲中教师会留下与该讲课程内容相关的问题给学生，让他们回去利用一切可以利用的手段去解决，通常这些问题是能够“激发学生做原创性研究和创新性工作”③ 的问题。第三，课堂讨论。教师与学生就家庭作业所涉及的问题开展直接交流，通常在当天讲座之前或之后进行，参加的学生也不限于交作业的学生，任何学生都可以。在课堂讨论环节，教师对学生的作业进行点评。第四，课程考核。在系列讲座结束后，授课教师会对学生进行书面考核，考核通过才算真正完成课程学习，但是考核并不是强迫性的，学生自愿参加。如果通过考核，还可以获

---

① William H. Draper, *University Extension A Survey of Fifty Years 1873-1923* (Cambridge: Cambridge University Press, 1923), p. 18.

② Richard G. Moulton, *Address on University Extension Movement* (Philadelphia, Pennsylvania: American Society for the Extension of University Teaching, 1900), p. 11.

③ Richard G. Moulton, *Address on University Extension Movement* (Philadelphia, Pennsylvania: American Society for the Extension of University Teaching, 1900), p. 13.

得相应的课程学习证书。

（2）暑期集会

暑期集会是英国模式的一种重要形式，英格兰各地巡回教学课程的上课学生每年七八月到剑桥大学或牛津大学集中学习，目的是“通过大学实验室和博物馆的实践教学，深化在巡回教学课程中学习的理论知识”[①]，其实质是巡回教学课程的深化和补充。1884年剑桥大学率先举行暑期集会，1890年正式将暑期集会制度化，牛津大学也于1888年举行暑期集会。

两校暑期集会对参会对象有不同的要求，剑桥大学暑期集会只允许通过剑桥大学开设的巡回教学课程考试的学生参加，而牛津大学则没有这个要求，因而两校暑期集会的参会人数存在巨大差异，“1890年时剑桥只有41人，而1888年时牛津就有900人”[②]。

（3）联邦制组织管理体制

在英国模式中，大学推广的组织管理是一种联邦体制。这个体制的顶层是大学联合委员会（Universities Joint Board），由3个区域性机构各自推选的3名代表组成。“该委员会负责为全英格兰地区提名巡回教学课程授课教师和考试监考员，以及承担巡回教学课程的监督工作”[③]，其形成时间晚于区域性机构。3个区域性机构分别是剑桥大学推广联合体、牛津大学推广代表团（University Extension Delegacy of the University of Oxford）、伦敦地区大学推广教学协会，分别负责英格兰东部、西部和首都地区的大学推广工作。区域性机构是英国大学推广

---

① R. D. Roberts, *Eighteen Years of University Extension* (Cambridge: Cambridge University Press, 1891), p. 87.

② R. D. Roberts, *Eighteen Years of University Extension* (Cambridge: Cambridge University Press, 1891), p. 87.

③ R. D. Roberts, *Eighteen Years of University Extension* (Cambridge: Cambridge University Press, 1891), p. 77.

运动最早形成的组织机构。区域性机构的下一级机构是地区协会。地区协会负责所在地区几个地方教学中心的协调工作，“管理方式是召集地方教学中心委员会代表开会”[①]，因而其组织比较松散。地方教学中心是英国模式的核心组织，由地方教学中心委员会管理。

巡回教学课程、暑期集会与联邦制组织管理体制共同构成英国模式的基本要素，这些要素到 19 世纪 90 年代基本形成，也正是在这一时期，英国模式被引入大西洋彼岸的美国。

2. 美国引入英国模式

19 世纪 80 年代，在约翰·霍普金斯大学（Johns Hopkins University）历史系教授赫伯特·亚当斯（Adams, Herbert B.）的倡议下，19 世纪 90 年代，地区协会与几所中部大学分别将英国模式全部或部分地引入美国。在引入过程中，费城地区大学推广教学协会（Philadelphia Society for the Extension of University Teaching，以下中文简称费城协会）、芝加哥大学（University of Chicago）、威斯康星大学和堪萨斯大学（University of Kansas）是切实的引入行动者。

（1）亚当斯的大力宣传与英国模式巡回教学课程在美国的早期实验

1885 年，在《英国大学推广》一文中，亚当斯简要介绍了英国大学推广运动，并预测“大学推广运动迟早要在美国繁荣发展起来”[②]，但是该文并未引起人们的关注。1887 年，亚当斯在纽约千岛举行的美国图书馆协会年会上发表了题为《习明纳图书馆与大学推广》的演讲，向与会者呼吁：“推广德国大学习明纳的学习方式，在图书馆中开设专门空间，巡回教学班级或俱乐部成员可以在里面研读某个主题的图书

---

① R. D. Roberts, *Eighteen Years of University Extension* (Cambridge: Cambridge University Press, 1891), p. 74.

② Herbert B. Adams, "University Extension in England," in *Report of the Commissioner of Education for the Year 1885-1886*, ed. John Eaton (Washington, D. C.: Government Printing Office, 1887), p. 748.

资料。"[①] 亚当斯认为课程的理想形式是"每周1次的12讲系列课程，授课教师提供打印版课程大纲，……同时，在每讲前或每讲后组织学生就所讲内容进行讨论"[②]。实际上，亚当斯是把英国模式的巡回教学课程搬到美国公共图书馆中实施。1890年11月19日，应费城协会之邀，亚当斯发表《大学推广及其领导人》的演讲。1891年1月28日，应威斯康星历史协会（Wisconsin Historical Society）的邀请，亚当斯又发表《人民的高等教育》的演讲，在不同场合强调美国引入英国模式的必要性。

同时，通过在霍普金斯大学历史系指导的弗雷德里克·特纳（Turner，Frederick J.）、弗兰克·布莱克曼（Blackmar，Frank W.）等研究生与芝加哥大学首任校长威廉·哈珀（Harper，William R.），共同为肖陶扩成人教育运动（Chautauqua）制定大学推广计划，以及其他的人际交往，亚当斯也间接推动威斯康星大学、堪萨斯大学和芝加哥大学在19世纪90年代初引入英国模式的巡回教学课程。

亚当斯在美国图书馆协会上的演讲引起布法罗公共图书馆（Public Library of Buffalo）馆长约瑟夫斯·拉尼德（Larned，Josephus N.）的关注。拉尼德准备在其所在图书馆践行亚当斯的建议，并请求亚当斯推荐授课教师，"亚当斯推荐自己的博士爱德华·比姆斯（Bemis，Edward）为授课教师"[③]。1887年冬，在布法罗公共图书馆，比姆斯开设12讲美国当代经济课程。次年冬，比姆斯受邀又在俄亥俄康顿公共图书馆

---

① Herbert B. Adams, "Seminary Libraries and University Extension," in *Johns Hopkins University Studies in Historical and Political Science*, Vol. Ⅴ, ed. Herbert B. Adams (Baltimore, Maryland: Johns Hopkins University Press, 1887), p. 457.

② Herbert B. Adams, "Seminary Libraries and University Extensio," in *Johns Hopkins University Studies in Historical and Political Science*, Vol. Ⅴ, ed. Herbert B. Adams (Baltimore, Maryland: Johns Hopkins University Press, 1887), p. 458.

③ J. N. Larned, "An Experiment in 'University Extension'," *The Library Journal*, (March-April 1888): 75.

(Public Library of Canton) 和密苏里圣路易斯公共图书馆 (Public Library of St. Louis) 先后开设同一课程，其教学模式只比英国模式的巡回教学课程缺少课程考核环节。

1887 年冬，在亚当斯的影响下，霍普金斯大学历史系研究生查尔斯·安德鲁斯 (Andrews,Charles M.) 及该系 12 名研究生在巴尔的摩开设 19 世纪史和劳工运动课程，其教学模式仅比英国模式的巡回教学课程缺少家庭作业环节。

比姆斯及霍普金斯大学历史系部分研究生的成功实践表明，英国模式的巡回教学课程是可以在美国推行的，但是以上实验尚属于零星的尝试，没有系统性和连续性；费城协会等机构介入之后，美国才开始系统连续地引入英国模式。

(2) 费城协会与英国模式在美国东海岸的引入、发展与衰亡

费城协会于 1890 年 6 月 1 日成立①，之后，推行激进的引入策略，尝试全盘引入英国模式。

费城协会将英国模式的巡回教学课程成功引入东海岸。1890 年 9 月 22 日，费城协会第一个地方教学中心在费城郊区罗克斯堡 (Roxborough) 组建。② 11 月 3 日，费城手工训练学校 (Philadelphia Manual Training School) 的汉弗德·亨德森 (Henderson,C. Hanford) 教授在此开设了第一门巡回教学课程——化学③，课程长度为 6 讲，课

---

① See American Society for the Extension of University Teaching,"The History of a Branch Society,"*University Extension*,(Jul. 1891):17.

② See American Society for the Extension of University Teaching,*University Extension-A Series of Articles on Various Phases of the Movement*(Philadelphia, Pennsylvania: American Society for the Extension of University Teaching,1891),p. 35.

③ See American Society for the Extension of University Teaching,"Schedule of Lecturers, Courses and Centres for the Academic Years 1890-91,1891-92,"*University Extension*,(Jun. 1892):403.

程结束后共有“11 名学生通过考试”①。

自罗克斯堡地方中心组建至 1890 年底，费城协会又在费城相继组建协会驻地（Association Local）、瓦格纳（Wagner）、诺里斯镇（Norristown）和法兰克福（Frankford）等地方教学中心，这些地方教学中心相继开设了 6 门巡回教学课程（见表 4-1-1）。地方教学中心的建立及巡回教学课程的开设标志着英国模式的巡回教学课程在费城成功登陆美国。

表 4-1-1　1890 年费城协会引入英国模式的巡回教学课程的开设情况

开课时间	开课教师	课程名称	开课地点	课程长度
1890 年 11 月 6 日	爱德华·库伯（Cope,Edward D.）	地质学	瓦格纳	20 讲
1890 年 11 月 12 日	亨利·莱夫曼（Leffmann,Henry）	化学	瓦格纳	20 讲
1890 年 11 月 10 日	詹宁斯·雷德尔（Ryder,Jennings A.）	动物学	瓦格纳	10 讲
1890 年 12 月 11 日	罗伯特·汤普森（Thompson，Robert E.）	英国文学	诺里斯镇	6 讲
1890 年 12 月 22 日	汤普森	英国文学	法兰克福	6 讲
1890 年 11 月 28 日	查尔斯·杨（Young，Charles A.）	天文学	协会驻地	6 讲

资料来源：American Society for the Extension of University Teaching,"Schedule of Lecturers,Courses and Centres for the Academic Years 1890-91,1891-92,"*University Extension*,(Jun. 1892):401,403,407-409.

① George F. James,*The Proceedings of First Annual Meetings of the National Conference on University Extension*(Philadelphia,Pennsylvania:J. B. Lippincott Company,1892),p. 244.

随着费城协会的工作初见成效，1890 年 12 月 23 日，美国大学推广教学协会（American Society for the Extension of University Teaching，以下中文简称美国协会）在费城成立，费城协会遂成为它的首个地区分会①，历史表明也是唯一的地区分会。在美国协会的推动下，巡回教学课程开课数量迅速上升（见图 4-1-1），影响也迅速波及大西洋沿岸绝大多数地区。自美国协会组建的 10 年间，“共开设了 954 门巡回教学课程，各地开课的数量分别是：费城 240 门、费城之外宾州其他地方 386 门、新泽西 145 门、纽约 93 门、马里兰 24 门、特拉华 21 门、马萨诸塞 13 门、康涅狄格 8 门、俄亥俄 7 门、缅因 5 门、弗吉尼亚 4 门、西弗吉尼亚 3 门、科罗拉多 2 门、哥伦比亚特区 1 门、新罕布什尔 1 门、路易斯安那 1 门”②。

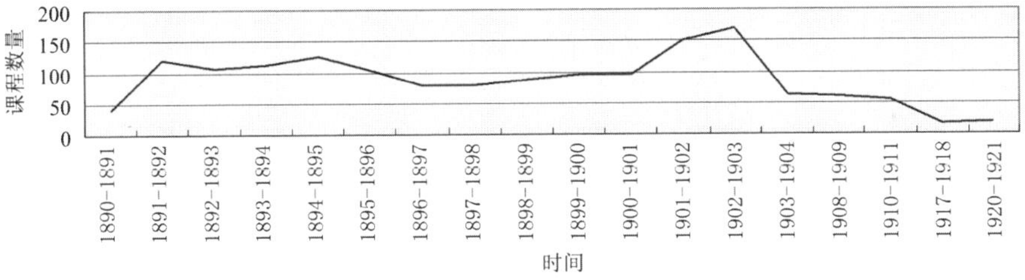

图 4-1-1　1890—1891 学年至 1920—1921 学年美国协会开设英国模式的巡回教学课程的数量变化图

资料来源：Board of Directors, *Ten Years Report of the American Society for the Extension of University Teaching* (Philadelphia, Pennsylvania: American Society for the Extension of University Teaching, 1901), p. 12; American

① See American Society for the Extension of University Teaching, "The History of A Branch Society," *University Extension*, (Jul. 1891): 19.

② Board of Directors, *Ten Years Report of the American Society for the Extension of University Teaching* (Philadelphia, Pennsylvania: American Society for the Extension of University Teaching, 1901), p. 15.

Society for the Extension of University Teaching, *General Announcement for the Academic Years 1902-1903* (Philadelphia, Pennsylvania: American Society for the Extension of University Teaching, 1902), pp. 3, 5; American Society for the Extension of University Teaching, *General Announcement for the Academic Years 1904-1905* (Philadelphia, Pennsylvania: American Society for the Extension of University Teaching, 1904), p. 9; Board of Directors, *Report of the Board of Directors of American Society for the Extension of University Teaching for the Academic Years 1908-1909* (Philadelphia, Pennsylvania: American Society for the Extension of University Teaching, 1909), p. 5; Board of Directors, *Report of the Board of Directors of American Society for the Extension of University Teaching for the Academic Years 1909-1910* (Philadelphia, Pennsylvania: American Society for the Extension of University Teaching, 1910), p. 5; Board of Directors, *Report of the Board of Directors of American Society for the Extension of University Teaching for the Academic Years 1910-1911* (Philadelphia, Pennsylvania: American Society for the Extension of University Teaching, 1911), p. 6; American Society for the Extension of University Teaching, *Summary of Program for the Academic Years 1917-1918* (Philadelphia, Pennsylvania: American Society for the Extension of University Teaching, 1918), p. 3; American Society for the Extension of University Teaching, *General Announcement for the Academic Years 1920-1921* (Philadelphia, Pennsylvania: American Society for the Extension of University Teaching, 1920), p. 3.

在成功引入英国模式的巡回教学课程后，美国协会于 1893 年开始举行暑期集会，集会地点设在宾夕法尼亚大学（University of Pennsylvania），美国协会的暑期集会通常在每年 7 月举行，为期 4 周。与英国模式的暑期集会相比，美国协会举行的暑期集会更侧重开设讲座，其实质是将巡回教学课程转移到宾夕法尼亚大学校园中开设，而不像英国模式的暑期集会那样是对巡回教学课程的深化和补充。美国协会"1893年暑期集会举办了166次讲座，1894年暑期集会举办了285次讲座，1895年暑期集会举办了292次讲座，1896年暑期集会举办了237次讲座，1897年暑期集会举办了119次讲座"①。

美国协会还曾试图引入英国模式的联邦制组织管理体制，不过最终没有成功。可以说，引入英国的联邦制组织管理体制，是美国协会成立的目的之一。美国协会的宗旨是"组织全国范围内的大学推广活动；收集各国大学推广运动的相关信息，并通过《大学推广》月刊发布；尽可能与所有开展大学推广工作的机构和组织合作"②。美国协会还计划组建地区分会，地区分会的主要职责是"唤起当地民众对大学推广的兴趣，同时资助并管理所在地区开设巡回教学课程"③。这个计划在某种程度上说，是尝试建立类似于英国模式的联邦制组织管理体制，但是这一尝试最终没能成功。

19世纪末，美国协会引入的英国模式开始逐渐走向衰亡。1898年，美国协会停办暑期集会。1898年12月，美国协会的机关刊物《公民》(Citizen)④ 停刊。1909年，"协会开始就听众感兴趣的主题组织大

---

① Board of Directors, *Ten Years Report of the American Society for the Extension of University Teaching* (Philadelphia, Pennsylvania: American Society for the Extension of University Teaching, 1901), p. 33.

② American Society for the Extension of University Teaching, "Notes," *University Extension*, (Jan. 1892): 412.

③ American Society for the Extension of University Teaching, "The American Society for the Extension of University Teaching," *University Extension*, (Jul. 1891): 3.

④ 1891年7月，美国协会开始出版《大学推广》(*University Extension*)，其作为协会的机关刊物，由协会秘书长乔治·詹姆斯(James, George F.)任主编。从1893年开始，协会又发行《大学推广公告》(*University Extension Bulletin*)，由协会董事会亲自管理。1895年3月，《大学推广》与《大学推广公告》合并，新刊物命名为《公民》，作为协会机关刊物，直到停刊。

量单场演讲”①。1919 年，协会甚至还为民众“组织交响乐表演”②，这已经完全背离美国协会引入英国模式的初衷。1921 年 5 月，“美国协会与费城公民俱乐部（Philadelphia Civic Club）、费城城市俱乐部（Philadelphia City Club）和费城音乐学院（Academy of Music Corporation）合并为费城论坛（Philadelphia Forum）”③，由美国协会引入的英国模式也随之衰亡。

（3）中部大学与英国模式的巡回教学课程在美国中部的引入、发展与衰亡

费城协会开展引入活动时，威斯康星大学、堪萨斯大学和芝加哥大学也在投入力量引入英国模式，但是与美国协会的全盘引入策略相比，三所中部大学显得更加保守一些，其更侧重引入英国模式的巡回教学课程。

威斯康星大学引入英国模式的巡回教学课程，从倡议到发展再到衰亡，历时仅十余年。在引入英国模式的巡回教学课程之前，威斯康星大学曾于 1885 年 11 月 24 日到 25 日组织过农民讲习所（Farmers Institute）活动。在威斯康星州，最早提议引入英国模式的巡回教学课程的人是威斯康星大学时任校长托马斯·钱伯林（Chamberlin, Thomas C.）。在 1888 年的校长年度报告中，钱伯林建议董事会引入“英国模

① Board of Directors, *Report of the Board of Directors of American Society for the Extension of University Teaching for the Academic Years 1909-1910* (Philadelphia, Pennsylvania: American Society for the Extension of University Teaching, 1910), p. 7.

② American Society for the Extension of University Teaching, *General Announcement for the Academic Years 1919-1920* (Philadelphia, Pennsylvania: American Society for the Extension of University Teaching, 1919), p. 5.

③ Board of Governors, "An Announcement-The Philadelphia Forum," *The Civic Club Bulletin*, (May 1921): 1.

式的巡回教学课程”①。钱伯林的建议得到威斯康星大学历史系部分著名教授的支持。1888年1月，“麦迪逊当代俱乐部（Madison Contemporary Club）……安排1门美国西北部历史的巡回教学课程，历史系教授特纳和威廉·阿伦（Allan,William F.）就是主讲教师”②。1890年冬，“特纳又开设2门北美殖民地史的巡回教学课程”③。钱伯林本人也亲身参与实践，1889年，“麦迪逊当代俱乐部安排1门美国远西部历史的巡回教学课程，钱伯林就是主讲教师之一”④。基于历史类巡回教学课程取得的巨大成功，1891年1月，钱伯林再次请求威斯康星大学董事会引入英国模式的巡回教学课程。董事会于1891年6月“批准钱伯林的请求”⑤，从而拉开英国模式的巡回教学课程在威斯康星发展的序幕。

在钱伯林和查尔斯·亚当斯（Adams,Charles K.）两任校长的推动下，英国模式的巡回教学课程在威斯康星迅速取得成功；1895年，威斯康星大学设立全职的大学推广系主任职位，聘请杰罗米·雷蒙德（Raymond,Jerome H.）出任该职之后，更是成绩斐然（见图4-1-2）。威斯康星大学引入的英国模式的巡回教学课程的影响也迅速超出威斯康星州的范围，在开课的第2年，就有“4门课在芝加哥开设，1门课

① Board of Regents, *Biennial Report of the Board of Regents of the University of Wisconsin for the Two Fiscal Years Ending Sep., 30. 1888* (Madison, Wisconsin: Democrat Printing Company, 1888), p. 55.

② Frederick J. Turner, "The Extension Work of the University of Wisconsin," *University Extension*, (Apr. 1892): 315.

③ Frederick J. Turner, "The Extension Work of the University of Wisconsin," *University Extension*, (Apr. 1892): 316.

④ Frederick J. Turner, "The Extension Work of the University of Wisconsin," *University Extension*, (Apr. 1892): 316.

⑤ Merle E. Curti and Vernon R. Carstensen, *The University of Wisconsin: A History*, Vol. 1 (Madison, Wisconsin: University of Wisconsin Press, 1949). p. 723.

在明尼阿波利斯开设"①，到 1895—1896 学年，就已经在威斯康星和伊利诺伊北部的"43 个地方"② 开课。

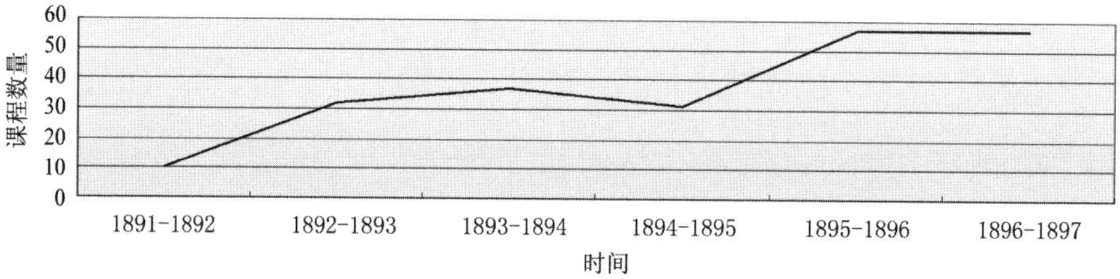

图 4-1-2 1891—1892 学年至 1896—1897 学年威斯康星大学开设的英国模式的巡回教学课程数量变化图

资料来源：Merle E. Curti and Vernon R. Carstensen, *The University of Wisconsin : A History*, Vol. 1(Madison, Wisconsin: University of Wisconsin Press, 1949). pp. 724, 726-728.

1897 年夏，雷蒙德离职，大学推广系并入新成立的教育学院。随后，威斯康星大学引入的英国模式的巡回教学课程也逐渐走向衰亡。

堪萨斯大学引入英国模式的巡回教学课程，从发起到发展再到停止前后不到 10 年。1890 年冬，堪萨斯大学历史系教授詹姆斯·坎菲尔德（Canfield, James H.）、弗兰克·布莱克曼及 6 名高年级学生在小镇瓦恩兰（Vineland）和爱德华兹维尔（Edwardsville）为当地民众各开设 1 门巡回教学课程，课程主题同为当代经济和白银问题，"听众对所讲内容非常感兴趣……并深入讨论了所学内容"③，瓦恩兰等地实验的

① Merle E. Curti and Vernon R. Carstensen, *The University of Wisconsin : A History*, Vol. 1(Madison, Wisconsin: University of Wisconsin Press, 1949). p. 726.

② Merle E. Curti and Vernon R. Carstensen, *The University of Wisconsin : A History*, Vol. 1(Madison, Wisconsin: University of Wisconsin Press, 1949). pp. 727.

③ Frank W. Blackmar, "University Extension in the Southwest," *University Extension*, (Mar. 1892): 280.

成功促使堪萨斯大学引入英国模式的巡回教学课程。1891 年 9 月 27 日，堪萨斯大学董事会批准组建以校长弗朗西斯·斯诺（Snow, Francis H.）为首的大学推广委员会，全权负责管理巡回教学课程事务。大学推广委员会制定了巡回教学课程的相关规定，规定："标准的巡回教学课程由 12 讲系列课程组成，任何参加系列课程听课、完成规定作业、参加课堂讨论的学生都可以参加课程考试，考试通过者可以获得相应学分。"[①] 该规定于 1891 年 10 月 2 日得到大学董事会的批准。从推广委员会制定的课程规定可知，堪萨斯大学是完全移植英国模式的巡回教学课程。

1891 年 9 月 22 日，堪萨斯大学教授约翰·萨利文（Sullivan, John D.）、埃塞尔·艾伦（Allen, Ethel H.）和詹姆斯·布坎南（Buchanan, James H.）在堪萨斯城（Kansas City）组建"第一个地方教学中心"[②]；1891 年 10 月 22 日，堪萨斯大学在该中心开设第一门巡回教学课程，"课程主讲教师是布莱克曼，主题是当代经济"[③]。地方教学中心的组建及巡回教学课程的开设，标志着堪萨斯大学成功引入英国模式的巡回教学课程。1891—1892 学年，"堪萨斯大学共开设 8 门巡回教学课程"[④]，此后堪萨斯大学开设的巡回教学课程数量稳步增加（见图 4-1-3），其影响也逐渐超出堪萨斯州的范围，1891—1892 学年至 1897—1898 学年约四分之一的巡回教学课程在密苏里州开设。

---

① Frank T. Stockton, *The Pioneer Years of University Extension at the University of Kansas* (Lawrence, Kansas: University of Kansas Press, 1956), p. 6.

② Frank T. Stockton, *The Pioneer Years of University Extension at the University of Kansas* (Lawrence, Kansas: University of Kansas Press, 1956), p. 10.

③ Frank T. Stockton, *The Pioneer Years of University Extension at the University of Kansas* (Lawrence, Kansas: University of Kansas Press, 1956), p. 10.

④ Frank W. Blackmar, "Results of University Extension in Kansas," *University Extension*, (Sep. 1892): 120.

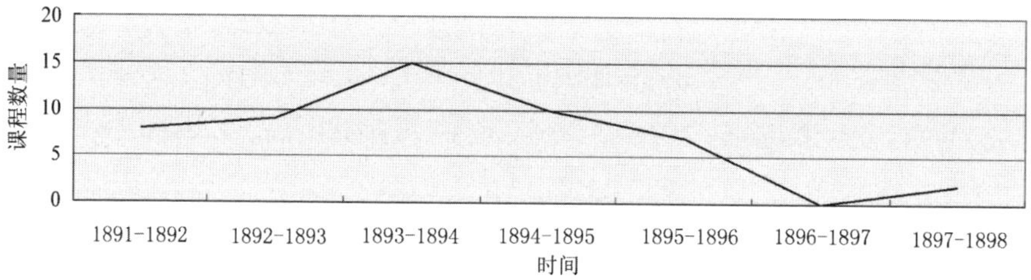

图 4-1-3 1891—1892 学年至 1897—1898 学年堪萨斯大学开设的英国模式的巡回教学课程数量变化图

资料来源：Frank W. Blackmar, "Results of University Extension in Kansas," *University Extension*, (Sep. 1892): 120; Frank T. Stockton, *The Pioneer Years of University Extension at the University of Kansas* (Lawrence, Kansas: University of Kansas Press, 1956), pp. 17-18, 20-21, 24-26.

1898年之后，堪萨斯大学引入的英国模式的巡回教学课程逐渐衰亡。

芝加哥大学引入的英国模式的巡回教学课程，从开始到快速发展再到结束，历时20多年。芝加哥最早引入英国模式的巡回教学课程的组织是芝加哥地区大学推广协会（Chicago Society for University Extension，以下中文简称芝加哥协会）。该协会由"西北大学（Northwestern University）、芝加哥大学、威斯康星大学、印第安纳大学（Indiana University）、伊利诺伊大学（University of Illinois）、雷克森林大学（University of Lake Forest）、贝洛伊特学院（Beloit College）和沃巴什学院（Wabash College）于1891年11月28日"① 共同组建，并选举"弗兰克林·海德（Head, Franklin H.）为协会主席，……查

① Charles Zueblin, "The Chicago Society for University Extension," *University Extension*, (Mar. 1892): 274.

尔斯·朱伯林（Zeublin,Charles）为协会秘书长”[①]。然而，协会成立1年之后便宣告解散，在短暂存在的1年间，协会组建了橡树公园（Oak Park)[②]、纽伯里图书馆（Newberry Library)[③]、劳工教堂（Workers' Church)[④]、伊文斯顿（Evanston)[⑤]、联合教堂（Union Church)[⑥]和卫斯理教堂（Wesley Church)[⑦]等多个地方教学中心。芝加哥协会解散后，这些地方教学中心全部由芝加哥大学推广部接管。

芝加哥大学之所以能成功取代芝加哥协会领导本地的大学推广活动，其首任校长哈珀居功至伟。哈珀亲自参与芝加哥大学推广部的组建工作，芝加哥大学推广部由五个部门组成，分别是“课程学习科(Lecture-Study Department)、班级管理科（Class Work Department)、函授教学科（Correspondence Department)、图书馆科（Library Department）和培训科（Training Department）”[⑧]。哈珀亲自为推广部招聘管理人员，聘请“美国协会秘书长乔治·亨德森（Henderson,

① Charles Zueblin,"The Chicago Society for University Extension,"*University Extension*,(Mar. 1892):274.

② See Charles Zueblin,"The Chicago Society for University Extension,"*University Extension*,(Mar. 1892):274.

③ See Charles Zueblin,"The Chicago Society for University Extension,"*University Extension*,(Mar. 1892):275.

④ See Charles Zueblin,"The Chicago Society for University Extension,"*University Extension*,(Mar. 1892):275.

⑤ See Charles Zueblin,"The Chicago Society for University Extension,"*University Extension*,(Mar. 1892):275.

⑥ See Charles Zueblin,"The Chicago Society for University Extension,"*University Extension*,(Mar. 1892):275.

⑦ See Charles Zueblin,"The Chicago Society for University Extension,"*University Extension*,(Mar. 1892):275.

⑧ University of Chicago,*Annual Register July 1,1892-July 1,1893 with Announcements for 1893-4*(Chicago,Illinois:The University of Chicago Press,1893),p. 173.

George）出任推广部主任”①，聘请“纳撒尼尔·巴特勒（Butler, Nathaniel M.）出任推广部副主任、课程学习科主任”②，聘请“芝加哥协会秘书长朱伯林担任班级管理科主任、大学推广部总考官”③。同时，哈珀还为推广部聘请到了理查德·莫尔顿（Moulton, Richard G.）和爱德华·比姆斯等著名的巡回教学课程教师。1892 年 10 月 2 日，“莫尔顿在纽伯里图书馆开课”④，从而拉开芝加哥大学引入英国模式的巡回教学课程的序幕（见图 4-1-4）。此外，芝加哥大学引入的英国模式的巡回教学课程，其影响很快超出芝加哥甚至伊利诺伊州的范围，波及美国绝大部分地区，从东北部的缅因到西南的加利福尼亚，从西北的华盛顿到东南的佐治亚。

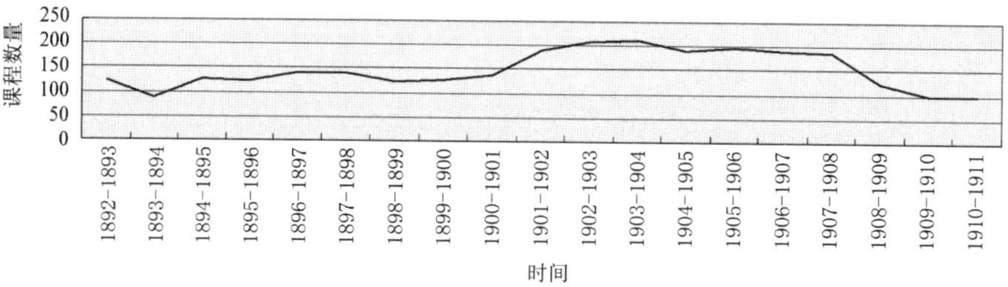

图 4-1-4　1892—1893 学年至 1910—1911 学年芝加哥大学开设的英国模式的巡回教学课程数量变化图

资料来源：William R. Harper, *The President's Report July, 1892-July, 1902*

① American Society for the Extension of University Teaching, "Notes," *University Extension*, (Jan. 1892): 364.

② University of Chicago, *Annual Register July 1, 1892-July 1, 1893 with Announcements for 1893-4* (Chicago, Illinois: The University of Chicago Press, 1893), p. 173.

③ University of Chicago, *Annual Register July 1, 1892-July 1, 1893 with Announcements for 1893-4* (Chicago, Illinois: The University of Chicago Press, 1893), p. 173.

④ Nathaniel M. Butler, "The University of Chicago and University Extension," *University Extension*, (Feb. 1894): 248.

(Chicago, Illinois: The University of Chicago Press, 1903), p. 308; William R. Harper, *The President's Report July, 1902-July, 1904* (Chicago, Illinois: The University of Chicago Press, 1905), p. 163; William R. Harper, *The President's Report July, 1904-July, 1905* (Chicago, Illinois: The University of Chicago Press, 1906), p. 80; Harry P. Judson, *The President's Report July, 1905-July, 1906* (Chicago, Illinois: The University of Chicago Press, 1907), p. 81; Harry P. Judson, *The President's Report July, 1906-July, 1907* (Chicago, Illinois: The University of Chicago Press, 1908), p. 75; Harry P. Judson, *The President's Report July, 1907-July, 1908* (Chicago, Illinois: The University of Chicago Press, 1909), p. 109; Harry P. Judson, *The President's Report July, 1908-July, 1909* (Chicago, Illinois: The University of Chicago Press, 1910), p. 103; Harry P. Judson, *The President's Report July, 1909-July, 1910* (Chicago, Illinois: The University of Chicago Press, 1911), p. 99; Harry P. Judson, *The President's Report July, 1910-July, 1911* (Chicago, Illinois: The University of Chicago Press, 1912), p. 107.

然而，自1908年秋季学期开始，芝加哥大学引入的英国模式的巡回教学课程开始迅速衰落，不仅开课数量和上课人数急剧下降，而且影响范围也迅速缩小。1907—1908学年芝加哥大学推广部还在23个州开课①，而到了1908—1909学年就只在14个州开课②，课程学习科主任沃尔特·佩恩（Payne, Walter A.）甚至建议“撤销大学推广部课程

---

① See Harry P. Judson, *The President's Report July, 1907-July, 1908* (Chicago, Illinois: The University of Chicago Press, 1909), p. 110.

② See Harry P. Judson, *The President's Report July, 1908-July, 1909* (Chicago, Illinois: The University of Chicago Press, 1910), p. 104.

学习科"①，并"由芝加哥大学资助建立一个独立的成人教育机构开设巡回教学课程"②。佩恩的第一个建议得到采纳，大学推广部于 1912 年撤销课程学习科，但后一个建议却没有得到实施。芝加哥大学持续 20 余年的英国模式的巡回教学课程的开设历史正式终结。

（4）英国模式在美国衰亡的原因

英国模式在美国盛行了十数年之久，进入 20 世纪之后，逐渐走向衰亡。对于衰亡的原因，曾经大力倡导引入英国模式的亚当斯在 1900 年曾对此进行过总结，他认为"缺少教师、缺少资金、授课教师长途奔波、校内学术事务重要性日益提高、优质廉价的大众教育方式的出现"③ 是英国模式 20 世纪初在美国衰亡的原因。亚当斯的总结虽然涉及五个方面，但是过于宏观和概括，没有从引入组织者方面挖掘具体原因。英国模式最主要的引入者是美国协会和中部大学。

美国协会引入的英国模式的衰亡原因，主要有以下三个方面。

一是资金的缺乏。美国协会的资金主要来自会员会费、慈善捐款和学费，而不像威斯康星大学、堪萨斯大学和芝加哥大学在引入英国模式的巡回教学课程时有大学在背后提供稳定的资金支持。美国协会暑期集会、机关刊物的停办均是这个原因直接造成的，而课程主题娱乐化转向也与资金缺乏脱不了关系。1903 年的财政危机险些使美国协会解散，哈德逊·肖（Shaw，W. Hudson）将 1903 年美国协会年会称

---

① Harry P. Judson, *The President's Report July, 1909-July, 1910* (Chicago, Illinois: The University of Chicago Press, 1911), p. 99.

② Harry P. Judson, *The President's Report July, 1910-July, 1911* (Chicago, Illinois: The University of Chicago Press, 1912), p. 107.

③ George E. Vincent, "Summer Schools and University Extension," in *Monographs on Education in the United States*, Vol. 2, ed. Nicholas M. Butler (Albany, New York: J. B. Lyon Company, 1900), p. 859.

为“大学推广的葬礼”①，甚至建议“美国协会与宾夕法尼亚大学合并，成为后者的附属机构”②，以确保协会的财政安全。后来，还是约瑟夫·菲尔斯（Fels,Joseph）的慈善捐款帮助美国协会暂时化解了财政危机。

二是师资的短缺。协会本身并不具备独立的师资队伍，它需要从大学聘任专职或兼职教师开展工作，这是独立于大学的协会开展大学推广工作的核心依托所在。在大学不直接提供大学推广时，这项工作很容易开展；一旦大学直接涉足大学推广工作，协会便会面临严重的师资问题，而师资问题会威胁协会的生存。在 1892 年芝加哥大学组建大学推广部之后，芝加哥协会组建不到 1 年便黯然解散。美国协会也不例外，在繁荣发展的最初 10 年，其授课教师有四分之一来自宾夕法尼亚大学，其暑期集会也在宾夕法尼亚大学举行，可以说美国协会的命运与宾夕法尼亚大学休戚相关。1906 年 2 月 7 日，宾夕法尼亚大学开始独立开展大学推广③，美国协会的师资匮乏问题便凸显出来，此后美国协会更是一蹶不振直至最终解散。

三是引入策略的激进。在引入策略上，美国协会过于激进，希望全盘引入英国模式，而没有考虑到协会的财政支撑能力。在成功引入英国模式的巡回教学课程后，美国协会急于引入联邦制组织管理体制及暑期集会，并创办协会刊物与打印课程大纲。与巡回教学课程的盈利相比，暑期集会、创办刊物与打印课程大纲完全是亏损的。连续举办 5

---

① Frederick H. Sykes, *Addresses Delivered in 1903 at the Annual Meeting of the American Society for the Extension of University Teaching* (Philadelphia, Pennsylvania: American Society for the Extension of University Teaching, 1903), p. 13.

② Frederick H. Sykes, *Addresses Delivered in 1903 at the Annual Meeting of the American Society for the Extension of University Teaching* (Philadelphia, Pennsylvania: American Society for the Extension of University Teaching, 1903), p. 21.

③ See University of Pennsylvania, *Catalogue for the Year 1906-1907* (Philadelphia, Pennsylvania: University of Pennsylvania Press, 1907), p. 52.

年暑期集会，“共投入成本 16 368.96 美元，但只收到学费 10 083.65 美元”①，平均举办一次暑期集会便亏损 1200 美元左右。创办刊物与打印课程大纲更是严重亏损，1897 年便亏损“2 585.57 美元”②，这对美国协会较弱的财政支撑能力而言无疑是难以承受的。

较弱的财政支撑能力、匮乏的师资条件与激进的引入策略，共同促使美国协会引入的英国模式走向衰亡。

与美国协会相比，美国中部大学在引入英国模式时显得谨慎得多。其仅仅引入巡回教学课程，没有举办暑期集会，也没有创办专业期刊，更没有联合其他机构建立联邦制组织管理体制。

“缺少优秀的教师”③，是中部大学未能成功引入英国模式的巡回教学课程的首要原因，芝加哥大学如此，威斯康星大学也是如此；缺乏有力的管理，是第二个原因。在管理方面，美国中部大学和美国协会处在两个极端。美国协会试图建立英国的联邦制组织管理体制，但最终以失败告终。美国中部大学，尤其是威斯康星大学和堪萨斯大学，则完全放弃这方面努力。威斯康星大学虽然组建了大学推广系，但是没有和地方教学中心建立系统的联系，也没有给地方教学中心提供有效的指导，大学推广完全依赖地方教学中心的热情，地方教学中心的热情逐渐消退后，大学推广的开展势必陷入困境。堪萨斯大学虽然成立了大学推广委员会，但是具体管理工作都是由委员会主任斯诺个人完成的，校长斯诺个人是无力承担如此庞杂的大学推广管理工作的。

---

① Board of Directors, *Ten Years Report of the American Society for the Extension of University Teaching* (Philadelphia, Pennsylvania: American Society for the Extension of University Teaching, 1901), p. 33.

② Frederick B. Miles, "Annual Report of the Treasurer of the American Society of University Extension," *The Citizen*, (Feb. 1898): 295.

③ Harry P. Judson, *The President's Report July, 1908-July, 1909* (Chicago, Illinois: The University of Chicago Press, 1910), p. 103.

虽然引入策略比较保守，但是师资问题和管理问题却成为阻碍中部大学成功引入英国模式的巡回教学课程的主要因素。随着英国模式在美国的式微，以威斯康星大学推广部主任路易斯·睿伯（Reber, Louis E.）为首的学者开始探索全新的美国大学推广模式，而美国大学推广模式的探索则肇始于威斯康星大学推广部的重组。

3. 威斯康星州免费图书馆委员会与威斯康星大学推广部的重组

威斯康星大学于 1906 年重组大学推广部完全要归功于威斯康星州免费图书馆委员会①的推动，“显而易见的是，重组威斯康星大学推广部的倡议来自州免费图书馆委员会”②。具体而言，是来自委员会主任亨利·莱格勒（Legler, Henry E.）和委员会下属立法咨询部主任麦卡锡，而在这两人中麦卡锡所发挥的作用又是最大的。

麦卡锡最为人所熟知的身份是威斯康星州免费图书馆委员会立法咨询部（Legislative Reference Department）主任和《威斯康星观念》（*Wisconsin Idea*）一书的作者，然而通过发掘麦卡锡的通信往来和传记信息，我们却发现麦卡锡才是威斯康星大学推广部重组幕后的最大推手。

1906 年 5 月，麦卡锡致信范·海斯，强调重组大学推广部的重要性，并言辞犀利地指出：“威斯康星大学不能再像以往那样在各地零星开设一些所谓的大学推广的演讲课程，而必须考虑为民众开展一些影

---

① 威斯康星大学免费图书馆委员会组建于 1895 年，成员包括威斯康星大学校长、威斯康星州历史协会主席、威斯康星州公共教育督学及州议会任命的部分成员，主要职能是“为威斯康星州所有免费图书馆提供咨询和建议，同时为意欲组建免费图书馆的地方团体就免费图书馆的组建与管理方式、图书遴选与分类等管理问题提供咨询和建议”。

② Merle E. Curti and Vernon R. Carstenson, *The University of Wisconsin: A History*, Vol. 2 (Madison, Wisconsin: University of Wisconsin Press, 1949), p. 553.

响更全面、更持久的全新的推广活动。”①

为了重组威斯康星大学推广部，麦卡锡自1906年6月到1907年6月这一年间开展了如下五个方面的工作。一是“在莱格勒的委托下”②，1906年6月对芝加哥的私立函授学校开展调查研究，调查发现“大约35 000名威斯康星州民众在芝加哥的私立函授学校注册学习，每年支付的学费总额高达80万美元”③，从而确定由威斯康星大学开设函授课程是有广阔市场前景的。同时，也指出威斯康星大学比芝加哥的私立函授学校更有能力满足威斯康星民众的函授教学需求。莱格勒于1906年8月10日将麦卡锡的调查发现呈递给了范·海斯校长。二是于“1906年8月初，向范·海斯提交了一份重组大学推广部的备忘录”④，为大学推广部重组提供组织建议。三是与莱格勒在1906年7月争取到威斯康星社会各界领袖对重组大学推广工作的支持，以此推动大学推广部重组问题列入州议会议事日程，而州议会也于1907年6月26日顺利通过“为威斯康星大学每年拨款2万美元用于开展推广和函授教学工作”⑤ 的法案。四是为重组后的大学推广部提供临时办公场所。由于当时威斯康星大学主楼扩建工程直到1907年夏才完工，因此重组后的大学推广部在此之前一直在麦卡锡的立法咨询部办公，而免费图书馆委

① Charles McCarthy,"Letter to Charles R. Van Hise in May,1906,"in *the Charles McCarthy Papers*, ed. Harold L. Miller (Madison, Wisconsin: State Historical Society of Wisconsin,1986).

② Edward A. Fitzpatrick, *McCarthy of Wisconsin* (New York: Columbia University Press,1944),p. 250.

③ Edward A. Fitzpatrick, *McCarthy of Wisconsin* (New York: Columbia University Press,1944),p. 250.

④ Edward A. Fitzpatrick, *McCarthy of Wisconsin* (New York: Columbia University Press,1944),pp. 287-290.

⑤ The Assembly of Wisconsin, *The Laws of Wisconsin Passed at the Biennial Session of the Legislature 1907* (Madison,Wisconsin:Democrat Printing Company,1907),p. 1045.

员会主任莱格勒则“无薪承担重组后的推广部临时主任一职”①，直到睿伯 1907 年底正式到任大学推广部主任为止。五是提出未来推广部主任必备的价值观，那就是“必须坚信即使那些在工厂上班的没念过大学的孩子也并不比我们的在校大学生差”②，从而确保推广部新主任能够热爱、重视这份工作。

9 年后的 1915 年第 1 届全国大学推广大会在威斯康星大学成功召开，会后麦卡锡在给莱格勒的信中回忆起二人在重组大学推广部过程中一起奋斗的岁月：“当全国 25 所院校推广部负责人齐聚这里共商大学推广事宜之际，我又不免回想起我们一起为重组大学推广部奋斗过的日子。虽然我们的名字没有出现在此次大会中，但至少我们为大学推广事业奋斗过，为此我们也满足了。”③

4. 威斯康星大学推广部对新型推广服务与推广组织的探索

在麦卡锡等人的推动下，在威斯康星州社会各界领袖的支持下，范·海斯按下了重组大学推广部的按钮。1906 年 10 月，范·海斯请求威斯康星大学董事会为重组大学推广部提供 7500 美元的经费支持，并向董事会指出：“重组大学推广部的目的并不仅仅是开展之前英国模式的巡回教学课程，更重要的是要为本州各行各业的人们提供他们所需

① Board of Regents, *Biennial Report of the Board of Regents of the University of Wisconsin for the Years 1906-7 and 1907-8* (Madison, Wisconsin: Democrat Printing Company, 1908), p. 19.

② Charles McCarthy, "Letter to Charles R. Van Hise in Aug. 14, 1907," in *the Charles McCarthy Papers*, ed. Harold L. Miller (Madison, Wisconsin: State Historical Society of Wisconsin, 1986).

③ Charles McCarthy, "Letter to Henry E. Legler in Apr. 6, 1915," in *the Charles McCarthy Papers*, ed. Harold L. Miller (Madison, Wisconsin: State Historical Society of Wisconsin, 1986).

要的帮助。”① 董事会批准了范·海斯的请求，从而使威斯康星大学推广部重组工作获得了合法性基础。同时，范·海斯成功说服时任宾夕法尼亚州立学院工学院院长睿伯出任推广部主任，从而拉开了威斯康星大学推广部探索新型推广服务与推广组织的序幕。

路易斯·睿伯是美国著名的工程师和推广教育家，同时也是威斯康星大学推广部历史上最著名的主任。

（1）路易斯·睿伯

1858 年 2 月 27 日，睿伯生于宾夕法尼亚州中心县的尼塔尼（Nittany，Centre County，Pennsylvania）。1876 年进入宾夕法尼亚州立学院数学专业学习，1880 年获理学学士学位。1883 年睿伯入麻省理工学院攻读研究生。1884 年他为宾夕法尼亚州立学院组建机械工程系。1886 年获聘宾夕法尼亚州立学院机械工程学教授，并于 1897 年出任该校工学院院长。任教期间，尤其是出任工学院院长期间，睿伯积极投身于产业工人教育活动，为宾夕法尼亚州工人开展产业教育。1907 年，在范·海斯的邀请下，出任威斯康星大学推广部主任，从此开启了其在大学推广部长达 18 年的任期。他于 1926 年退休，任职期间是威斯康星大学推广部发展史上的“黄金时期”②。同时，睿伯还是美国工程师协会、美国海军建筑与工程师协会、法兰克林学会、全美教育协会、美国科学促进会、美国工程教育促进会及全国大学推广协会等多个学术和行业组织成员。1948 年 5 月 12 日，睿伯逝世，享年 90 岁。

---

① Board of Regents, *Biennial Report of the Board of Regents of the University of Wisconsin for the Years 1904-5 and 1905-6* (Madison, Wisconsin: Democrat Printing Company, 1906), pp. 35, 38.

② William H. Dudley, *Historical Sketch of University Extension Division the University of Wisconsin and Reminiscences of Associates of Louis E. Reber* (Madison, Wisconsin: University of Wisconsin Press, 1944), p. 7.

（2）探索新型推广服务

在睿伯1907年底到任威斯康星大学推广部主任之前，弗兰克·赫钦斯（Hutchins,Frank A.）就已经着手组建辩论与公共研讨系，而威廉·莱蒂（Lighty,William H.）也已组织函授教学工作一年有余。在睿伯的主持下，威斯康星大学推广部踏上了探索全新推广服务类型和推广组织的征程。

首先，改革函授教学。

早在1896年，在当时大学推广系主任雷蒙德的提议下，威斯康星大学曾开展过函授教学工作。随着1897年雷蒙德出任西弗吉尼亚大学校长，以及大学推广系并入新成立的威斯康星大学教育学院，早期的函授教学工作便停止了，而威斯康星大学重新开展函授教学工作起步于莱蒂的任命。

1906年7月，范·海斯委托莱蒂组织函授教学工作。在莱蒂的领导下，威斯康星大学在一年多的时间内便开设了类型多样的函授课程，包括“正式的函授课程，具体包括常规大学层次课程、高中和大学预科层次课程、小学层次课程、研究生层次课程和职业类课程；非正式的函授课程……为学习俱乐部列出课程计划；授予大学学分的课程，以及为地方群体开设的专业类研究生课程，其标准与大学为在校生所开课程相同”①。然而，在教学方式上，莱蒂组织的函授教学工作仍然采用的是私立函授学校的做法，即以邮件方式传递教学资料，师生之间没有直接接触。

入职推广部主任后，睿伯从三个方面对函授教学工作进行改革。

一是改革教学方式，为了改变由私立函授学校所采用的教学方式而导致的学生辍学率高的问题，睿伯在其中加入了定期面授环节，即

① Board of Regents, *Biennial Report of the Board of Regents of the University of Wisconsin for the Years 1910-11 and 1911-12* (Madison, Wisconsin: Democrat Printing Company, 1912), p. 155.

"只要同一地方有 20 名以上的学生学习同一门课程，推广部就委派教师为学生现场面授，面授课通常两周一次"①。同时，授课教师需根据函授课程上学生能力的不同而因材施教。1908 年，威斯康星大学推广部"仅开设 12 门面授课程"②，此后面授课程开设数量直线上升（见图 4-1-5）。

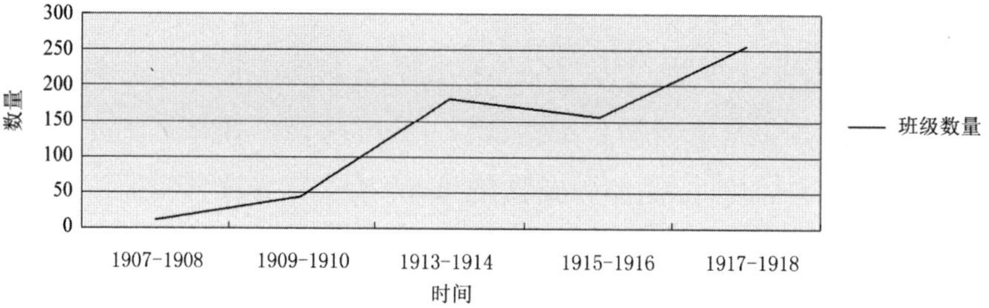

图 4-1-5 1907—1918 年推广部函授课程面授班开课次数变化图

资料来源：Board of Regents, *Biennial Report of the Board of Regents of the University of Wisconsin for the Years 1906-7 and 1907-8* (Madison, Wisconsin: Democrat Printing Company, 1908), p. 184; Board of Regents, *Biennial Report of the Board of Regents of the University of Wisconsin for the Years 1908-9 and 1909-10* (Madison, Wisconsin: Democrat Printing Company, 1910), p. 235; Board of Regents, *Biennial Report of the Board of Regents of the University of Wisconsin for the Years 1912-13 and 1913-14* (Madison, Wisconsin: Democrat Printing Company, 1914), p. 170; Board of Regents, *Biennial Report of the Board of Regents of*

---

① Board of Regents, *Biennial Report of the Board of Regents of the University of Wisconsin for the Years 1906-7 and 1907-8* (Madison, Wisconsin: Democrat Printing Company, 1908), p. 176.

② Board of Regents, *Biennial Report of the Board of Regents of the University of Wisconsin for the Years 1906-7 and 1907-8* (Madison, Wisconsin: Democrat Printing Company, 1908), p. 184.

the University of Wisconsin for the Years 1916-17 and 1917-18 (Madison, Wisconsin: Democrat Printing Company, 1918), pp. 219-222, 226.

二是在师资方面，睿伯强调应该聘请适合函授教学需求的专职教师。在睿伯入职推广部主任之前，函授教学工作主要由威斯康星大学各院系教师承担，而他认为大学教师并不适合承担函授教学工作，"一是因为这些教师需要承担所在系的教学工作，……二是因为这些教师对函授学生没有充分的了解"①。1908 年 7 月 1 日，睿伯已聘请了 3 位专职函授教师，到 1910 年 7 月 1 日，睿伯已聘请了 21 位专职函授教师。

三是在教材方面，睿伯主张应该编写适合函授学生独特需要的教材，而这种教材应该由"各行业专家撰写，同时由熟悉教法和教材内容的教师编排"②，并与出版社签订出版协议，出版函授教材。1910 年，"威斯康星大学董事会与麦克格劳-希尔出版公司（McGraw-Hill Book Company）签订出版协议，专门出版大学推广部组织撰写的教材"③。1914 年，推广部已经组织撰写并出版了"12 部教材，……全国已有 36 所高等教育机构使用这些教材"④。

---

① Board of Regents, *Biennial Report of the Board of Regents of the University of Wisconsin for the Years 1906-7 and 1907-8* (Madison, Wisconsin: Democrat Printing Company, 1908), pp. 182, 183.

② Board of Regents, *Biennial Report of the Board of Regents of the University of Wisconsin for the Years 1906-7 and 1907-8* (Madison, Wisconsin: Democrat Printing Company, 1908), p. 184.

③ William H. Dudley, *Historical Sketch of University Extension Division the University of Wisconsin and Reminiscences of Associates of Louis E. Reber* (Madison, Wisconsin: University of Wisconsin Press, 1944), p. 50.

④ Board of Regents, *Biennial Report of the Board of Regents of the University of Wisconsin for the Years 1912-13 and 1913-14* (Madison, Wisconsin: Democrat Printing Company, 1914), pp. 170-171, 227.

经过睿伯的改革，大学推广部开设的函授课程的教学质量得到显著提升，课程也更受学生的欢迎。1906年10月，威斯康星大学重新开设函授课程时，"只有26名学生注册学习"①；1907年，"注册学习的人数上升到116名"②；到1908年，"已有1088名学生注册学习200多门函授课程"③。睿伯改革后，函授课程注册人数实现质的飞跃（见图4-1-6），甚至美国陆军和海军还委托大学推广部为其新招募的士兵开设函授课程。

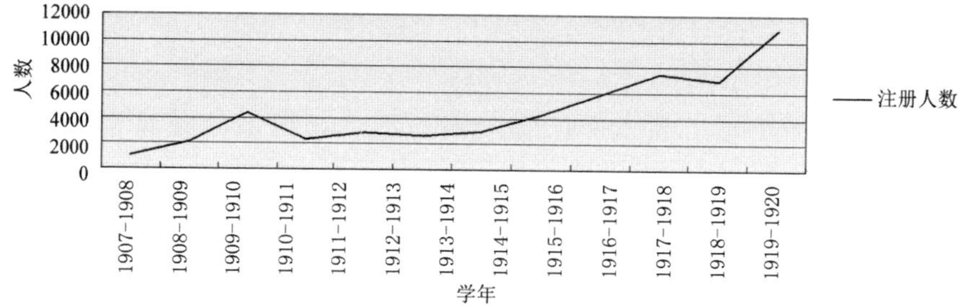

图4-1-6 1907—1920年威斯康星大学函授课程注册人数变化图

资料来源：Board of Regents, *Biennial Report of the Board of Regents of the University of Wisconsin for the Years 1908-9 and 1909-10* (Madison, Wisconsin: Democrat Printing Company, 1910), p. 235; Board of Regents, *Biennial Report of the Board of Regents of the University of Wisconsin*

① Board of Regents, *Biennial Report of the Board of Regents of the University of Wisconsin for the Years 1908-9 and 1909-10* (Madison, Wisconsin: Democrat Printing Company, 1910), p. 235.

② Board of Regents, *Biennial Report of the Board of Regents of the University of Wisconsin for the Years 1908-9 and 1909-10* (Madison, Wisconsin: Democrat Printing Company, 1910), p. 235.

③ Board of Regents, *Biennial Report of the Board of Regents of the University of Wisconsin for the Years 1906-7 and 1907-8* (Madison, Wisconsin: Democrat Printing Company, 1908), p. 175.

for the Years 1910-11 and 1901-12 (Madison, Wisconsin: Democrat Printing Company, 1912), pp. 159-160; Board of Regents, *Biennial Report of the Board of Regents of the University of Wisconsin for the Years 1912-13 and 1913-14* (Madison, Wisconsin: Democrat Printing Company, 1914), p. 223; Board of Regents, *Biennial Report of the Board of Regents of the University of Wisconsin for the Years 1918-19 and 1919-20* (Madison, Wisconsin: Democrat Printing Company, 1920), p. 159.

其次，改革校外演讲课程。

入职推广部主任一年后，睿伯才开始对校外演讲课程进行改革。改革后的校外演讲课程不同于19世纪90年代威斯康星大学曾引入英国模式的巡回教学课程，其不仅不再严格遵守6讲或12讲的课程长度，也没有打印的课程大纲、家庭作业和班级答疑，更没有考试环节。这些课程主要围绕音乐、表演、大众流行的话题，以及具有教育意义的主题，在"学校、民众会议或集会"① 上开设，兼具娱乐和教育功能，"是一种最有效的大众教育方式，尤其对成年人具有教育价值，它能塑造公共舆论，培养公民的品德"②。

因此，校外演讲课程于1909年开设伊始便受到全州民众的普遍欢迎。"1909—1910学年，推广部在威斯康星州71个市安排了24门演讲

① Board of Regents, *Biennial Report of the Board of Regents of the University of Wisconsin for the Years 1910-11 and 1911-12* (Madison, Wisconsin: Democrat Printing Company, 1912), p. 161.

② Board of Regents, *Biennial Report of the Board of Regents of the University of Wisconsin for the Years 1906-7 and 1907-8* (Madison, Wisconsin: Democrat Printing Company, 1908), p. 188.

课程，共计 26 000 多场，平均每场演讲有 150 名听众。”① 此后，大学推广部开设的校外演讲课程数量逐步上升（见图 4-1-7）。

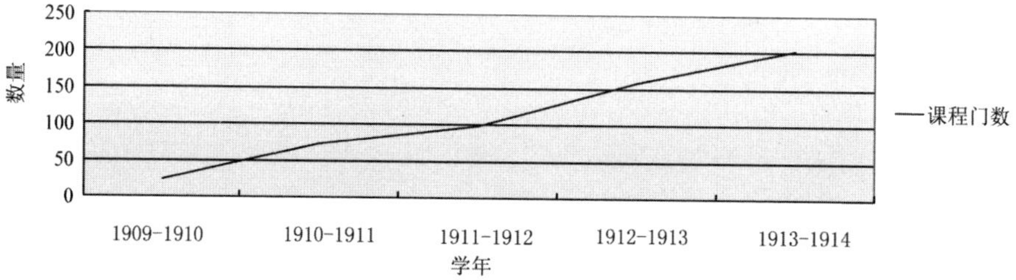

图 4-1-7　1909—1914 年大学推广部开设的校外演讲课程数量变化图

资料来源：Board of Regents, *Biennial Report of the Board of Regents of the University of Wisconsin for the Years 1912-13 and 1913-14* (Madison, Wisconsin: Democrat Printing Company, 1914), p. 230.

再次，引导公众辩论与提供相关资料。

引导公众辩论与提供相关资料是由免费图书馆委员会前主任赫钦斯一手开发出来的，睿伯入职推广部主任后，对赫钦斯的工作给予了全面的支持，而赫钦斯也是推广部中给予睿伯建议和灵感最多的人。赫钦斯所开发的推广服务的主要目的是“推动民众关注与讨论时下热点的政治和经济问题”②。

赫钦斯开发的最著名的服务方式是图书馆服务包（Package Library Service）。所谓图书馆服务包是指“针对某一辩论或讨论问题而建立的

① Board of Regents, *Biennial Report of the Board of Regents of the University of Wisconsin for the Years 1908-9 and 1909-10* (Madison, Wisconsin: Democrat Printing Company, 1910), p. 240.

② Board of Regents, *Biennial Report of the Board of Regents of the University of Wisconsin for the Years 1906-7 and 1907-8* (Madison, Wisconsin: Democrat Printing Company, 1908), p. 188.

资料包，资料包里有关于该主题的所有最新资料，资料类型包括图书、文章、报纸、政府简报”①，服务包内容定期更新。图书馆服务包是推广部提供的最具特色的推广服务，一经提供便产生了重要影响，其借阅量直线上升（见图 4-1-8）。

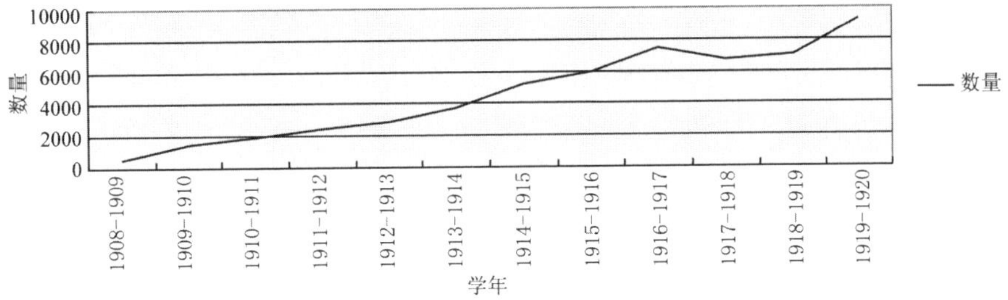

图 4-1-8 1908—1920 年大学推广部图书馆服务包借阅数量变化图

资料来源：Board of Regents, *Biennial Report of the Board of Regents of the University of Wisconsin for the Years 1908-9 and 1909-10* (Madison, Wisconsin: Democrat Printing Company, 1910), p. 242; Board of Regents, *Biennial Report of the Board of Regents of the University of Wisconsin for the Years 1910-11 and 1911-12* (Madison, Wisconsin: Democrat Printing Company, 1912), p. 165; Board of Regents, *Biennial Report of the Board of Regents of the University of Wisconsin for the Years 1914-15 and 1915-16* (Madison, Wisconsin: Democrat Printing Company, 1916), p. 190; Board of Regents, *Biennial Report of the Board of Regents of the University of Wisconsin for the Years 1916-17 and 1917-18* (Madison, Wisconsin: Democrat Printing Company, 1918), p. 202; Board of Regents, *Biennial Report of the Board of Regents of the University of Wisconsin for the Years 1918-19 and 1919-20* (Madison,

① Board of Regents, *Biennial Report of the Board of Regents of the University of Wisconsin for the Years 1912-13 and 1913-14* (Madison, Wisconsin: Democrat Printing Company, 1914), p. 184.

Wisconsin:Democrat Printing Company,1920),p. 142.

除此之外，赫钦斯开发的服务方式还包括出版和传播指导公共辩论的手册，并对手册的形式和内容及时进行修订以满足不同的教育需求。过去 2 年中，“有超过 20 100 部指导手册传阅到 50 多个州和国家，威斯康星州民众可以免费使用，而其他州和国家的民众需要支付一定的费用”①。

最后，拓展信息咨询服务的范围。

麦卡锡领导的立法咨询部为威斯康星州议员提供立法咨询服务是该州最早提供的信息咨询服务，受此启发，睿伯希望能为更广泛的对象诸如“联邦与州政府、各类协会、州立大学和广大民众”② 提供信息咨询服务，从而拓展推广服务的范围。然而，由于资金所限，睿伯治下的大学推广部提供的信息咨询服务类型仅限于市政咨询、行业培训及幻灯片外借。

市政咨询的方式是“收集市政府各部门所有方面的数据和信息，并把它们传达给本州所有市政官员和民众”③。为此，于 1909 年特别组建市政咨询所，专门负责该项推广服务。在市政咨询所组建后的 9 个月

---

① Almere Scott,“Replies to Specific Inquiries and the Circulation of the Traveling Package Libraries,” *Proceedings of the First National University Extension Conference*,(1915):146-147.

② Board of Regents,*Biennial Report of the Board of Regents of the University of Wisconsin for the Years 1906-7 and 1907-8* (Madison, Wisconsin: Democrat Printing Company, 1908),p. 191.

③ Board of Regents,*Biennial Report of the Board of Regents of the University of Wisconsin for the Years 1908-9 and 1909-10* (Madison, Wisconsin: Democrat Printing Company, 1910),p. 243.

里，“收到并回复了来自威斯康星州各市和团体的900多条信息咨询请求”①；1911—1912学年，“这一数据上升到976条”②；1916—1918年，“这一数据为1494次，其中有273条信息请求来自外州的市”③。为了应对与日俱增的信息咨询压力，1914年市政咨询所组建了市政咨询图书馆（Municipal Reference Library）。

行业培训的方式是由大学推广部邀请专家和学者为威斯康星州各行业团体开设业务培训班。1908年10月，在威斯康星州面包师协会的请求下，大学推广部在密尔沃基组织食品化学专家开设食品科学和烘焙技术培训班，“共有125名面包师报名参加”④，培训班甚至引起了联邦政府的高度关注，联邦农业部为此还专门派遣谷物和面粉专家协助大学推广部开展此次培训活动。此后，行业培训便成为大学推广部的一项重要服务类型，培训对象也逐渐扩大到奶农、工程师、公务员、法官、律师等职业群体。

幻灯片外借的服务对象主要是中小学，以便中小学教师在课堂教学中能运用视频教学这种生动的教学方式。最早开展幻灯片外借服务的机构是纽约州立大学推广部，该服务受到了中小学的一致好评。为此，1909年，睿伯便推动大学推广部提供这类服务，“本州各中小学可

---

① Board of Regents, *Biennial Report of the Board of Regents of the University of Wisconsin for the Years 1908-9 and 1909-10* (Madison, Wisconsin: Democrat Printing Company, 1910), p. 244.

② Board of Regents, *Biennial Report of the Board of Regents of the University of Wisconsin for the Years 1910-11 and 1911-12* (Madison, Wisconsin: Democrat Printing Company, 1912), p. 171.

③ Board of Regents, *Biennial Report of the Board of Regents of the University of Wisconsin for the Years 1916-17 and 1917-18* (Madison, Wisconsin: Democrat Printing Company, 1918), p. 205.

④ Board of Regents, *Biennial Report of the Board of Regents of the University of Wisconsin for the Years 1906-7 and 1907-8* (Madison, Wisconsin: Democrat Printing Company, 1908), p. 193.

以申请免费外借幻灯片，期限为两周，……1909 年 6 月 13 日便有 24 所学校提出外借申请”①。

（3）完善推广组织结构

与探索新型推广服务相比，睿伯所做的更大贡献在于完善威斯康星大学推广服务的组织结构，这一方面体现在大学推广部组织结构的完善，另一方面体现在大学推广区的划分与推广区办公室的组建。

一是大学推广部组织结构的完善。

虽然在睿伯 1907 年底入职推广部主任之前，莱蒂已经开始组织函授教学工作，赫钦斯也正在筹建公共研讨与辩论系，但此时没人认为大学推广部在组织上已经建立起来，最直接的证据便是在 1907 年威斯康星大学情况概览（catalogue）中，虽然已经有了大学推广部，但其内部没有任何组织机构。大学推广部组织建设工作完全是在睿伯的指导下完成的。

1908 年，在第一次双年度报告中，睿伯便指出：“为了更方便、迅捷、高效地开展推广工作，在大学推广部内部组建函授教学系、演讲课程系、辩论与公共研讨系和通用信息与福利系。”② 1909 年，大学推广部所属 4 个系全部组建完毕，同时又在通用信息与福利系内部组建了市政咨询所和公民与社会发展所。

1918 年，睿伯对推广部组织结构进行了调整，“改组通用信息与福利系为群体与社区服务系，改组演讲课程系为演讲课程所，同时并入群体与社会服务系，辩论与公共研讨系的部分职能也并入群体与社会

---

① Board of Regents, *Biennial Report of the Board of Regents of the University of Wisconsin for the Years 1908-9 and 1909-10* (Madison, Wisconsin: Democrat Printing Company, 1910), p. 246.

② Board of Regents, *Biennial Report of the Board of Regents of the University of Wisconsin for the Years 1906-7 and 1907-8* (Madison, Wisconsin: Democrat Printing Company, 1908), p. 174.

服务系"[①]。新组建的群体与社会服务系由"演讲课程所，市政咨询所，公民与社会发展所，视频教学所，健康、商业与产业关系所"[②] 构成。至此形成了睿伯时期威斯康星大学推广部"三系五所"的组织架构。

二是大学推广区的划分与推广区办公室的组建。

大学推广部重组的初衷是"不仅为那些有明确需求的对象提供相应的帮助，还要为那些暂时还没感受到有哪些具体需要，但通过接触推广部各系提供的服务后逐渐发现自我改进需要的对象提供帮助"[③]。欲求重组初衷的实现，首要问题便是了解全州民众的教育需求、拉近大学与全州民众的距离，而仅凭大学推广部的力量是根本无法完成这项任务的。为此，睿伯建议"将威斯康星州划分为 11 个推广区"[④]，在推广区人口稠密的城市设立推广区办公室，而推广区办公室理想的设置地点便是城市中的公共图书馆。同时，为每个区办公室配备一位主任及其两位助理主任。推广区办公室主任肩负双重职责，"一是了解本区民众或团体对函授教学和面授班的实际需求，并为其入读函授课程登记注册；二是向麦迪逊的推广部总部汇报所在推广区个人或群体的

---

① Board of Regents, *Biennial Report of the Board of Regents of the University of Wisconsin for the Years 1918-19 and 1919-20* (Madison, Wisconsin: Democrat Printing Company, 1920), p. 130.

② Board of Regents, *Biennial Report of the Board of Regents of the University of Wisconsin for the Years 1918-19 and 1919-20* (Madison, Wisconsin: Democrat Printing Company, 1920), p. 146.

③ Board of Regents, *Biennial Report of the Board of Regents of the University of Wisconsin for the Years 1906-7 and 1907-8* (Madison, Wisconsin: Democrat Printing Company, 1908), p. 194.

④ Board of Regents, *Biennial Report of the Board of Regents of the University of Wisconsin for the Years 1906-7 and 1907-8* (Madison, Wisconsin: Democrat Printing Company, 1908), p. 196.

教育需求”[①]。这样，威斯康星大学通过大学推广部，大学推广部通过推广区办公室与威斯康星民众紧密联系在一起。

在推广区办公室，大学推广部各系可以“开设函授课程、演讲课程、专题展览，也可以举办培训班”[②]。同时，在推广区办公室的协调下，组建地方实验室，或者租用当地中学的实验室，“以便为函授课程教师在开展实验教学时提供帮助”[③]。

1908 年 7 月[④]，密尔沃基推广区组建，该推广区涵盖威斯康星州 7 个行政县。在随后的 5 年中，又有 5 个推广区相继组建，见表 4-1-2。

表 4-1-2 威斯康星大学推广部各推广区组建时间、办公室所在地及行政区覆盖范围统计表

组建时间	区名	办公室所在地	涵盖行政县数量
1908 年 7 月	密尔沃基区 (Milwaukee District)	密尔沃基 (Milwaukee)	7
1909 年 6 月	奥斯库什区 (Oshkosh District)	奥斯库什 (Oshkosh)	10

---

① William H. Dudley, *Historical Sketch of University Extension Division the University of Wisconsin and Reminiscences of Associates of Louis E. Reber* (Madison, Wisconsin: University of Wisconsin Press, 1944), pp. 16-17.

② Board of Regents, *Biennial Report of the Board of Regents of the University of Wisconsin for the Years 1906-7 and 1907-8* (Madison, Wisconsin: Democrat Printing Company, 1908), p. 195.

③ Board of Regents, *Biennial Report of the Board of Regents of the University of Wisconsin for the Years 1906-7 and 1907-8* (Madison, Wisconsin: Democrat Printing Company, 1908), p. 197.

④ See Board of Regents, *Biennial Report of the Board of Regents of the University of Wisconsin for the Years 1908-9 and 1909-10* (Madison, Wisconsin: Democrat Printing Company, 1910), p. 232.

续表

组建时间	区名	办公室所在地	涵盖行政县数量
1911 年 8 月	拉克劳斯区 (La Crosse District)	拉克劳斯 (La Crosse)	7
1912 年 7 月	苏必利尔区 (Superior District)	苏必利尔 (Superior)	9
1912 年 8 月	华沙区 (Wausau District)	华沙 (Wausau)	5
1913 年 11 月	伊尔克莱尔区 (Eau Claire District)	伊尔克莱尔 (Eau Claire)	—

资料来源：Board of Regents, *Biennial Report of the Board of Regents of the University of Wisconsin for the Years 1908-9 and 1909-10* (Madison, Wisconsin: Democrat Printing Company, 1910), pp. 232-233; Board of Regents, *Biennial Report of the Board of Regents of the University of Wisconsin for the Years 1910-11 and 1911-12* (Madison, Wisconsin: Democrat Printing Company, 1912), p. 154; Board of Regents, *Biennial Report of the Board of Regents of the University of Wisconsin for the Years 1912-13 and 1913-14* (Madison, Wisconsin: Democrat Printing Company, 1914), p. 167.

虽然睿伯在 1908 年的双年度报告中将威斯康星州划分为 11 个推广区，并信心满满地指出推广部将根据实际需要，“在此基础上进一步增加推广区的数量”①，然而自 1914 年之后，由于经费所限，威斯康星大学推广部未再组建新的推广区。

① Board of Regents, *Biennial Report of the Board of Regents of the University of Wisconsin for the Years 1906-7 and 1907-8* (Madison, Wisconsin: Democrat Printing Company, 1908), p. 197.

如上所述，到一战之前，睿伯领导的威斯康星大学推广部已经探索出一套相对成熟的新型推广服务与稳定高效的推广组织结构，这吸引了国内各高校和社会团体的广泛关注。尤其是时任新泽西州州长的伍德罗·威尔逊造访麦迪逊并发表“社区发展”的演讲。1913 年，宾夕法尼亚州州长领衔的 150 多人代表团调研威斯康星大学推广部，再加上新闻媒体的广泛报道，更是为睿伯争取到了更多的追随者，逐渐形成了美国大学推广领域中的威斯康星学派。

5. 威斯康星学派与美国大学推广新范式的形成

(1) 美国大学推广领域中的威斯康星学派

学派原是用来指代一群拥有共同学术标准、学术传统、学术代表性作品和学术领袖的学者群体，而这里用“威斯康星学派”指代美国大学推广领域中那些以睿伯为领袖、以威斯康星大学推广服务类型和组织结构为圭臬的各大学推广机构负责人所组成的学者群体。

睿伯领导下的威斯康星大学推广部不仅在新型推广服务与推广组织建设上功勋卓著，而且为美国大学推广领域培养了一批杰出的管理者，这些人在离开威斯康星大学推广部后，在新的推广岗位上践行威斯康星模式，由此进一步扩大了睿伯及威斯康星大学推广部的影响面。早在 1915 年全国大学推广大会召开之前，威斯康星大学推广部演讲课程系原主任约翰·佩蒂约翰（Pettijohn, John J.）就已经出任印第安纳大学推广部主任，威斯康星大学推广部华沙推广区办公室原主任弗里德里克·汉密尔顿（Hamilton, Frederic R.）就已经出任堪萨斯大学推广部主任。

同时，威斯康星大学推广部所取得的成就也为睿伯赢得了众多的追随者，正如明尼苏达大学推广部主任理查德·普莱斯（Price, Richard R.）在 1924 年全国大学推广协会（National Association of University Extension）年会上所言那样，“作为我国大学推广领域的先驱人物，睿伯治下的威斯康星大学推广部探索的推广类型、程序和方法现如今已成为我国大学推广领域的标准范式，……睿伯不仅是威斯康星大学推广部主任，更是我们所有大学推广人的主任”①，而罗格斯大学推广部主任诺曼·米勒（Miller,Norman C.）甚至将睿伯称为“现代大学推广运动之父”②。诚如普莱斯和米勒所言那样，当时美国众多著名大学推广部主任，如密歇根大学推广部主任威廉·亨德森（Henderson,William D.）、加州大学推广部主任艾拉·霍尔士（Howerth,Ira W.）、科罗拉多大学推广部主任埃尔莫·皮特森（Peterson,Elmore）、宾夕法尼亚州立学院推广部主任詹姆斯·默耶（Moyer,James A.）、北卡罗来纳大学推广部主任路易斯·威尔逊（Wilson,Louis R.）、哥伦比亚大学推广部主任詹姆斯·艾格伯特（Egbert,James G.）和佛罗里达大学推广部主任伯特·雷利（Riley,Bert C.）等都是睿伯的忠实粉丝。而除了雷利之外，其余人所领导的大学推广部都是1915年全国大学推广协会组建时的创始单位。

由此可见，到1915年全国大学推广大会召开之前，在美国大学推广领域一个以睿伯为领袖、以威斯康星推广服务类型和推广组织为圭臬的威斯康星学派已然形成。正是在这个学派的推动下，威斯康星推广部探索的新型推广服务和推广组织才最终演变为美国大学推广的新范式，而1915年全国大学推广大会的成功召开则是向着这个伟大目标迈出的坚实一步。

（2）全国大学推广大会的召开与全国大学推广协会的组建

睿伯在1915年全国大学推广大会上的发言指出：“前几年，我收到

---

① William H. Dudley, *Historical Sketch of University Extension Division the University of Wisconsin and Reminiscences of Associates of Louis E. Reber* (Madison, Wisconsin: University of Wisconsin Press, 1944), p. 23.

② William H. Dudley, *Historical Sketch of University Extension Division the University of Wisconsin and Reminiscences of Associates of Louis E. Reber* (Madison, Wisconsin: University of Wisconsin Press, 1944), p. 60.

来自全国各地的信，信中要求召开一次大会，共商大学推广事宜。”① 作为回应，睿伯向全国各大学推广部门负责人就推广大会举办地和承办单位征求意见，意见征求结果显示，除了一位征求对象选择芝加哥和芝加哥大学外，其他人都选择了麦迪逊和威斯康星大学。② 最终，在威斯康星大学推广部的筹办下，第 1 届全国大学推广大会于 1915 年 3 月 10 日至 12 日成功召开。

在这次大会上，威斯康星大学校长，推广部主任，推广部函授教学系、演讲课程系、辩论与公共研讨系、通用信息与福利系等各系主任，通用信息与福利系下属市政咨询所所长，奥斯库什推广区办公室主任，以及函授教学系部分教师代表分别介绍了各自领域的推广工作。可以说，威斯康星大学推广部借此次全国大学推广大会之际，在全国各大学推广部负责人面前上演了一次集体亮相。

此次全国大学推广大会取得了两项重要成就，一是会后成立了全国大学推广协会，睿伯成功当选为协会首任主席；二是大会形成制度化，此后每年均由协会会员单位轮流举办年会。而无论是全国大学推广协会的组建，还是大学推广大会的制度化都要得益于睿伯提供的持续不断的支持和鼓励。正如时任宾夕法尼亚州立学院推广部主任默耶所言：“睿伯是全国大学推广协会组建的最主要推动者，……如果没有他提供的持续支持和鼓励，全国大学推广协会恐怕早就解散了。”③ 同

---

① Louis E. Reber, "The Scope of University Extension and Its Organization and Subdivisions," *Proceedings of the First National University Extension Conference*, (1915): 25-26.

② See Louis E. Reber, "The Scope of University Extension and Its Organization and Subdivisions," *Proceedings of the First National University Extension Conference*, (1915): 26.

③ William H. Dudley, *Historical Sketch of University Extension Division the University of Wisconsin and Reminiscences of Associates of Louis E. Reber* (Madison, Wisconsin: University of Wisconsin Press, 1944), pp. 54-55.

时，全国大学推广协会的组建及大会的制度化也为以睿伯为首的威斯康星学派推动威斯康星推广服务类型与推广组织成为全美大学推广的新范式提供了充分的制度与时间保障。

（3）威斯康星推广服务类型与推广组织成为全美大学推广新范式

在以睿伯为首的威斯康星学派的推动下，全国大学推广协会成立伊始便即刻着手推动威斯康星推广服务类型与推广组织成为美国大学推广的新范式。为此，协会组建了以威斯康星学派重要成员普莱斯和亨德森为主席的命名规范化委员会和标准化委员会这两个常委会，而这两个常委会是除了执委会之外协会设立的“唯二”的常委会，可见协会成立初期，推动美国大学推广新范式形成这一目标是多么明显。经过四年的努力，1920 年，协会在密歇根大学召开的年会上终于通过了命名规范化委员会和标准化委员会的提案。

一是命名规范化。

早在 1915 年大学推广大会上，加州大学推广部主任霍尔士就提出命名规范化问题。1916 年，在芝加哥大学召开的年会上，明尼苏达大学推广部主任普莱斯就做了题为《大学推广命名规范化》的报告，直接推动命名规范化问题纳入协会的议事日程。协会随之组建了以普莱斯为主席，以哈佛大学推广部主任詹姆斯·罗普斯（Ropes, James H.）、堪萨斯大学推广部主任汉密尔顿和霍尔士为成员的命名规范化委员会。

1917 年，在匹兹堡大学举办的年会上，印第安纳大学推广部主任佩蒂约翰宣读了命名规范化委员会提交的报告，但该报告在当时并未获得协会通过。1920 年，普莱斯又代表委员会提交了规范化报告，其最终得以通过。1916 年、1917 年和 1920 年，三份规范化报告从推广机构名称、推广部门管理人员职务名称及函授教学课程名称等三个方面提出了规范化建议。

在机构名称上，报告建议“负责管理普通推广工作的推广机构命名为大学推广部……，推广部下属机构命名为系……，系的下属机构命名为所”①。

在推广部门管理人员职务名称上，报告建议“推广部的负责人命名为主任或院长，推广部临时负责人命名为执行院长或执行主任，院长或主任的代表命名为助理院长或助理主任，分管推广部各类事务的负责人命名为副主任或副院长，各系的负责人命名为系主任，各所的负责人命名为所长”②。

在函授教学课程名称上，报告建议“函授教学系下发给学生并要求其学习的材料命名为课后学习任务，而学生完成后提交给函授教学系的材料命名为课堂报告”③。在学分换算标准上，报告建议“提交八次课堂报告，可以获得一个大学学分；参加一学期十六周、每周一次、每次两课时的推广班课程，可以获得两个大学学分”④。

二是推广课程标准化。

大学推广部所开部分函授课程及校外演讲课程是可以授予学分的，如何确保通过推广课程所获学分与在校学习所获学分具有同等学术价值是大学推广部必须解决的问题。早在芝加哥召开的年会上，密歇根大学推广部主任亨德森就提议研究推广课程标准化问题，协会为此组建了以亨德森为主席，以佩蒂约翰、艾格伯特、南卡罗来纳大学推广部主任里德·史密斯（Smith，Reed）和艾奥瓦大学推广部主任奥利·克林格曼（Klingaman，Orie E.）为成员的标准化委员会。

---

① John J. Pettijohn,"Report of the Committee on Nomenclature,"*Proceedings of the Third Annual Conference of the National Association of University Extension*,(1917):83.

② Richard R. Price,"Report of the Committee on Nomenclature,"*Proceedings of the Fifth Annual Conference of the National Association of University Extension*,(1920):14.

③ Richard R. Price,"Report of the Committee on Nomenclature,"*Proceedings of the Fifth Annual Conference of the National Association of University Extension*,(1920):13.

④ Richard R. Price,"Report of the Committee on Nomenclature,"*Proceedings of the Fifth Annual Conference of the National Association of University Extension*,(1920):13.

1919年，亨德森代表委员会提交了标准化报告，威斯康星大学函授教学系主任莱蒂、芝加哥大学函授教学系主任赫威·马洛里(Mallory, Hervey F.)、匹兹堡大学推广部主任查尔斯·罗伯特森(Robertson,Charles B.)、俄克拉荷马大学推广部主任约瑟夫·斯科罗格斯（Scroggs,Joseph W.）都对该报告进行了点评，最终马洛里提议在下届年会待充分讨论后再做定夺，而标准化委员会提交的报告也最终在1920年年会上通过。

标准化报告从推广学分课程的设置、课时量、期末考试、学分授予及授课教师等各方面做出了严格规定。在课程设置上，报告规定："推广部所开设的授予学分课程应该是大学其他院系正在为在校生开设的课程，否者需要得到相关院系主任的批准。"① 在课时量上，报告规定："推广部所开设的授予学分课程在课时量上应该与大学其他院系为在校生所开类似课程相同。"② 在期末考试上，报告规定："如果学生想通过推广课程获得学分，就必须通过课程期末考试或其他形式的测试。"③ 在学分授予上，报告规定："只有学生达到授予学分的推广课程的相关要求，才能获得与其他院系为在校生所开类似课程等量的学分，但需要注明学分是通过学习推广课程获得的。"④ 在授课教师上，报告

① William D. Henderson, "Report of the Committee on Standardization of Extension Credit Course," *Proceedings of the Fifth Annual Conference of the National Association of University Extension*, (1920): 47.

② William D. Henderson, "Report of the Committee on Standardization of Extension Credit Course," *Proceedings of the Fifth Annual Conference of the National Association of University Extension*, (1920): 48.

③ William D. Henderson, "Report of the Committee on Standardization of Extension Credit Course," *Proceedings of the Fifth Annual Conference of the National Association of University Extension*, (1920): 48.

④ William D. Henderson, "Report of the Committee on Standardization of Extension Credit Course," *Proceedings of the Fifth Annual Conference of the National Association of University Extension*, (1920): 48.

规定："所有授予学分的推广课程的授课教师均应是正式的大学教师，或者是大学正式任命的校外教师。"① 通过命名规范化委员会和标准化委员会的报告内容来看，其起草的蓝本就是睿伯领导下的威斯康星大学推广部探索的推广服务类型，而两个委员会的构成也是以威斯康星学派成员为主。

在威斯康星学派的推动下，睿伯治下的威斯康星大学推广部探索的推广服务类型和推广组织于 20 世纪 20 年代初成为美国大学推广的新范式，并迅速为美国其他大学推广组织所借鉴。截至 1951—1952 学年，"在全国大学推广协会的 57 所成员大学中，有 48 所大学模仿威斯康星大学重组了自己的大学推广部"②。自此，美国大学推广运动步入了一个全新的时代。

第二节 《1862 年美国赠地学院法案》对美国高等教育的影响

在《1862 年美国赠地学院法案》颁布时的 19 世纪 60 年代，并没有人看好这部法案的作用，也没有人会清晰地意识到它可能对美国高等教育历史发展产生的影响，《纽约论坛报》（*New York Tribune*）在列举美国国会所取得的立法成就时甚至完全忽略了《1862 年美国赠地学院法案》。然而随着《1862 年美国赠地学院法案》的实施，随着美国公立高等教育的快速发展及其在美国经济和社会生活中所发挥作用的日益凸显，《1862 年美国赠地学院法案》对美国高等教育及美国社会的

---

① William D. Henderson, "Report of the Committee on Standardization of Extension Credit Course," *Proceedings of the Fifth Annual Conference of the National Association of University Extension*, (1920): 48.

② John H. Morton, *University Extension in the United States* (Birmingham, Alabama: University of Alabama Press, 1953), p. 38.

发展起到了甚至连特纳、莫雷尔等人都难以想象的重要作用。2009 年，丹尼斯·约翰逊在其编撰的《塑造美国的 15 部国会立法及其影响》一书就将《1862 年美国赠地学院法案》列入其中。无论在何种意义上，《1862 年美国赠地学院法案》都称得上是美国高等教育发展史上的里程碑。

一、《1862 年美国赠地学院法案》的直接良性影响

所谓直接影响是指法案执行后，受其调节的社会关系各主体产生的即时或延时变化。而直接良性影响是指该法案实施后，由此在社会各方面造成的种种积极变化。

（一）第一次在法律上化解了美国高等农工学科教育的合法性危机

在《1862 年美国赠地学院法案》实施之前，学院和大学的课程仍然延续着殖民地学院的传统，主要开设古典学科、文学和学术类学科。特纳曾痛斥这种现象，指出："专业阶级拥有学校、中学、大学和学院，拥有教授、设备，并且拥有丰富的教学方法，从而为自己的阶级生活的特殊需要提供训练，学习年限从几个月到几年不等；……但是哪里有大学、设备、教授和文学来适应产业阶级的事业呢？"① 虽然在 19 世纪中叶就有诸如密歇根农学院、宾夕法尼亚农学院、耶鲁的谢菲尔德科学院、哈佛的劳伦斯科学院等高等教育机构开设农工学科和课程，但这些新科学和课程尚未获得世人的认可，面临着严重的合法性危机。

《1862 年美国赠地学院法案》的国会辩论，以及其间开展的众多民间论坛成为教育人们的契机，1862 年该法案的通过实际上标志着人们对高等农工学科教育的认可。而该法案的实施一方面肯定了此前开展的各种高等农工学科教育实践，另一方面也为此后农工学科进入高等

---

① 崔高鹏:《论特纳的产业大学计划及其历史意义》,《教育学报》2010 年第 6 期。

教育领域提供了合法性基础，从而第一次在法律上化解了美国高等农工学科教育的合法性危机。

（二）使绝大多数州政府首次拥有自己掌控的高等教育机构

美国公立高等教育机构发端于 18 世纪末，截至 1862 年 7 月 2 日《1862 年美国赠地学院法案》签署通过为止，联邦政府已有 34 个州，但只有 16 个州拥有自己的公立高等教育机构（见表 4-2-1），其余 18 个州都还没有自己的公立高等教育机构。

表 4-2-1 《1862 年美国赠地学院法案》通过前各州已建立的公立高校

建州时间	州名	当时公立高校名称	成立时间
1791 年	佛蒙特	佛蒙特大学	1791 年
1789 年	北卡罗来纳	北卡罗来纳大学	1789 年
1787 年	宾夕法尼亚	宾夕法尼亚农学院	1862 年
1788 年	南卡罗来纳	南卡罗来纳大学	1801 年
1788 年	弗吉尼亚	弗吉尼亚大学	1819 年
1788 年	纽约	纽约州立大学	1816 年
1788 年	佐治亚	佐治亚大学	1785 年
1788 年	马里兰	马里兰农学院	1856 年
1796 年	田纳西	东田纳西大学	1807 年
1803 年	俄亥俄	俄亥俄大学	1804 年
1816 年	印第安纳	印第安纳大学	1820 年
1821 年	密苏里	密苏里大学	1839 年
1837 年	密歇根	密歇根大学/密歇根农学院	1817 年/1855 年
1846 年	艾奥瓦	艾奥瓦农学院	1858 年
1848 年	威斯康星	威斯康星大学	1848 年
1858 年	明尼苏达	明尼苏达大学	1851 年

《1862 年美国赠地学院法案》实施后，此前没有公立高等教育机构的联邦其余 18 个州赢得了大好时机，“亚拉巴马和堪萨斯将本州原有私立教派学院改组为公立高校，加州、特拉华、新泽西和俄勒冈将本州原有私立世俗文理学院改组为公立高校，马萨诸塞、密西西比、阿肯色、康涅狄格、佛罗里达、伊利诺伊、肯塔基、路易斯安那、缅因、新罕布什尔、罗得岛和得克萨斯则纷纷创建公立高校”①。从《1862 年美国赠地学院法案》实施到 1890 年 8 月 30 日《1890 年赠地学院法案》颁布实施这段时间，加入联邦政府的 10 个州中，“科罗拉多、北达科他、华盛顿、西弗吉尼亚和南达科他创建了各自的农学院，内布拉斯加、爱达荷和怀俄明创建了各自的州立大学，内华达和蒙大拿创建了各自的农工学院”②。《1890 年赠地学院法案》颁布实施后，加入联邦的最后 6 个州也纷纷创建了各自的州立大学、农学院或农工学院。

由此可见，《1862 年美国赠地学院法案》的实施使绝大多数州政府拥有了自己能够掌控的公立高等教育机构，从而使各州真正意义上拥有了宪法第十条修正案赋予州政府管理教育的权力。

（三）挽救了一些处于破产边缘的高校

各州议会在接受《1862 年美国赠地学院法案》获得相应数量的联邦赠地后，以各种不同的方式建立了赠地学院。其中有些州议会将本州已经建立的“私立教派学院、私立世俗文理学院、州立大学以及农学院或农工学院”③ 指定为本州的赠地学院，并将联邦赠地或土地券全部划拨给这些指定的赠地学院，而这些被指定为赠地学院的院校原先

---

① 崔高鹏：《浅析美国赠地学院创建模式及其影响》，《中国人民大学教育学刊》2014 年第 1 期。

② 崔高鹏：《浅析美国赠地学院创建模式及其影响》，《中国人民大学教育学刊》2014 年第 1 期。

③ 崔高鹏：《浅析美国赠地学院创建模式及其影响》，《中国人民大学教育学刊》2014 年第 1 期。

都处于某种程度的财政危机之中。“这些美好的意图和高尚的愿望常使许多办校团体的资源入不敷出，由此，一批批分散的小学院不断地建立，与此同时，又一批批地停办。自 1800 年至 1860 年由各州批准发特许状建立了 500 多所这样的小学院，其中只有四分之一生存下来。”① 因此，《1862 年美国赠地学院法案》提供的联邦赠地或土地券便成为这些学院的救命稻草。

一些学院在没有成功游说州议会指定其为赠地学院，并继而获得联邦赠地或土地券后，甚至由于财政原因而倒闭，这方面典型的例子便是纽约州的人民学院（People's College）。

（四）为南部各州内战后重建高校提供了重要的经济动力

改造私立教派学院和州立大学这种模式对原南部邦联各州（北卡罗来纳②、田纳西、佐治亚、亚拉巴马）还有另一番意义，那就是为这些州政府在内战后重建内战时关闭的高校提供了经济上的动力。

南方邦联诸州所在地是内战的主要战场，所在地区各高校在内战期间大都被迫关闭，校园被用于官兵住宿和临时医院医治伤员，并且战争对校舍造成了严重的破坏。内战后，南部经济千疮百孔，百废待兴，高校复校更是举步维艰。如果没有 1862 年联邦国会赠地，这些高校要想重新复校将非常困难。可以说，1862 年联邦国会赠地为这些历史悠久的原南部邦联高校在内战后复校提供了重要的经济动力。

二、《1862 年美国赠地学院法案》的直接不良影响

所谓直接不良影响是指该法案执行后由此在社会各方面造成的种种消极变化。而《1862 年美国赠地学院法案》在执行中的最直接的不

---

① 约翰·范德格拉夫：《学术权力》，王承绪等译，浙江教育出版社，1989，第 107 页。

② 北卡罗来纳州最初指定北卡罗来纳大学为赠地学院。

良影响就是由土地券投机所产生的。

（一）影响各州赠地学院基金本金数量

1. 赠地学院基金本金数量影响因素分析

赠地学院基金的本金数量将取决于各州获得的土地券总数和土地券售价这两个因素。其中各州获得的土地券总数是主要因素，因为各州之间在这个因素上的差距最大，但这个因素又是各州无法掌控的。各州政府只能在土地券出售方面努力，才能为本州赠地学院基金的建立赢得更多的资金，而这也是赠地学院土地券处理方式的最直接影响。

2. 赠地学院土地券售价分析

土地券出售是各州能够掌控的因素，其售价受土地券处理方式及处理时间影响较大。统计结果表明，小额交易要好于大额交易的价格，1869年以后的交易价格要好于之前的交易价格。但总的来说，各州赠地学院土地券售价还是远远没有达到《1862年美国赠地学院法案》设定的1.25美元每英亩的预期价格，其中有7个州卖到了0.9美元每英亩的价格或略高于这个价格，其中0.97美元每英亩还算是较高的价格，甚至有12个州的土地券售价还不到规定的一半（见表4-2-2）。

表4-2-2 非公共土地州赠地学院土地券出售价格统计表

（单位：美元/英亩）

州名	土地券售价	州名	土地券售价	州名	土地券售价
亚拉巴马	0.9	路易斯安那	0.87	北卡罗来纳	0.5
阿肯色	0.9	缅因	0.55	俄亥俄	0.54
康涅狄格	0.75	马里兰	0.54	宾夕法尼亚	0.56
特拉华	0.89	马萨诸塞	0.66	罗得岛	0.42
佛罗里达	0.9	西弗吉尼亚	0.53	南卡罗来纳	0.73
佐治亚	0.9	密西西比	0.8	田纳西	0.91
伊利诺伊	0.67	新罕布什尔	0.53	得克萨斯	0.97

续表

州名	土地券售价	州名	土地券售价	州名	土地券售价
印第安纳	0.55	新泽西	0.53	佛蒙特	0.82
肯塔基	0.5	纽约	0.48	弗吉尼亚	0.95

资料来源：Senate of the State of New York, *Documents (No. 103) of the Senate of the State of New York 1874* (Albany, New York: Weed, Parsons and Company Printers, 1875), pp. 363-365; Samuel D. Halliday, *History of the Agricultural College Land Grant of July 2, 1862. Together with A Statement of the Condition of the Fund Derived Therefrom as It Now Exists in Each State in the Union* (Ithaca, New York: Journal Book and Commercial Printing House, 1890), p. 8; Senate of the State of New York, *Documents (No. 103) of the Senate of the State of New York 1874* (Albany, New York: Weed, Parsons and Company Printers, 1875), pp. 366-368, 370-375, 378, 380-381, 402, 413; Bureau of Education, *The Land Grant of 1862 and the Land-Grant Colleges* (Washington, D. C.: Government Printing Office, 1918), pp. 45, 48; Senate of the State of New York, *Documents (No. 103) of the Senate of the State of New York 1874* (Albany, New York: Weed, Parsons and Company Printers, 1875), p. 400; Bureau of Education, *The Land Grant of 1862 and the Land-Grant Colleges* (Washington, D. C.: Government Printing Office, 1918), p. 51.

以如此的低价出售赠地学院土地券，建立起来的赠地学院基金本金数量之少就不足为奇了。

（二）影响赠地学院基金提供的资助力度

赠地学院基金能够为赠地学院提供多大的资助力度取决于基金本金额度和基金管理水平两个因素。赠地学院土地券处理方式直接影响基金本金额度，进而间接影响基金能为赠地学院提供的资助力度。而赠地学院基金管理水平是影响资助力度的另一个因素，其直接影响基金投资所能获得的年利率水平，而基金投资所能获得的年利率水平又受到基金投资对象的影响。

1. 赠地学院基金投资对象分析

通过对27个州赠地学院基金投资对象的分析可以看出，其投资对象主要分为如下三种。

第一，将赠地学院基金存放到州财政部（State Treasury），每年由州财政部向该州赠地学院发放基于本金的一定比率的利息。

这种投资方式最安全，风险也最小，但这种方式获得的投资年利率不可能太高，只有佐治亚州财政部给佐治亚大学提供7%的基金年利率，而佛蒙特、俄亥俄、南卡罗来纳和田纳西只给各自赠地学院提供6%的基金年利率，印第安纳甚至只给珀杜大学提供《1862年美国赠地学院法案》规定最低的5%的年利率。

第二，投资于各级政府发放的各种债券（U. S. /State/Town Bonds）。

这是绝大多数州的做法，这种投资方式比第一种风险高，但投资年利率也提高了，亚拉巴马、阿肯色、密西西比3个州的赠地学院甚至拿到了8%的投资年利率，除了缅因和马里兰的赠地学院只拿到了5%的投资年利率，其余州的赠地学院至少都拿到了6%的投资年利率。

第三，投资于各种安全股票（Real Estate/Pacific Railroad/R. R. Bonds）。

这种股票通常是公司发行，因为这种投资方式风险最大，所以选择这种做法的州最少，只有马萨诸塞、康涅狄格和西弗吉尼亚。虽然这种投资选择潜在的投资年利率最高，但从3个州赠地学院基金投资实际带来的年利率看，并没有预期那么高（见表4-2-3）。

表 4-2-3　非公共土地州赠地学院基金运作管理方法统计表

州名	投资对象	投资年利率	州名	投资对象	投资年利率
亚拉巴马	State Bond	8%	密西西比	State Bond	8%
阿肯色	State Bond	8%	新罕布什尔	State Bond	6%
康涅狄格	Real Estate Bond	5%	新泽西	State Bond	6%
特拉华	State Bond	6%	纽约	—	—
佛罗里达	State Bond	6%	北卡罗来纳	Certificates of Indebtedness	6%
佐治亚	State Treasury	7%	俄亥俄	State Treasury	6%
伊利诺伊	Municipal Bond	—	宾夕法尼亚	State Bond	6%
印第安纳	State Treasury	5%	罗得岛	—	—
肯塔基	State Bond	6%	南卡罗来纳	State Treasury	6%
路易斯安那	—	7%	田纳西	State Treasury	6%
缅因	State Bond	5%	得克萨斯	State Bond	6%
马里兰	U. S. Bond and State Bond	5%	佛蒙特	State Treasury	6%
马萨诸塞	R. R. Bond	5%	弗吉尼亚	State Bond	6%
西弗吉尼亚	Pacific Railroad Bond	6%			

资料来源：Samuel D. Halliday, *History of the Agricultural College Land Grant of July 2, 1862. Together with a Statement of the Condition of the Fund Derived Therefrom as It Now Exists in Each State in the Union* (Ithaca, New York: Journal Book and Commercial Printing House, 1890), pp. 1, 3-4, 8, 10, 12-13, 35, 40, 43, 45, 49, 50, 52, 58-60, 66-67, 69-70, 75-76, 79, 80, 89.

2. 赠地学院基金投资所带来的年利率分析

通过对27个州赠地学院基金运作管理研究发现，无论选择哪种投资对象，至少能获得《1862年美国赠地学院法案》设定的5%投资年利率的预期水平。

因而可以说，虽然各州赠地学院基金管理水平差异较大，但至少能够满足《1862年美国赠地学院法案》所设定的要求，也就是说与赠地学院土地券处理相比，在赠地学院基金管理这方面各州至少是合格的。

（三）压缩了各州赠地学院创建模式的选择空间

虽然各州尽其所能运作管理赠地学院基金，希望能够给赠地学院带来更多的发展资金，但鉴于各州获得的赠地学院土地券数量的巨大差异，以及低廉的赠地学院土地券售价，实际上各州能给赠地学院提供的发展资金十分有限，远远无法满足《1862年美国赠地学院法案》提出的至少建立或维持一所赠地学院的要求，这就极大地压缩了各州赠地学院创建模式的选择空间，从而导致一些州选择了成本相对低廉的赠地学院创建策略。① 而发展资金不足这一难题直到《1890年赠地学院法案》的颁布才开始得到制度化的解决。

---

① 崔高鹏在《浅析美国赠地学院创建模式及其影响》一文中分析了各州赠地学院的创建模式，其中有12个非公共土地州选择了比较容易的赠地学院创建模式，如亚拉巴马指定本州私立教派学院为赠地学院；新泽西与特拉华指定本州私立文理学院为赠地学院；佐治亚、田纳西、佛蒙特指定本州州立大学为赠地学院，北卡罗来纳最初指定本州州立大学为赠地学院；马里兰、宾夕法尼亚指定本州农学院为赠地学院；马萨诸塞、罗得岛、康涅狄格最初指定本州私立大学为赠地学院。而阿肯色、佛罗里达、伊利诺伊、路易斯安那、缅因、得克萨斯、西弗吉尼亚等7个州境内压根就没有高等教育机构可供指定。只有新罕布什尔、纽约、俄亥俄、印第安纳、南卡罗来纳、肯塔基、密西西比、弗吉尼亚等8个州，后来又有康涅狄格、北卡罗来纳2个州选择了成本相对高昂的创建策略，即在本州已有高等教育机构之外新建至少一所赠地学院。

三、《1862年美国赠地学院法案》的间接良性影响

所谓间接影响是指在该法执行后各州建立的赠地学院所产生的影响，是相对于该法在执行后由其产生的直接影响而言的，因此可以说《1862年美国赠地学院法案》的间接影响就是1862年赠地学院产生的直接影响。在下文中，研究结论发现的仅有1862年赠地学院的良性影响，尚未发现其消极影响的证据，而赠地学院对美国高等教育带来的直接良性影响就是使美国高等教育变得更加民主，从而使得绝大多数普通民众也能获得接受高等教育的机会。美国赠地学院研究专家厄尔·罗斯就将赠地学院称为民主的学院，将其研究美国赠地学院运动的专著主标题定为《民主的学院》。

《1862年美国赠地学院法案》通过之前，只有少数中上层社会子弟才能接受高等教育，绝大多数普通民众无心也无力接受当时的高等教育，因此可以说当时的美国高等教育是专为少数人提供服务的，毫无民主性可言。而《1862年美国赠地学院法案》实施后，各州创建的新型赠地学院则彻底改变了这种状况。

1912年，巴特勒·黑尔（Hare,Bulter B.）统计了赠地学院为普通民众提供高等教育的状况，“首先，按照类型来分，升学预备类课程7248人、本科30 532人、研究生1326人、两年制课程和冬季课程10 845人、夏季课程4749人，此外函授课程33 149人、短期推广课程106 516人、赠地学院其他系的学生32 685人，共计242 954人。其次，按照课程专业来分，四年制学生包括农业专业学生8737人、园艺专业学生322人、林业专业学生487人、兽医专业学生664人、家政专业学生2664人、工程专业学生14 337人；短期学制学生包括农业专业学生8905人、园艺专业学生272人、林业专业学生19人、兽医专业学生84人、家政专业学生1103人、农业师范专业学生1886人、工程专

业学生541人、军事学专业学生19 954人”①。由此可见，与传统学院开设的古典课程相比，赠地学院创办的课程专业更加实用、层次更加多样、入学时间更加灵活，更符合普通民众的需要，从而使普通民众接受高等教育的愿望逐渐强烈。

同时，与传统学院相比，赠地学院的学费也更加低廉。19世纪80年代，密歇根大学董事会曾调查了部分高校学费的相关数据，其调查结果清晰表明赠地学院与传统学院学费的差别（见表4-2-4）。

表4-2-4 19世纪80年代部分高校各专业每年平均学费统计表

（单位：美元）

学院类型	高校名称	法学专业	医学专业	普通文科专业
传统学院	哈佛大学	150	200	150
	耶鲁大学	100	200	140
	哥伦比亚大学	100	147.5	100
	普林斯顿大学	—	—	120
	波士顿大学	100	—	—
赠地学院	威斯康星大学	18	—	免费
	康奈尔大学	—	—	75
	密苏里大学	40	—	—

资料来源：Board of Regents, *Proceedings of the Board of Regents of the University of Michigan from Jan., 1881 to Jan., 1886* (Ann Arbor, Michigan: The Courier Book and Job Printing Establishment, 1886), pp. 56-58.

① U. S. Department of Agriculture, *Annual Report of the Office of the Experiment Stations for the Year Ended June 30, 1912* (Washington, D. C.: Government Printing Office, 1913), p. 234-235.

低廉的学费极大地减轻甚至消除了普通民众接受高等教育的经济压力，使那些有心进入这些新型高等教育机构的普通民众也能得偿所愿。普通民众首次成为美国高等教育的服务对象，是美国民主在高等教育领域的集中体现。此外，赠地学院在美国高等教育系统中的地位也逐渐提升。1962 年，里奇特曾经对赠地学院进行过详细统计，结果显示："赠地学院授予了全美 21.5%的学士学位、25.8%的硕士学位和 38.3%的博士学位；曾在美国大学接受教育的 42 位健在的诺贝尔奖获得者中，有 25 人曾在赠地学院获得过学位。并且，美国军队每年招募的军官和后备军官中有一半以上是赠地学院培养的。"① 这表明有更多普通民众得以享受到高等教育的福祉。可以说，赠地学院的进一步发展将美国高等教育民主化程度进一步推向深入。

① Jay Richter,"The Origin and Development of the Land-Grant College in the United States,"*The Journal of Negro Education*,(Summer 1962):236.

结　　语

19 世纪中叶是美国高等教育发展史上的一个关键时期，理查德·霍夫斯塔特（Hofstadter，Richard）将这一时期看成是美国高等教育从学院时代迈向大学时代的过渡时期。在这一时期发生了许多对美国高等教育日后发展产生深远影响的事件，《1862 年美国赠地学院法案》的通过就是这一系列重大事件中的一件，而该法案也被丹尼斯·约翰逊列为影响美国历史的 15 部国会立法中的一部。在《1862 年美国赠地学院法案》的影响下，美国公立高等教育系统的结构正式搭建起来，而当今美国众多著名高等学府就是在赠地学院的基础上兴办起来的，例如麻省理工学院、康奈尔大学、加州大学伯克利分校、威斯康星大学麦迪逊分校，等等。

从殖民地时期到 19 世纪中叶所建立的高等教育机构，其职能仍然是维持中世纪大学的传统，为法律、医学和神学培养人才。这种高等教育的职能严重脱离了美国社会发展的实际，特纳就是在这一背景下提出了他的产业大学计划，为产业阶级培养实用人才。特纳到处宣讲他的产业大学计划，并争取将产业大学计划以立法的形式确立并实际推动美国高等教育的发展。1854 年产业大学计划在国会中受阻后，特纳没有灰心，他寻求佛蒙特州国会众议员莫雷尔的帮助，并将其产业大学计划的思想与资料倾囊相赠。

产业大学计划从特纳转到莫雷尔手中，以赠地学院议案的形式重新走上了法律化的道路，但是这条道路并不平坦。从 1853 年产业大学计划首次在国会中提出，到 1862 年由林肯总统签署通过赠地学院议案，整整历时 9 年的时间。赠地学院议案能够在国会通过，莫雷尔发挥了重要的作用。1857 年在国会提出该议案后，莫雷尔联合各方力量努力促使该议案获得通过。在民主党分裂与东、西部联合起来的形式下，该议案于 1859 年在国会获得通过，但不幸遭到民主党总统布坎南的否决。在第 37 届国会上，莫雷尔鉴于众议院的形势，建议他的好朋友俄亥俄州国会参议员本杰明・沃德首先在参议院提出并通过该议案，然后再请求众议院通过该议案的方式促使该议案获得了通过。在国会外部，特纳仍然关注着赠地学院议案的命运，他一方面劝说他当初在伊利诺伊学院时的学生（即林肯）做出如果当选总统就签署该议案的承诺，另一方面也得到了林肯的总统竞选对手民主党总统候选人斯蒂芬・道格拉斯的承诺。同时，纽约人民学院院长阿姆斯・布朗（Brown，Amos）和国家农学院院长科尔・威尔德（Wild，Kerr）也在国会通过赠地学院议案期间来到华盛顿，积极游说国会议员通过该议案。

在国会两院对赠地学院议案的辩论过程中，两院议员始终将该法案放到当时更大的时代背景中探讨这一法案通过后将会带来的社会、经济问题，而没有就教育功能的角度来探讨这一问题，这是与法案对高等教育的资助方式和当时美国更深广的时代背景密切相关的结果。因为当时美国教育正致力于公立初等学校的发展，还无暇顾及美国高等教育的普及问题。而这一致力于普及高等教育、使高等教育促进社会发展的法案在形式上却与美国当时的土地投机问题联系到一起，所以议员们辩论时都是围绕法案通过后可能产生的经济、社会问题而展开的，并不是围绕教育问题而展开的。

赠地学院议案在国会中可谓一波三折。在第 35 届国会期间，由于奴隶制问题导致在政党大改组过程中，民主党南、北两部分发生了分裂，而共和党则保持了内部的团结。同时，在奴隶制扩展问题上，北部与西部的议员站到了一条阵线上，在这一大好形势下，赠地学院议案在国会获得通过。但是由于民主党出身的布坎南总统具有深厚的南方情节，他对南方的顾问们深怀感激之情，因而对这项对南部来说无益的法案行使了否决权。1860 年林肯当选美国第 16 任总统，随着南部脱离联邦，导致国家出现了统一危机，在这场国家危机面前，北部与西部再次统一起来，并且北部民主党也与共和党暂时合作。同时，宅第法案的通过换来了西部议员对于赠地学院议案的支持，从而使该议案在国会顺利通过，林肯总统随即签署该法案。

《1862 年美国赠地学院法案》诞生于战火纷飞的南北战争时代，由于时代条件所限，同时为了能让更多州享受到该法案所带来的利益，联邦国会对《1862 年美国赠地学院法案》进行了两次修正。各州议会在接受《1862 年美国赠地学院法案》之后，首先面临的问题便是处理联邦赠地或土地券。由于在之前的半个世纪中，联邦国会已经因内陆改进、军功赠地等原因赠送了大量公共土地，因此在 19 世纪六七十年代的市场上存有大量公共土地或土地券，而各州议会只能以低于《1862 年美国赠地学院法案》规定的 1.25 美元每英亩的价格出售其土地或土地券，最终这些土地或土地券绝大部分落到了投机商手中。各州议会将出售的微薄收入建立赠地学院基金，并对其进行投资，其投资的途径主要有三种，一是将赠地学院基金存放于州财政部，二是投资于各级政府发放的债券，三是投资于各种安全股票。总的来说，三种投资途径基本能实现《1862 年美国赠地学院法案》规定的 5%的投资年利率。

由于各州所得赠地或土地券数量差距极大，出售价格也差异甚大，因此除少数州外，其他各州赠地学院基金规模都不大，各州均选择了相对廉价的赠地学院创建模式。同时，各州赠地学院在发展的初期（指 1890 年之前）均受困于财政支持力度不足。因此，联邦政府又相继通过了《1887 年农业实验站法案》《1890 年赠地学院法案》《1907 年尼尔森修正案》《1914 年史密斯-利弗法案》及《1935 年班克黑德-琼斯法案》等相关法案，从而为赠地学院的发展提供完备的财政支撑体系。

《1862 年美国赠地学院法案》对美国高等教育的发展具有重要的影响，它不仅首次在法律上化解了美国高等农工学科教育的合法性危机，使绝大多数州政府首次拥有自己掌控的高等教育机构，挽救了一些处于破产边缘的高校，为南部各州内战后重建高校提供了重要的经济动力，而且使美国高等教育变得更加民主，使广大民众在历史上首次能够步入大学的校门。此外，《1862 年美国赠地学院法案》的影响也远远超出了高等教育领域，它为 19 世纪下半叶美国城市化转型提供了重要的动力，并为美国经济的发展提供了重要的智力支撑。虽然由于学院赠地或土地券的抛售推动了土地市场投机热潮，并严重制约了赠地学院基金规模及其产生的年利息，进而严重压缩了各州赠地学院创建的选择空间，但相较于《1862 年美国赠地学院法案》对美国高等教育与美国社会所产生的重要影响而言，这点不良影响绝对是瑕不掩瑜的。

对于《1862 年美国赠地学院法案》的性质，历史上存在不同的观点。绝大多数学者认为该法案是一部教育法案，自 20 世纪 90 年代以来，一些学者开始对这种传统的看法提出挑战，认为该法案是一部经济法案，他们得出这一结论的证据就是国会围绕该法案的辩论没有涉及教育问题。但是，无论是上述哪一种观点，各自的论证都是不周延的。从法理学的角度对法律的所属部门进行分析可知，《1862 年美国赠地学院法案》既是一部高等教育法案，也是一部经济法案，但更多的是一部联邦高等教育法案。并且从该法案的实施效果来看，它对美国当时的经济发展及日后的教育发展都起到了重要的作用。

《1862 年美国赠地学院法案》是 19 世纪美国高等教育制度变迁的重要表现。我们从中既可以看到联邦政府是如何在宪法框架下介入高等教育发展的，也能看到当时联邦高等教育法律是如何与政治和经济问题纠缠在一起并实现其自身发展的。联邦高等教育法律的发展不是孤立进行的，而是与当时美国深广的社会、经济、政治背景紧密联系在一起的，而对教育问题的讨论也是以与政治、经济和社会背景紧密结合的方式展开的。因此，我们要想认识当时美国的教育法律问题，就应该与当时有关的政治、经济与社会背景紧密结合起来，将其转化为政治、经济与社会语言，才能更深刻地了解当时美国的教育法律问题。

主要参考文献

一、中文文献

（一）文章

［1］包锡妹．我国经济法调整对象研究综述［J］．中国青年政治学院学报，2003（3）：91-95.

［2］陈太红．教育法调整对象辨析［J］．重庆工业高等专科学校学报，2002（2）：48-51.

［3］陈玉祥．莫雷尔法案对美国的影响及对我国的启示［J］．中国农业教育，2004（6）：23-25.

［4］崔高鹏．略论1862年美国赠地学院法案的国会辩论主题［J］．教育史研究，2008（6）：1582-1586.

［5］崔高鹏．从产业大学计划到赠地学院法案［J］．大学教育科学，2009（4）：86-90.

［6］崔高鹏．论特纳的产业大学计划及其历史意义［J］．教育学报，2010（6）：122-126.

［7］崔高鹏．浅析美国赠地学院创建模式及其影响［J］．中国人民大学教育学刊，2014（1）：160-171.

［8］崔高鹏．试论美国赠地学院土地券处理方式及其影响［J］．中国人民大学教育学刊，2016（3）：165-180.

［9］崔高鹏. 特纳产业大学计划议程设定的社会基础研究——基于议程设定的外部推动模式［J］. 中国人民大学教育学刊，2017（4）：29-40.

［10］崔高鹏. 大学服务的英国模式在美国——美国大学服务运动发展的早期阶段研究［J］. 现代大学教育，2018（5）：30-40.

［11］崔高鹏. 路易斯·睿伯与美国大学推广新范式的形成：1906-1920 年［J］. 教育学报，2019（6）：117-126.

［12］樊彩萍. 赠地学院及其对我国高等教育的启示［J］. 淮南师范学院学报，2004（3）：96-99.

［13］郭庆霞.《莫雷尔法案》的颁布对内战后美国高等教育的影响［J］. 黑龙江高教研究，2011（3）：54-56.

［14］贺国庆. 从莫雷尔法案到威斯康星观念——美国大学服务职能的确立［J］. 河北大学学报（哲学社会科学版），1998（9）：88-94.

［15］刘卷. 赠地学院运动与美国高等职业教育发展及其启示［J］. 浙江纺织服装职业技术学院学报，2005（6）：40-43.

［16］戚文静，朱现平. 美国赠地学院发展的典型性和影响力［J］. 江汉大学学报（社会科学版），2007（9）：107-112.

［17］王保星. 南北战争至 20 世纪初美国高等教育的发展与变革［D］. 北京：北京师范大学，1998.

［18］续润华，李建强. 美国“莫雷尔法案”的颁布及其历史意义简析［J］. 河北师范大学学报（教育科学版），1998（1）：55-59.

［19］杨光富. 美国赠地学院发展研究［D］. 上海：华东师范大学，2004.

［20］杨克瑞. 美国高等教育与经济的腾飞——1862 年《莫里尔法》再探［J］. 内蒙古师范大学学报（教育科学版），2003（4）：1-4.

［21］易凌. 高等教育法学是一门正在崛起的新兴学科［J］. 教育与现代化，2004（3）：57-60.

［22］张兵. 美国赠地学院法案研究［D］. 广州：华南师范大学，2007.

（二）专著

［1］公丕祥. 法理学［M］. 上海：复旦大学出版社，2002.

［2］黄安年. 美国的崛起［M］. 北京：中国社科科学出版社，1992.

［3］麦克弗森. 火的考验：美国南北战争及重建南部（上册）［M］. 陈文娟，卢艳丽，郑扩梅，等译. 北京：商务印书馆，1993.

［4］范德格拉夫. 学术权力［M］. 王承绪，张建平，徐辉，等译. 杭州：浙江教育出版社，1989.

［5］孔庆山. 美国早期土地制度研究［M］. 广州：中山大学出版社，2002.

［6］劳凯声. 教育法学［M］. 沈阳：辽宁大学出版社，2000.

［7］李素敏. 美国赠地学院发展研究［M］. 保定：河北大学出版社，2004.

［8］刘绪贻，李世洞. 美国研究词典［M］. 北京：中国社会科学出版社，2002.

［9］王廷芳. 美国高等教育史［M］. 福州：福建人民出版社，1995.

［10］王希. 原则与妥协：美国宪法的精神与实践［M］. 北京：北京大学出版社，2000.

［11］威尔逊. 国会政体［M］. 熊希龄，吕德本，译. 北京：商务印书馆，1986.

［12］夏之莲. 外国教育发展史料选粹（上）［M］. 北京：北京师范大学出版社，1999.

［13］姚云. 美国高等教育法治研究［M］. 太原：山西教育出版社，2004.

[14] 与非. 美国国会 [M]. 北京：中国民主法制出版社，2001.

[15] 张友伦. 美国西进运动探要 [M]. 北京：人民出版社，2005.

[16] 张兹暑. 美国两党制发展史 [M]. 石家庄：河北教育出版社，2003.

[17] 王英杰. 美国高等教育的发展与变革 [M]. 北京：人民教育出版社，1993.

[18] 郑良信. 教育法学通论 [M]. 南宁：广西教育出版社，2000.

[19] 卓泽渊. 法理学 [M]. 北京：法律出版社，2002.

二、英文文献

(一) 文章

[1] A Committee. Report[N]. The Ottawa Free Trader，1853-03-05(1).

[2] ADAMS H B. University extension in England[J]//Report of the Commissioner of Education for the year 1885-1886. Washington，D. C.：Government Printing Office，1887：748-750.

[3] AN EDITOR. Agricultural university[N]. Illinois Daily Journal，1851-12-04(2).

[4] AN EDITOR. Dr. Blanchard's lecture[N]. Illinois Daily Journal，1851-01-15(2).

[5] AN EDITOR. The industrial convention[N]. The Ottawa Free Trader，1852-06-19(2).

[6] AN EDITOR. Industrial college convention[J]. Prairie Farmer，1852(8)：380-383.

[7] AN EDITOR. Industrial education[J]. Prairie Farmer, 1852(3):105-106.

[8] AN EDITOR. Industrial League lectures[J]. Prairie Farmer, 1854(2):50.

[9] AN EDITOR. Professor Turner[N]. Illinois Daily Journal, 1851-01-31(2).

[10] AN EDITOR. Professor Turner's lecture[N]. Illinois Daily Journal, 1851-02-06(2).

[11] AN EDITOR. State agricultural college[N]. Illinois Daily Journal, 1851-11-25(2).

[12] AN EDITOR. The farmers' convention[N]. The Ottawa Free Trader, 1851-11-29(2).

[13] American Society for The Extension of University Teaching. Notes[J]. University Extension, 1892(1):235-240.

[14] American Society for The Extension of University Teaching. The American Society for the Extension of University Teaching[J]. University Extension, 1891(7):1-4.

[15] American Society for The Extension of University Teaching. The history of a branch society[J]. University Extension, 1891(7):16-20.

[16] American Society for The Extension of University Teaching. Schedule of lecturers, courses and centers for the academic years 1890-91, 1891-92[J]. University Extension, 1892(6):401-410.

[17] American Society for The Extension of University Teaching. Notes[J]. University Extension, 1893(2):249-256.

[18] APPLEBY A P. Milestones in the legislative history of U. S. land grant universities [J/OL]. [2017-3-19]. http://cropandsoil.

oregonstate. edu/system/files/u1473/land-grant. pdf:1-8.

[19] BLACKMAR F W. University extension in the southwest[J]. University Extension,1892(3):278-294.

[20] BLACKMAR F W. Results of university extension in Kansas [J]. University Extension,1892(9):119-120.

[21] Board of Governors. An announcement-the Philadelphia Forum [J]. The Civic Club Bulletin,1921(5):1.

[22] BUTLER N M. The University of Chicago and university extension[J]. University Extension,1894(2):245-251.

[23] BYERLY T C. The development of basic animal sciences[J]. West Virginia University Bulletin,1963(5):63-75.

[24] CARSTENSON V. A century of the land-grant colleges[J]. The Journal of Higher Education,1962(1):30-37.

[25] Central Committee. The industrial convention[N]. The Ottawa Free Trader,1852-06-19(1-2).

[26] COBB R, ROSS J K, ROSS M H. Agenda building as a comparative political press[J]. American Political Science Review,1976 (3):126-138.

[27] COLLIER J. Scripting the radical critique of science: the morrill act and the American land-grant university[J]. Futures, 2002 (3):182-191.

[28] Correspondence Committee. Farmers convention [N]. The Ottawa Free Trader,1851-10-18(2).

[29] FLORER J H. Major issues in the congressional debate of the morrill act of 1862[J]. History of Education Quarterly,1968(Winter): 459-478.

[30] FRENCH A C. Governor's message[N]. The Ottawa Free

Trader,1852-06-19(1).

[31] General Assembly. An act establishing an industrial university for Illinois[J]. Prairie Farmer,1853(2):114.

[32] GUMPRECHT B. The American college town[J]. Geographical Review,2003(1):51-80.

[33] HARD W. A university in public life[N]. The Outlook,1907-07-27(41-50).

[34] HENDERSON W D. Report of the committee on standardization of extension credit course[J]. Proceedings of the Fifth Annual Conference of the National Association of University Extension,1920:33-48.

[35] HERREN R V,HILLISON J. Agricultural education and the 1862 land grant institutions: the rest of the story[J]. Journal of Agricultural Education,1996(3):26-32.

[36] KENNICOTT J A. An abstract of the speeches and observations of members, at the third industrial convention, Chicago, Nov. 24th and 25th,1852[J]. Prairie Farmer,1853(2):55-61.

[37] KENNICOTT J A. A letter to editor of Prairie Farmer[J]. Prairie Farmer,1852(1):10-11.

[38] KEY S. Economics or education the establishment of American land-grant universities[J]. The Journal of Higher Education,1996(3/4):196-220.

[39] LANG D W. The people's college, the mechanics' mutual protection and the agricultural college act[J]. History of Education Quarterly,1978(Autumn):295-321.

[40] LANGENBERG D N. Tradition,then and now[J/OL]. [2017-3-19]. http://www. stpt. usf. edu/news/past_issues/documents/Langenberg-ConvocationAddress. pdf:1-12.

[41] LARNED J N. An experiment in"University Extension"[J]. The Library Journal,1888(3/4):75-76.

[42] LEE G C. The morrill act and education[J]. British Journal of Education Studies,1963(11):19-40.

[43] MCCARTHY C. Letter to Charles R. Van Hise in May,1906 [G] // The Charles McCarthy Papers. Madison, Wisconsin: State Historical Society of Wisconsin,1986.

[44] MCCARTHY C. Letter to Charles R. Van Hise in the Aug. 14,1907[G]//The Charles McCarthy Papers. Madison,Wisconsin:State Historical Society of Wisconsin,1986.

[45] MCCARTHY C. Letter to Henry E. Legler on the Apr. 6,1915 [G]//The Charles McCarthy Papers. Madison, Wisconsin: State Historical Society of Wisconsin,1986.

[46] MCMURRAY H J. Some influences of the University of Wisconsin on the state government of Wisconsin[D]. Madison,Wisconsin: University of Wisconsin,1940.

[47] MILES F B. Annual report of the treasurer of the American Society of University Extension[J]. The Citizen,1898(2):295-296.

[48] MILLER P A. The impact of technology advances in agriculture [J]. West Virginia University Bulletin,1963(5):17-31.

[49] MUCKENHIM R J. The development of basic soil sciences [J]. West Virginia University Bulletin,1963(5):31-45.

[50] MURRAY B. Third industrial university[J]. Prairie Farmer, 1853(1):8-10.

[51] MYERS W M. The development of basic plant sciences[J]. West Virginia University Bulletin,1963(5):45-63.

[52] NORTH C P. The land grant universities:the first centennial

[J]. Marriage and Family Living, 1962(5): 187-188.

[53] PAWLEY C. Advocate for access: Lutie Stearns and the traveling libraries of the Wisconsin Free Library Commission, 1895-1914 [J]. Library & Cultures, 2000(Summer): 434-458.

[54] PETTIJOHN J J. Report of the committee on nomenclature [J]. Proceedings of the Third Annual Conference of the National Association of University Extension, 1917: 82-84.

[55] PRICE R R. Report of the committee on nomenclature[J]. Proceedings of the Fifth Annual Conference of the National Association of University Extension, 1920: 9-14.

[56] PRINCE D. The industrial university versus other plans for the disposition of the college and seminary funds[J]. Prairie Farmer, 1853(1): 10-11.

[57] REBER L E. The scope of university extension and its organization and subdivisions[J]. Proceedings of the First National University Extension Conference, 1915: 25-39.

[58] RICHTER J. The origin and development of the land-grant college in the United States[J]. The Journal of Negro Education, 1962 (Summer): 230-239.

[59] RUGH S S. Prairie Farmer[J/OL]. [2016-12-14]. http://www.encyclopedia.chicagohistory.org/pages/1004.html.

[60] RUTHERFORD R C. Industrial lectures[J]. Prairie Farmer, 1854(6): 207-208.

[61] SCOTT A. Replies to specific inquiries and the circulation of the traveling package libraries[J]. Proceedings of the First National University Extension Conference, 1915: 144-154.

[62] TURNER F J. The extension work of the University of Wisconsin

[J]. University Extension,1892(4):311-324.

[63] TURNER O. Annual fair of the Buel Institute[N]. The Ottawa Free Trader,1851-09-27(2).

[64] TURNER O. Proceedings of the farmers' convention at Granville [J]. Prairie Farmer,1852(1):10-11.

[65] United States Senate Historical Office. Buchanan,James 1791-1868 [J/OL]. [2006-12-26]. http://bioguide. congress. gov/scripts/biodisplay. pl? index=B001005.

[66] VAN HISE C R. Biennial report of president Van Hise and the deans[J]. The Wisconsin Alumni Magazine,1905(1):141-152.

[67] VAN HISE C R. President Van Hise's speech at the Harvard commencement[J]. The Wisconsin Alumni Magazine,1908(10):41-44.

[68] VAN HISE C R. The university extension function in the modern university[J]. Proceedings of the First National University Extension Conference,1915:7-24.

[69] WALKER C, BANDELE O, MELLION D. Multicultural education:ways to utilize the historically black land grant agricultural programs[J/OL]. [2017-3-19]. http://files. eric. ed. gov/fulltext/ED427097. pdf:3-7.

[70] WILLARD J T. Bluemont Central College:the forerunner of Kansas State College[J]. Kansas Historical Quarterly, 1945(5): 323-357.

[71] WOODWARD M. A letter to Ralph Ware[N]. The Ottawa Free Trader,1851-10-11(2).

[72] ZUEBLIN C. The Chicago Society for University Extension [J]. University Extension,1892(3):273-275.

（二）专著

[1] ADAMS C K. Address delivered at the Massachusetts Agricultural College[M]. Amherst, Massachusetts: J. E. Williams, Book and Job Printer, 1887.

[2] ADAMS H B. Seminary libraries and university extension[M]// ADAMS H B. Johns Hopkins University Studies in Historical and Political Science, Vol. Ⅴ. Baltimore, Maryland: Johns Hopkins University Press, 1887: 439-469.

[3] ANDREWS B F. The land grant of 1862 and the land grant colleges[M]. Washington, D. C.: Government Printing Office, 1918.

[4] American Society for the Extension of University Teaching. University extension-a series of articles on various phases of the movement [M]. Philadelphia, Pennsylvania: American Society for the Extension of University Teaching, 1891.

[5] American Society for the Extension of University Teaching. Concerning university extension: its significance, method and results[M]. Philadelphia, Pennsylvania: American Society for the Extension of University Teaching, 1898.

[6] American Society for the Extension of University Teaching. General announcement for the academic years 1902-1903[M]. Philadelphia, Pennsylvania: American Society for the Extension of University Teaching, 1902.

[7] American Society for the Extension of University Teaching. General announcement for the academic years 1904-1905[M]. Philadelphia, Pennsylvania: American Society for the Extension of University Teaching, 1904.

[8] American Society for the Extension of University Teaching.

Summary of program for the academic years 1917-1918[M]. Philadelphia, Pennsylvania: American Society for the Extension of University Teaching, 1918.

[9] American Society for the Extension of University Teaching. General announcement for the academic years 1919-1920[M]. Philadelphia, Pennsylvania: American Society for the Extension of University Teaching, 1919.

[10] American Society for the Extension of University Teaching. General announcement for the academic years 1920-1921[M]. Philadelphia, Pennsylvania: American Society for the Extension of University Teaching, 1920.

[11] Board of Directors. Ten years report of the American Society for the Extension of University Teaching[M]. Philadelphia, Pennsylvania: American Society for the Extension of University Teaching, 1901.

[12] Board of Directors. Report of the board of directors of American Society for the Extension of University Teaching for the academic years 1908-1909[M]. Philadelphia, Pennsylvania: American Society for the Extension of University Teaching, 1909.

[13] Board of Directors. Report of the board of directors of American Society for the Extension of University Teaching for the academic years 1909-1910[M]. Philadelphia, Pennsylvania: American Society for the Extension of University Teaching, 1910.

[14] Board of Directors. Report of the board of directors of American Society for the Extension of University Teaching for the academic years 1910-1911[M]. Philadelphia, Pennsylvania: American Society for the Extension of University Teaching, 1911.

[15] BRUNNER H S. Land grant colleges and universities 1862-

1962[M]. Washington, D. C. :Government Printing Office, 1966.

[16] CAMPBELL J R. Reclaiming a lost heritage: land-grant and other higher education initiatives for the twenty-first century[M]. Ames, Iowa: Iowa State University Press, 1995.

[17] COHEN S. Education in the United States: a documentary history[M]. Vol. 3. New York: Greenwood Press, 1974.

[18] CROSS C F. Justin Smith Morrill: father of the land-grant colleges[M]. East Lansing, Michigan: Michigan State University Press, 1999.

[19] CURTI M E, CARSTENSEN V R. The University of Wisconsin: a history[M]. Vol. 1. Madison, Wisconsin: University of Wisconsin Press, 1949.

[20] CURTI M E, CARSTENSEN V R. The University of Wisconsin: a history[M]. Vol. 2. Madison, Wisconsin: University of Wisconsin Press, 1949.

[21] DRAPER W H. University extension a survey of fifty years 1873-1923[M]. Cambridge: Cambridge University Press, 1923.

[22] DUDLEY W H. Historical sketch of University Extension Division the University of Wisconsin and reminiscences of associates of Louis E. Reber[M]. Madison, Wisconsin: University of Wisconsin Press, 1944.

[23] EDDY E D, Jr. College for our land and time: the land grant idea in American education[M]. New York: Harper & Brothers, 1957.

[24] FITZPATRICK E A. McCarthy of Wisconsin[M]. New York: Columbia University Press, 1944.

[25] GATES P W. History of public land law development[M]. Washington, D. C: Government Printing Office, 1968.

[26] GATES P W. The Wisconsin pine lands of Cornell University [M]. Ithaca, New York: Cornell University Press, 2011.

[27] HALLIDAY S D. History of the agricultural college land grant of July 2, 1862. Together with a statement of the condition of the fund derived there from as it now exists in each state in the union [M]. Ithaca, New York: Journal Book and Commercial Printing House, 1890.

[28] HIBBARD B H. A history of the public land policies [M]. New York: The Macmillan Company, 1924.

[29] JAMES E J. The origin of the land grant act of 1862 and some account of its author Jonathan B. Turner [M]. Urbana, Illinois: University of Illinois Press, 1910.

[30] JAMES G F. The proceedings of first annual meetings of the national conference on university extension [M]. Philadelphia, Pennsylvania: J. B. Lippincott Company, 1892.

[31] JOHNSON D W. The laws that shaped America: fifteen acts of congress and their lasting impact [M]. New York: Routledge, 2009.

[32] LA FOLLETTE R M. Autobiography [M]. 6th ed. Madison, Wisconsin: The Robert M. La Follette Co., 1913.

[33] MCCARTHY C. The Wisconsin idea [M]. New York: The Macmillan Company, 1912.

[34] MORTON J H. University extension in the United States [M]. Birmingham, Alabama: University of Alabama Press, 1953.

[35] MOULTON R G. Address on university extension movement [M]. Philadelphia, Pennsylvania: American Society for the Extension of University Teaching, 1900.

[36] PARKER W B. The life and public services of Justin Smith Morrill [M]. New York: Da Capo Press, 1971.

[37] ROBERTS R D. Eighteen years of university extension[M]. Cambridge:Cambridge University Press,1891.

[38] ROSS E D. Democracy's college[M]. Ames,Iowa:The Iowa State College Press,1942.

[39] RUDOLPH F. The American college and university:a history [M]. Athens,Georgia:University of Georgia Press,1990.

[40] STOCKTON F T. The pioneer years of university extension at the University of Kansas[M]. Lawrence,Kansas:University of Kansas Press,1956.

[41] SYKES F H. Addresses delivered in 1903 at the annual meeting of the American Society for the Extension of University Teaching[M]. Philadelphia,Pennsylvania:American Society for the Extension of University Teaching,1903.

[42] THELIN J R. A history of American higher education[M]. Baltimore,Maryland:The Johns Hopkins University Press,2004.

[43] TURNER J B. Industrial universities for the people published in compliance with resolutions of the Chicago and Springfield conventions [M]. Jacksonville,Illinois:The Morgan Journal Book and Job Office, 1853.

[44] TURNER M C. The life of Jonathan Baldwin Turner[M]. Urbana,Illinois:University of Illinois Press,1961.

[45] VINCENT G E. Summer schools and university extension[M] //BUTLER N M. Monographs on Education in the United States,Vol. 2. Albany,New York:J. B. Lyon Company,1900:821-864b.

[46] WORKS G A. The land-grant colleges[M]. Washington,D. C. :Government Printing Office,1939.

（二）政府文献

[1] Board of Regents. Biennial report of the board of regents of the University of Wisconsin for the two fiscal years ending Sep. ,30. 1888 [M]. Madison, Wisconsin: Democrat Printing Company, 1888.

[2] Board of Regents. Biennial report of the board of regents of the University of Wisconsin for the years 1904-5 and 1905-6[M]. Madison, Wisconsin: Democrat Printing Company, 1906.

[3] Board of Regents. Biennial report of the board of regents of the University of Wisconsin for the years 1906-7 and 1907-8[M]. Madison, Wisconsin: Democrat Printing Company, 1908.

[4] Board of Regents. Biennial report of the board of regents of the University of Wisconsin for the years 1908-9 and 1909-10[M]. Madison, Wisconsin: Democrat Printing Company, 1910.

[5] Board of Regents. Biennial report of the board of regents of the University of Wisconsin for the years 1910-11 and 1911-12[M]. Madison, Wisconsin: Democrat Printing Company, 1912.

[6] Board of Regents. Biennial report of the board of regents of the University of Wisconsin for the years 1912-13 and 1913-14[M]. Madison, Wisconsin: Democrat Printing Company, 1914.

[7] Board of Regents. Biennial report of the board of regents of the University of Wisconsin for the years 1914-15 and 1915-16[M]. Madison, Wisconsin: Democrat Printing Company, 1916.

[8] Board of Regents. Biennial report of the board of regents of the University of Wisconsin for the years 1916-17 and 1917-18[M]. Madison, Wisconsin: Democrat Printing Company, 1918.

[9] Board of Regents. Biennial report of the board of regents of the University of Wisconsin for the years 1918-19 and 1919-20[M]. Madison,

Wisconsin:Democrat Printing Company,1920.

[10] Board of Regents. Proceedings of the board of regents of the University of Michigan from Jan., 1881 to Jan., 1886[M]. Ann Arbor, Michigan:The Courier Book and Job Printing Establishment,1886.

[11] Bureau of Education. General laws relating to agricultural and mechanical land-grant colleges[M]. Washington, D. C.: Government Printing Office,1905.

[12] Bureau of Education. The land grant of 1862 and the land-grant colleges[M]. Washington, D. C.: Government Printing Office, 1918.

[13] Bureau of Education. Federal legislation, regulations, and rulings affecting cooperative extension work in agriculture and home economics[M]. Washington, D. C.: United States Department of Agriculture,1937.

[14] General Assembly. Journal of the House of Representatives of the seventeenth general assembly of the state of Illinois[M]. Springfield, Illinois:Lanphier & Walker Printers,1852.

[15] General Assembly. Journal of the Senate of the seventeenth general assembly of the state of Illinois[M]. Springfield, Illinois: Lanphier & Walker Printers,1852.

[16] General Assembly. General laws of the state of Illinois[M]. Springfield,Illinois:Lanphier & Walker Printers,1853.

[17] General Assembly. Made to the nineteenth general assembly of the state of Illinois[M]. Springfield, Illinois: Lanphier & Walker Printers,1855.

[18] HARPER W R. The president's report July,1892-July,1902 [M]. Chicago,Illinois:The University of Chicago Press,1903.

[19] HARPER W R. The president's report July, 1902-July, 1904 [M]. Chicago, Illinois: The University of Chicago Press, 1905.

[20] HARPER W R. The president's report July, 1904-July, 1905 [M]. Chicago, Illinois: The University of Chicago Press, 1906.

[21] House of Representative of The United States. Journal of the House of Representatives of the United States being the second session of the thirty-second congress[M]. Washington, D. C. : Robert Armstrong Printer, 1852.

[22] House of Representative of The United States. Journal of the House of Representatives of the United States being the first session of the thirty-third congress [M]. Washington, D. C. : Robert Armstrong Printer, 1853.

[23] House of Representative of The United States. Journal of the House of Representatives of the United States being the first session of the thirty-fourth congress [M]. Washington, D. C. : Cornelius Wendell Printer, 1855.

[24] House of Representative of The United States. Journal of the House of Representative of the United States being the first session of the thirty-fifth congress [M]. Washington, D. C. : James B. Steedman Printer, 1857.

[25] House of Representative of The United States. H. R. 2 in bills and resolutions being the first session of thirty-fifth congress [M]. Washington, D. C. : Robert Armstrong Printer, 1858.

[26] House of Representative of The United States. Journal of the House of Representative of the United States being the second session of the thirty-fifth congress [M]. Washington, D. C. : James B. Steedman Printer, 1858.

[27] House of Representative of The United States. Journal of the House of Representative of the United States being the second session of the thirty-seventh congress [M]. Washington, D. C.: Government Printing Office,1862.

[28] Illinois Industrial University. First annual report of the board of trustees of Illinois Industrial University [M]. Springfield, Illinois: State Journal Printing Office,1869.

[29] Illinois Industrial University. Third annual report of the board of trustees of Illinois Industrial University [M]. Springfield, Illinois: State Journal Printing Office,1870.

[30] JDUSON H P. The president's report July,1905-July,1906 [M]. Chicago,Illinois:The University of Chicago Press,1907.

[31] JDUSON H P. The president's report July,1906-July,1907 [M]. Chicago,Illinois:The University of Chicago Press,1908.

[32] JDUSON H P. The president's report July,1907-July,1908 [M]. Chicago,Illinois:The University of Chicago Press,1909.

[33] JDUSON H P. The president's report July,1908-July,1909 [M]. Chicago,Illinois:The University of Chicago Press,1910.

[34] JDUSON H P. The president's report July,1909-July,1910 [M]. Chicago,Illinois:The University of Chicago Press,1911.

[35] JDUSON H P. The president's report July,1910-July,1911 [M]. Chicago,Illinois:The University of Chicago Press,1912.

[36] Joint Congressional Committee On Inaugural Ceremonies. Inaugural addresses of the presidents of the United States [M]. Washington,D. C.:Government Printing Office,1989.

[37] KENNEDY J O C. Preliminary report on the eighth census 1860[R]. Washington,D. C.:Government Printing Office,1862.

[38] MINOT G. Treaties and proclamations of the United States of America from Dec. 1,1845 to Mar. 3,1851[M]. Boston,Massachusetts: Little,Brown and Company,1862.

[39] RIVES F. J. The congressional globe[M]. Washington,D. C. : Congressional Globe Office,1868.

[40] RIVES J. C. The congressional globe[M]. Washington,D. C. : John C. Rives Office,1858.

[41] RIVES J. C. The congressional globe[M]. Washington,D. C. : John C. Rives Office,1859.

[42] RIVES J. C. The congressional globe[M]. Washington,D. C. : Congressional Globe Office,1862.

[43] SANGER G. P. Statutes at large of the United States of America from Dec. 5,1859 to Mar. 3,1863[M]. Boston,Massachusetts: Little,Brown and Company,1863.

[44] SANGER G. P. Statutes at large of the United States of America from Dec. 1863 to Dec. 1865 [M]. Boston, Massachusetts: Little,Brown and Company,1866.

[45] SANGER G. P. Statutes at large of the United States of America from Dec. 1865 to Mar. 1867[M]. Boston,Massachusetts: Little, Brown and Company,1868.

[46] Senate of The United States. Journal of the Senate of the United States being the first session of the thirty-third congress[M]. Washington,D. C. :Beverley Tucker Printer,1853.

[47] Senate of The United States. Journal of the Senate of the United States being the first and second session of the thirty-fourth congress[M]. Washington,D. C. :A. O. P. Nicholson Printer,1856.

[48] Senate of The United States. Journal of the Senate of the

United States being the first session of the thirty-fifth congress[M]. Washington, D. C. : William A. Harris Printer, 1857.

[49] Senate of The United States. Journal of the Senate of the United States being the second session of the thirty-fifth congress[M]. Washington, D. C. : William A. Harris Printer, 1859.

[50] Senate of The United States. Journal of the Senate of the United States being the second session of the thirty-seventh congress [M]. Washington, D. C. : Government Printing Office, 1861.

[51] Senate of The State of New York. Documents(No. 103)of the Senate of the state of New York 1874[M]. Albany, New York: Weed, Parsons and Company Printers, 1875.

[52] The Assembly of Wisconsin. The laws of Wisconsin passed at the biennial session of the legislature 1907[M]. Madison, Wisconsin: Democrat Printing Company, 1907.

[53] The United States Department of Agriculture. Annual report of the office of the experiment stations for the year ended June 30, 1912 [M]. Washington, D. C. : Government Printing Office, 1913.

[54] University of Chicago. Annual register July 1, 1892-July 1, 1893 with announcements for 1893-4[M]. Chicago, Illinois: The University of Chicago Press, 1893.

[55] University of Pennsylvania. Catalogue for the year 1906-1907 [M]. Philadelphia, Pennsylvania: University of Pennsylvania Press, 1907.

后　记

本书的研究缘起于 2006 年 3 月下旬北京师范大学外国教育史专业 2006 届毕业生预答辩会上，秦楠和王丽两位师姐的毕业论文分别研究的是布朗案与 1965 年美国高等教育法，这触发了作为预答辩会旁听者的我对美国教育法案的关注，而当天坐在我旁边的林伟师弟也颇有同感，我们便在预答辩会上开了小差，把我们当时知道的美国重要的教育法案都罗列出来，而我对《1862 年美国赠地学院法案》尤感兴趣，遂将其列为毕业论文选题的备选项。如何研究《1862 年美国赠地学院法案》便成为我进一步要解决的问题。查尔斯·比尔德的《美国宪法的经济观》给这一问题的解决提供了重要的视角，而美国国会图书馆网站公开的《1862 年美国赠地学院法案》的立法资料成为破题的关键。在 2006 年 6 月底“美国教育文献研读”课程结束时，我提交了《〈1862 年美国赠地学院法案〉研究文献综述》作为结课作业，而通过对文献的梳理也基本确定了《1862 年美国赠地学院法案》的研究思路。同时，在 2006 年 6 月底“中外教育史专题”课程结束时，我提交了《特纳计划及其对赠地学院法案的影响》作为结课作业，而这篇文章也初步树立了我研究《1862 年美国赠地学院法案》的信心。2008 年 6 月，我以《从特纳到莫雷尔——〈1862 年美国赠地学院法案〉的起源与发展研究》获得教育学硕士学位。虽然在此后 3 年的博士学习阶段我的研究主题转向公立大学董事会，但我仍然对《1862 年美国赠地学院法案》念念不忘。2013 年，我以《1862 年美国赠地学院法案》研究为主题申请到全国教育科学规划教育部青年项目。如果说我的硕士学位论文研究的侧重点是《1862 年美国赠地学院法案》的议程设定和政策制定过程，那么全国教育科学规划教育部青年项目研究的侧重点则是《1862 年美国赠地学院法案》的政策执行和政策影响。2018 年 12 月底，项目顺利通过全国教育科学规划办公室的结项验收，并获得了良好的结项鉴定等级。

本书在成书过程中凝聚了众多师长的肯定、支持和帮助。感谢我的硕士导师郭法奇教授，是郭老师的支持和肯定让我彻底确立了研究《1862 年美国赠地学院法案》的信心和勇气。更要感谢我的博士导师张斌贤教授，郭老师在我读研究生的 3 年间一直在新疆师范大学支教，张老师是我实际上的硕士指导老师，是张老师将我领进美国高等教育史研究的大门，是张老师指导我找到《1862 年美国赠地学院法案》的立法资料，是张老师指引我此后 3 年的博士学习历程，是张老师多年来对我职业发展和学术研究予以持续的支持和帮助，更是张老师将拙著列入其主编的“美国教育史研究丛书”予以出版。感谢李子江教授，作为审稿人，李老师为本书提出了许多宝贵意见。此外，还要感谢北京师范大学的朱旭东教授、王晨教授、陈露茜副教授，首都师范大学的丁永为副教授、林伟副教授，他们在本研究开展过程中提供了各种帮助。

本书能够成功付梓出版，离不开河北大学出版社的帮助，特此表达衷心的感谢。

书中仍有不足则实属难免，敬请各位师友批评指正。

崔高鹏

2021 年 7 月于北京城南嘉园